高职高专经济管理类规划教材

国家示范性高等职业院校建设成果教材

客户关系管理实务

主　　编　许尤佳

副主编　裴剑平　赵夏明

主　　审　包发根

ZHEJIANG UNIVERSITY PRESS
浙江大学出版社

前　言

在当今的客户中心时代、消费经济时代和网络经济时代，客户的角色正在发生巨大的变化，从被动的交易者转化为积极的采购者、企业的合作者、企业能力的共同开发者和价值的共同创造者；客户管理类职业正在崛起，如客户管理专员、售前客户开发人员、大客户经理、客户维护专员、售后服务人员、客户信息管理人员等。市场对各类客户管理人才的需求大大增加，具备专业素养的客管人员更是备受青睐，因此面向市场流程及岗位能力的教材建设对于以能力为本位的高职高专市场营销等专业学生来说尤为重要。

当然随着以"客户为中心"理念的不断深入，很多高职类学院认识到该课程的重要性，逐渐开设了客户关系管理课程，并着手编写客户关系管理教材，但一些教材偏向于CRM技术，不基于市场营销流程，不适合高职类营销管理类专业；另外，市面上也有些客户服务及管理方面的案例及技巧，相对比较实用，有较好的参考价值，但内容不够全面，不宜作为教材。目前来说，编写一本基于市场销售流程及岗位的项目导向教材对于营销类高职学生来说是急需的，也是适用的。

本书在教材内容中体现企业的以客户为中心的经营模式。在课程的前期，我们强调客户管理岗位的职业素养，并根据不同的客户管理岗位分析不同岗位的职责；同样在营销流程的不同阶段也进行职业素养的渗透，配合客户管理技能的有效实现。我们确立学生的就业岗位定位在售前客户开发人员、客户关系维护专员、售后客户服务人员、大客户经理、客户信息管理人员等岗位，并根据这些岗位来编写教材。客户管理的过程和企业营销流程紧密结合，因此在教材整体设计中的思路遵循企业营销流程，分为前导、售前、售中、售后、CRM客户信息管理等五个部分。

本书可以作为市场营销、电子商务、经济管理、物流管理、国际贸易、旅游等专业的高职高专教材，也可供广大正在或志在从事推销及相关活动的人员阅读，或作为企业的培训教材。

编　者
2015年1月

目　　录

第一部分　胜任工作岗位的相关知识与技能

第三部分 售中与客户互动

第四部分 售后客户服务

第五部分　客户信息管理

第一部分 胜任工作岗位的相关知识与技能

任务 **7**

了解 CRM 的产生与发展

项目任务

1.1 了解客户关系管理的产生与
　　发展

1.2 认识客户生命周期理论

- 核心能力

- 任务解析

- 任务导入

- 任务小结

- 核心技能

- 课堂讨论

- 课后自测

- 实训操作

【能力目标】

通过完成本任务,你应该能够:

　　1. 了解客户关系管理发展历史知识;

　　2. 掌握客户生命周期基本理论。

【核心能力】

　　1. 获取工作所需信息资料的方法;

　　2. 提升对专业理论知识的理解能力。

⇨【任务解析】▯▭▻ 任务**1**：了解 CRM 的产生与发展

> 项目任务 1.1　了解客户关系管理的产生与发展

> 项目任务 1.2　认识客户生命周期理论

⇨【任务导入】

　　小王刚毕业,被××企业录用,工作岗位是客户关系管理主管。小王在新员工培训过程中,仔细阅读了公司员工手册,发现其工作职责主要是建立、发展客户支持项目,提升公司形象,以维护客户关系。其主要工作任务是根据公司政策协议和预算结构,建立和发展客户支持项目;保持和发展适当的数据,对客户支持项目做出计划和分析;准备和实施政策、预算和目标,控制担保和信誉支出;培训和支持客户关系员工;为售后员工包括售后区域经理提供指导,实施公司信誉政策;制定销售、市场和售后部门计划、程序和项目,提高公司形象和保持客户的忠诚度;为经销商和下属确定培训项目,准备和提出其所需的相关资料。

　　看完工作岗位要求后,小王觉得自己尽管是市场营销专业毕业,尽管学过客户关系管理的相关知识,但所学的知识与实际工作要求还存在比较大的距离,需要自己在工作中学习、实践客户关系管理理论,尽快胜任客户关系管理主管这份工作。

1.1　了解客户关系管理的产生与发展

　　【任务提示】　本分项任务引领你认识 CRM 的产生与发展。

　　【任务先行】　一些文献资料显示:CRM 全球五大最佳管理工具(平衡计分卡、标杆学习、客户关系管理、六西格玛、电子化人力资源管理)之一,是 20 世纪 90 年代为企业创造利润的最有价值的工具。

　　客户关系管理(CRM——Customer Relationship Management),是一种选择、保留最有价值客户并将客户盈利率最大化的商业策略。企业通过掌握并利用客户信息,有效管理与客户的长期良好关系,为其量身定制相应服务或产品,满足客户个性化的需求,从而提升竞争力与盈利水平。

　　随着信息技术的发展和全球竞争的加剧,尤其是产品与品牌在不断同质化的情况下,客户关系管理已经成为当前企业关键性的竞争工具和获取利润增长的工具。运用客户关系管理,在一个市场相对不增长的背景下,可以有效地压制竞争对手,甚至打垮竞争对手。客户关系管理,事实上成为一个企业在一个产业中获得最终成功的关键性工具,甚至是决定性工具。而中国大部分企业家并没有把客户关系管理上升到企业生存与发展的战略高度,只作为一般性的销售或营销的技术性工具进行实施,这是目前中国客户关系管理存在的一个严重的漏洞。

1.1.1　客户关系管理的产生

最早发展客户关系管理的国家是美国，这个概念最初由 Gartner Group 提出来，在 1980年初便有所谓的"接触管理"（Contact Management），即专门收集客户与公司联系的所有信息，到 1990 年则演变成包括电话服务中心支持资料分析的客户关怀（Customer Care）。

尽管 CRM 的思想由来已久，但直到近年来借助先进的信息技术，其实现才有了较大的进展。CRM 解决方案不仅包括软件，还包括硬件、专业服务和培训。有了 CRM 应用软件，公司可以获得有关每次与客户交流、每次销售活动、客户支持问题和每次产品升级的详细信息，并利用这些信息来逐步改进业务，最终使客户成为一个对公司忠诚、并有利可图的终身客户。

20 世纪 90 年代后期，互联网应用的迅猛发展激励了 CRM 的进一步前进。同样起作用的还有成熟的电子商务平台，它能让每一个 CRM 解决方案的采纳者进一步扩展它们的服务能力——通过附加的客户联系点，如客户方面对的 Web 站点、在线客户自助服务和基于销售自动化的电子邮件。

随着电子商务的出现，公司有机会、而且有义务把传统的市场和销售实践转移到实时的商业环境。这种新形势迫使公司首先考虑的不是产品或渠道，而是客户。并且，特别是首先考虑新的保证客户满意和响应的方法。大量的调查和行业分析家都明确了这样一个事实，即建立和维持客户关系是取得竞争优势的最重要的、唯一的基础，而以往各公司都只注重运营效率。这种转变是网络化经济和电子商务对传统商业模式变革的直接结果。

客户关系管理（CRM）迅速兴起，究其原因主要有以下几方面。

首先，是需求的拉动。放眼看去，一方面，很多企业在信息化方面已经做了大量工作，收到了很好的经济效益。另一方面，一个普遍的现象是，在很多企业，销售、营销和服务部门的信息化程度越来越不能适应业务发展的需要，越来越多的企业要求提高销售、营销和服务等日常业务的自动化和科学化。这是客户关系管理应运而生的需求基础。

让我们仔细地倾听一下，我们会从顾客、销售、营销和服务人员、企业经理那里听到各种抱怨。

来自销售人员的声音。从市场部提供的客户线索中很难找到真正的顾客，我常在这些线索上花费大量时间。我是不是该自己来找线索？出差在外，要是能看到公司电脑里的客户、产品信息就好了。我这次面对的是一个老客户，应该给他报价才能留住他呢？

来自营销人员的声音。去年在营销上开销了 2000 万。我怎样才能知道这 2000 万的回报率？在展览会上，我们一共收集了 4700 张名片，怎么利用它们才好？展览会上，我向1000 多人发放了公司资料，这些人对我们的产品看法怎样？其中有多少人已经与销售人员接触了？我应该和那些真正的潜在购买者多多接触，但我怎么能知道谁是真正的潜在购买者？我怎么才能知道其他部门的同事和客户的联系情况，以防止重复地给客户发放相同的资料？有越来越多的人访问过我们的站点了。但我怎么才能知道这些人是谁？我们的产品系列很多，他们究竟想买什么？

来自服务人员的声音。其实很多客户提出的电脑故障都是自己的误操作引起的，很多情况下都可以自己解决，但回答这种类型的客户电话占去了工程师的很多时间，工作枯燥而无聊；怎么其他部门的同事都认为我们的售后服务部门只是花钱而挣不来钱？

　　来自顾客的声音。我从企业的两个销售人员那里得到了同一产品的不同报价,哪个才是可靠的? 我以前买的东西现在出了问题。这些问题还没有解决,怎么又来上门推销? 一个月前,我通过企业的网站发了一封电子邮件,要求销售人员和我联系一下。怎么到现在还是没人理我? 我已经提出不希望再给我发放大量的宣传邮件了,怎么情况并没有改变? 我报名参加企业网站上登出的一场研讨会,但一直没有收到确认信息。研讨会这几天就要开了,我是去还是不去? 为什么我的维修请求提出一个月了,还是没有等到上门服务?

　　来自经理人员的声音。有个客户半小时以后就要来谈最后的签单事宜,但一直跟单的人最近辞职了,而我作为销售经理,对与这个客户联系的来龙去脉还一无所知,真急人;有三个销售员都和这家客户联系过,我作为销售经理,怎么知道他们都给客户承诺过什么;现在手上有个大单子,我作为销售经理,该派哪个销售员我才放心呢? 这次的产品维修技术要求很高,我是一个新经理,该派哪一个维修人员呢?

　　上面的问题可归纳为两个方面的问题。其一,企业的销售、营销和客户服务部门难以获得所需的客户互动信息。其二,来自销售、客户服务、市场、制造、库存等部门的信息分散在企业内,这些零散的信息使得无法对客户有全面的了解,各部门难以在统一信息的基础上面对客户。这需要各部门对面向客户的各项信息和活动进行集成,组建一个以客户为中心的企业,实现对面向客户的活动的全面管理。

　　可是,竞争的压力越来越大。在产品质量、供货及时性等方面,很多企业已经没有多少潜力可挖。而上面问题的改善将大大有利于企业竞争力的提高,有利于企业赢得新客户、保留老客户和提高客户利润贡献度。对于很多企业,特别是那些已经有了相当的管理基础和信息基础的企业来说,现在,这个时间已经来临了。

　　实际上,正如所有的"新"管理理论一样,客户关系管理绝不是什么新概念。它只是在新形势下获得了新内涵。你家门口小吃店的老板会努力记住你喜欢吃辣这种信息,当你要一份炒面时,他会征询你的意见,要不要加辣椒。但如果你到一个大型的快餐店(譬如,这家店有 300 个座位)时,就不会得到这种待遇了,即使你每天都去一次。为什么呢? 最重要的原因是,如果要识别每个客户,快餐店要搜集和处理的客户信息量是小吃店的 n 倍,超出了企业的信息搜集和处理能力。而信息技术的发展使得这种信息应用成为可能。

　　企业的客户可通过电话、传真、网络等访问企业,进行业务往来。

　　任何与客户打交道的员工都能全面了解客户关系,根据客户需求进行交易,了解如何对客户进行纵向和横向销售,记录自己获得的客户信息。

　　能够对市场活动进行规划、评估,对整个活动进行 360 度的透视。

　　能够对各种销售活动进行追踪。

　　系统用户可不受地域限制,随时访问企业的业务处理系统,获得客户信息。

　　拥有对市场活动、销售活动的分析能力。

　　能够从不同角度提供成本、利润、生产率、风险率等信息,并对客户、产品、职能部门、地理区域等进行多维分析。

　　上面的所有功能都是围绕客户展开的。与"客户是上帝"这种可操作性不强的口号相比,这些功能把对客户的尊重落到了实处。客户关系管理的重要性就在于它把客户单独列了出来,围绕着客户做文章。

　　其次,是技术创新的推动。计算机、通讯技术、网络应用的飞速发展使得上面的想法不再停留在梦想阶段。办公自动化程度、员工计算机应用能力、企业信息化水平、企业管理水平的提高都有利于客户关系管理的实现。我们很难想象，在一个管理水平低下、员工意识落后、信息化水平很低的企业从技术上实现客户关系管理。有一种说法很有道理：客户关系管理的作用是锦上添花。现在，信息化、网络化的理念在我国很多企业已经深入人心，很多企业有了相当的信息化基础。

电子商务在全球范围内正开展得如火如荼，正在改变着企业做生意的方式。通过 Internet，可开展营销活动，向客户销售产品，提供售后服务，收集客户信息。重要的是，这一切的成本是那么低。

客户信息是客户关系管理的基础。数据仓库、商业智能、知识发现等技术的发展，使得收集、整理、加工和利用客户信息的质量大大提高。在这方面，我们可看一个经典的案例。美国最大的超市：沃尔玛，对顾客购买清单信息的分析表明，啤酒和尿布经常同时出现在顾客的购买清单上。原来，美国很多男士在为自己小孩买尿布的时候，还要为自己带上几瓶啤酒。而在这个超市的货架上，这两种商品离得很远，因此，沃尔玛超市重新分布货架，即把啤酒和尿布放得很近，使得购买尿布的男人很容易地看到啤酒，最终使得啤酒的销量大增。这就是著名的"啤酒与尿布"的数据挖掘案例。

在可以预期的将来，我国企业的通讯成本将会降低。这将推动互联网、电话的发展，进而推动呼叫中心的发展。网络和电话的结合，使得企业以统一的平台面对客户。

第三，是管理理念更新的结果。经过二十多年的发展，市场经济的观念已经深入人心。当前，一些先进企业的重点正在经历着从以产品为中心向以客户为中心的转移。有人提出了客户联盟的概念，也就是与客户建立共同获胜的关系，达到双赢的结果，而不是千方百计地从客户身上谋取自身的利益。

现在是一个变革的时代、创新的时代。比竞争对手领先一步，而且仅仅一步，就可能意味着成功。业务流程的重新设计为企业的管理创新提供了一个工具。在引入客户关系管理的理念和技术时，不可避免地要对企业原来的管理方式进行改变，变革、创新的思想将有利于企业员工接受变革，而业务流程重组则提供了具体的思路和方法。

在互联网时代，仅凭传统的管理思想已经不够了。互联网带来的不仅是一种手段，它触发了企业组织架构、工作流程的重组以及整个社会管理思想的变革。

【重要知识 1-1】

CRM 与企业效益

客户关系管理作为一个真正能够创造利润的工具被提出来，迅速被欧美很多企业所接受。通过客户关系管理，企业可以有效降低成本，挖掘长期以来被企业所忽视的巨大利润金矿，大幅度提升企业盈利水平和竞争能力。根据全球 CRM 权威专家 Peppers 与 Rogers 的调查研究，如果企业通过客户关系管理能将客户流失率减少 5%，利润将会有 25%～85% 的增长。另据研究发现：

- 向新客户推销产品的成功几率是 15%，而向现有客户推销产品的成功几率是 50%；
- 吸引新客户的成本至少是保持老客户的成本的 5 倍；
- 20% 的客户创造超过 80% 的收入和 90% 的利润；

- 5%～10%的小客户感到特别满意的时候,可以立即上升成为大客户;
- 2%～3%的由小客户转变为大客户会产生10%的周转额增长以及高达50%～100%的爆炸性利润增长;
- 一个对服务不满的客户会将他的不满经历告诉其他8到10个人。

1.1.2 客户关系管理的发展

从20世纪80年代中期开始,为了降低成本、提高效率、增强企业竞争力,许多公司进行了业务流程的中心设计。为了对业务流程的重组提供技术支持,很多企业采用了企业资源计划ERP(Enterprise Resource Planning),这一方面提高了企业内部业务流程的自动化程度,使员工从日常事务中解放出来;另一方面也对原有的流程进行了优化。由此,企业完成了提高内部运作效率和质量的任务,可以有更多的精力关注企业与外部相关利益者的互动,以便抓住更多商业机会。在企业的诸多相关利益者中,作为上帝的顾客的重要性日益突出,他们在服务及时性和质量等方面都提出了更高的要求。企业在处理与外部客户的关系时,越来越感觉没有信息技术支持的客户关系管理力不从心,于是,CRM系统应运而生。

最初的CRM在20世纪90年代初投入使用,主要是基于部门的解决方案,如销售队伍自动化(SFA)和客户服务支持(CSS),虽然增强了特定的商务功能,但却未能为公司提供完整的加强与个体客户间关系的手段。于是,20世纪90年代中期推出了整合交叉功能的CRM解决方案,把内部数据处理、销售跟踪、国外市场和客户服务请求融合一体,不仅包括软件,还包括硬件、专业服务和培训,为公司雇员提供全面的、及时的数据,让他们清晰了解每位客户的需求和购买历史,从而提供相应的服务。

CRM这一概念直到20世纪90年代末才开始深入到一些公司。IBM调查显示,大多数组织,特别是中小规模商业组织,仅对客户关系管理的应用有一般了解,对特定的解决方案一无所知。并且虽然大多数这类公司都收集客户数据,但这些数据通常还是分别储存在不同的部门中,没有很好地在全公司内整合与共享。

在中国上千万家企业当中,中小企业占到了85%以上,它们有着各自的特点和具体情况。阻碍中小企业实施CRM最主要的因素是什么呢?问卷调查结果显示:37%的企业认为所需费用过高;26%的企业认为对此缺乏了解,担心CRM的实施过程复杂,担心与当前业务不能很好地衔接;24%的企业认为目前缺乏专业咨询机构的支持协助;8%的企业认为是内部人员素质偏低,缺乏CRM的管理意识;5%的企业认为是CRM的实施周期长,难以在短时间内见效。CRM业界的有关人士也表示,国外企业实施CRM系统动辄几十万或是上百万美元,要花几年时间,并且在筹划、选购和实施过程中都有专业咨询机构的支持,这对于国内的中小企业来说是不现实的。广大的中小企业渴望有一种低实施成本,高附加价值,能够提供优质的咨询服务,拿来就能用,而且用就见效,并且在日后还有可能进一步扩展的CRM解决方案。可以看出,这些现象在一个刚刚处于培育阶段的市场中是必然会出现的,随着市场不断走向成熟,随着越来越多的企业由以产品为中心的传统模式向以客户为中心的现代模式转变,许多在今天看来是难以突破的瓶颈,到时都会迎刃而解。

20世纪90年代后期,互联网技术的迅猛发展加速了CRM的应用和发展。Web站点、在线客户自助服务和基于销售自动化的电子邮件让每一个CRM解决方案的采纳者进一步扩展了服务能力,CRM真正进入了推广时期。

1.1.3 客户关系管理的概念

由于产业界和理论界对客户关系管理空前重视,已经有许多不同的客户关系管理定义。综合现有的 CRM 概念,大致上可以分为以下三类:

第一类可以概括为:客户关系管理,是遵循客户导向的战略,对客户进行系统化的研究,通过改进对客户的服务水平、提高客户的忠诚度,不断争取新客户和商机,同时,以强大的信息处理能力和技术力量确保企业业务行为的实时进行,力争为企业带来长期稳定的利润。这类概念的主要特征是,它们基本上都是从战略和理论的宏观层面对客户关系管理进行界定,往往缺少明确的实施方案方法的思考和揭示。

第二类可以概括为:客户关系管理,是一种旨在改善企业与客户之间关系的新型管理机制,它实施于企业的市场营销、销售、服务与技术支持等与客户相关的领域,通过对业务流程的全面管理来优化资源配置、降低成本、增加市场份额。这类概念的主要特征是从企业管理模式、经营机制的角度进行定义。

第三类概念的主要内容是:客户关系管理,是企业通过技术投资,建立能搜集、跟踪和分析客户信息的系统,或建立可增加客户联系渠道、客户互动以及对客户渠道和企业后台的整合功能模块。其主要范围包括销售自动化(Sales Automation,SA)、客户服务与支持(Customer Service and Support,CS&S)和营销自动化(Marketing Automation,MA)、呼叫中心(Call Center,CC)等等。这主要从微观的信息技术、软件及其应用的层面对客户关系管理进行定义,在与企业的实际情况和发展的结合中往往存在偏差。

上述三类关于客户关系管理的定义,究其本身而言,如果是针对特定问题或在特定环境下对 CRM 予以界定,都有它特定的价值。但就客户关系管理进行整体、系统、完备和深入认识的要求来讲,它们都只是涉及问题个别部分的描述和界定。

一个客户关系管理定义应该满足以下几点要求:第一,比较全面地概括了目前企业界和理论界对于客户关系管理的各种认识和思考;第二,比较系统地反映出客户关系管理的思想、方法和应用各层面的内容;第三,比较科学地界定客户关系管理的应用价值。

在这些要求的基础上,给出如下的客户关系管理的定义:

客户关系管理,是企业为提高核心竞争力,达到竞争制胜、快速成长的目的,树立以客户为中心的发展战略,并在此基础上开展的包括判断、选择、争取、发展和保持客户所需实施的全部商业过程;是企业以客户关系为重点,通过开展系统化的客户研究,通过优化企业组织体系和业务流程,提高客户满意度和忠诚度,提高企业效率和利润水平的工作实践;也是企业在不断改进与客户关系相关的全部业务流程,最终实现电子化、自动化运营目标的过程中,所创造并使用的先进的信息技术、软硬件和优化的管理方法、解决方案的总和。

1.1.4 客户关系管理的内涵

自从有了商务活动以来,客户关系就一直是商务活动中的一个核心问题。

计算机技术的飞速发展,提供了运用现代信息技术、网络技术进行客户关系管理的现实可能性。于是客户关系管理理念获得了飞速发展,客户资源不仅已经成为企业的一种战略资源,而且研究客户关系管理和客户关系开发的战略已经成为现代企业经营中的一个重要内容。

(1)客户关系管理是一种新型的管理理念

客户关系管理是通过计算机管理企业与客户之间的关系,以实现客户价值最大化的方法。其核心思想是将客户(包括最终客户、分销商和合作伙伴)作为最重要的企业资源,通过深入的客户分析和完善的客户服务来满足客户需要,建立稳定、庞大的客户资源群体,通过进一步提升客户资源价值量来实现企业最佳经济效益。

传统的客户关系管理的特点是客户信息的分散性、片面性和私有性。企业的很多资源往往成为业务员的私人财产。因此,企业中任何一个部门都很难得到客户的完整信息。这不仅浪费了相当多极其宝贵的客户资源,失去了很多商业机会,而且一旦这个业务员跳槽或调动,就会带走相当一批客户,使企业遭受不应有的经济损失。

互联网的出现和大规模应用,不仅使得以客户为中心的、新的客户关系管理模式的建立成为可能,而且改变了传统的商业运作中接触顾客的方式、销售产品的方式和服务客户的方式,使企业的管理模式开始了从以产品为中心向以客户为中心的重大转变。正是客户关系管理这一概念的出现才衍生了客户服务、客户反应速度、客户价值挖掘等崭新的管理内涵。所以说客户关系管理是企业管理职能的深化和扩展。在营销实践中,从订单管理到客户管理是一大进步;从客户管理到客户关系管理又是一次提升。

(2)客户关系管理是对企业与客户发生的各种关系进行全面管理

企业与客户之间发生的关系,不仅包括单纯的销售过程中所发生的业务关系,如合同签订、订单处理、发货、收款等;而且还包括在企业营销及售后服务过程中发生的关系,如在企业市场活动、市场推广过程中与潜在客户发生的关系,在与目标客户接触过程中,内部销售人员的行为、各项活动及其与客户接触全过程所发生的多对多的关系,还包括售后服务过程中,企业服务人员对客户提供关怀活动、各种服务活动、服务内容、服务效果的记录等,这也是企业与客户的售后服务关系。

对企业与客户间可能发生的各种关系进行全面管理,将会显著提升企业的营销能力、降低营销成本、控制营销过程中可能导致客户不满的各种行为,这是 CRM 系统的另一个重要管理思想。

(3)客户关系管理是企业供应链管理的进一步延伸

20 世纪 90 年代提出 ERP(Enterprise Resource Planning,企业资源规划)系统,原来是为了满足企业的供应链管理(Supply Chain Management, SCM)需求,但 ERP 系统的实际应用并没有达到企业供应链管理的目标,这既有 ERP 系统本身功能方面的局限性,也有 IT 技术发展阶段的局限性,最终 ERP 系统又退回到帮助企业实现内部资金流、物流与信息流一体化管理的系统。

CRM 技术作为 ERP 系统中销售管理的延伸,借助互联网 Web 技术,突破了供应链上企业间的地域边界和不同企业之间的信息交流的组织边界,建立起企业自己的 B2B 网络营销模式。CRM 与 ERP 系统的集成运行才真正解决了企业供应链中的上下游供应链管理,将客户、经销商与企业销售全部整合到一起,实现企业对客户个性化需求的快速响应。同时也帮助企业清除了营销体系中的中间环节,通过新的扁平化营销体系,缩短响应时间,降低销售成本。

1.1.5　客户关系管理的意义

1. 客户资源是现代企业的重要战略资源

当今世界,市场竞争的焦点已经从产品的竞争转向品牌、服务和客户资源的竞争。谁能拥有客户,并能和客户建立与保持一种长期、良好的合作关系,赢得客户信任、给客户提供满意服务,谁就能通过为客户服务的最优化来实现企业利润的最大化。

⇨【案例 1-1】

欧洲空中客车公司预测 2019 年全球客机市场需求量为 17835 架,其中亚太地区客机市场需求量为 4239 架。欧洲客机公司之所以能对 2019 年全球和亚太地区客机市场需求量做出科学的预测,在很大程度上得益于该公司对全球客户资源的大量占有和深刻分析。

美国在线(AOL)投入 100 亿美元,奋斗十年得到的最大财富就是拥有了 1700 万客户。正是凭此 1700 万客户,美国在线(AOL)才顺利吞并无论在资产还是盈利规模上都远远胜于自己的、具有百年历史的美国时代华纳。

2. 争夺客户资源是现代商战的主要特点

由于客户资源已经成为一种战略资源,因此对客户资源的争夺已经成为现代商战的主要特点。

客户是企业生存和发展的基础,市场竞争的实质就是争夺客户资源。《哈佛商业评论》的一项研究报告指出:1 个满意的客户会引发 8 笔潜在的生意,其中至少有一笔成交;一个不满意的客户会影响 25 个人的购买意向;争取一位新客户的成本是保住一位老客户的 5 倍。竞争加大了赢得新客户的难度和成本,使越来越多的企业转向老客户。把营销重点放在获利较为丰厚的客户群上,即使不在新客户上投资,企业也能够实现大部分的盈利目标。因此,客户关系管理的策略着眼点不仅在于维系现有客户,重要的在于在此基础上发展新客户。

在销售工作中,经常会发现这样的情况:一方面我们在市场上攻城略地,想方设法开辟新客户;另一方面,竞争对手却在不断地从我们手中挖走老客户。竞争和反竞争的手段不断地在花样翻新。对人才的猎头挖掘,对信息的恶意获取,对商业情报的多方刺探,均是为了把客户资源挖到手。竞争的残酷和资本的凌厉往往是令人想象不到的。

美国东部航空公司曾经是一家规模颇大的航空企业。当其他航空公司纷纷采取计算机系统,让全国各地的旅游代理商进行网上实时查询其航班订票情况和在线更改的时候,他们没有这样做。很快,他们就发现在价格和服务方面已经无法与其他航空公司进行客户资源的竞争。别的航空公司能够及时向客户提供折扣,或在更改航班的时候通知客户,保持每次飞行的客满率,而他们仍要用昂贵的长途电话进行人工运作。等他们决定投资订票系统的时候为时已晚。由于丢掉了客户资源,最后不得不以倒闭告终。

事实生动地说明:企业要在竞争中保持优势,采取信息化手段建设客户关系管理系统和以客户为中心的营销机制,才是提升竞争力的根本措施。

3. 寻求企业利润最优化是客户关系管理的根本目的

通过采用先进的客户关系管理系统,一方面企业能够对客户信息进行全面整合,在企业内部充分共享,从而为客户提供更快更周到的优质服务,吸引和保持更多的客户;另一方面,借助客户关系管理所蕴含的先进的管理理念优化企业的业务流程,把"满足客户明确和隐含的需求"的经营理念贯彻到企业经营管理的全过程,无论客户采取什么途径向企业发出任何联系信号,都能够像对待老朋友那样及时对待,企业的每个部门都知道他寻求的目标、购买的习惯、付款的偏好和感兴趣的产品。由于客户的一切信息尽在掌握中,就能够有的放矢地提供及时、周到、满意的客户服务、使企业通过客户价值最大化、客户服务的最优化来寻求市场开拓的最大化和企业利润的最优化。

正因如此,客户关系管理在北美、欧洲等发达国家获得了快速发展,在发展中国家也迅速崛起。

1.1.6　客户关系管理的目的

在电子商务时代,用户对网络沟通的需求日益增加。企业市场及销售的业绩,往往与网络沟通能力的好坏直接相关。但目前大多数的网络行销平台,都是被动地等待客户的访问及咨询,缺乏主动为客户提供个性化服务的框架。客户关系管理对开展电子商务起着举足轻重的作用,它是电子商务获利的真正来源。客户关系管理的目的就是为企业提供以下三方面的应用。

(1)挖掘关键客户

根据80/20法则,一个企业80%的业绩来自于20%的关键客户。因此,企业可以根据客户关系管理的分析机制来找出那些关键客户,然后通过各种行销手段,提升其对公司的第一印象,从而提升其购买力,增加公司盈利。

从市场营销的角度来看,发掘关键客户,就是进行准确的目标市场定位的问题。

(2)留住现有客户

根据研究指出,吸引一个新客户所花费的成本约是维持一个老客户的5倍。而客户关系管理可以利用信息技术,将生产、行销、物流、客户服务等加以整合,以更精确快速的方式回应客户需求,为客户提供量身定做的服务,提高原有客户的忠诚度。另外,许多企业纷纷建立自己的网站,通过电子邮件、客户留言板、多媒体的用户界面等,与客户建立起交互式的沟通服务方式,大大提高了客户服务的效率。

(3)放弃回报低的客户

当在客户身上的投资得不到应有回报时,企业这时就应该把他列入放弃名单中而另外去开发新客户。而客户放弃的数据必须从平时所作的客户关系管理数据库中找出,例如,某客户已经很长时间没有上门消费了,那么在寄发产品促销宣传单时,就可以考虑不再寄给他,以免浪费企业资源。

市场是由需求构成的,需求构成了企业的获利潜力,而需求的满足状态制约着企业获利的多少。随着工业经济社会向知识经济社会的过渡,经济全球化和服务一体化成为时代的潮流,顾客对产品和服务的满意与否,成为企业发展的决定因素。而通过CRM,可以不断完善客户服务,从而留住更多客户,并吸引新的客户,提高客户满意度。

1.1.7　建立客户关系管理体系的基础

1.规范客户服务的业务流程

客户是企业利润的源泉。建立相对完善的为客户服务的业务流程,是更好地满足客户需求的一项基础工作。但只建立为客户服务的业务流程是不够的,还必须规范这个业务流程,因为没有规范的业务流程,就不会有规范的服务。

为客户服务的业务流程主要分两类:一类是企业内部以客户为中心的适应性业务流程,一类是企业为客户服务的功能性业务流程。功能性业务流程是设计 CRM 管理体系的目的;适应性业务流程是实施 CRM 管理体系的保障。没有规范的业务流程,就不会有规范的服务;没有适应性业务流程,就不能保障功能性业务流程的落实。所以两者是相互依赖、紧密相连的。

长期以来,有的人在 CRM 的策划和实施过程中一直存在着许多模糊的观念。他们一面大讲现代管理理念,一面背离现代管理理念。一些客户关系管理软件中割裂了局部设计和体系设计的关系,忽略了管理机制的建立和管理体系运行的关系。

因此,CRM 在实施和运行中,或因功能不完善、效果不明显;或因软件设计的逻辑思路不清晰,没有起到应有的作用。不能显现出和理顺这些关系,CRM 的生产就很难商品化、适应化、效果明显化;就显现不出 CRM 在客户关系管理中的巨大作用和威力,就没有一条清晰的思路对运行中的 CRM 进行扩展和完善。

2.进行过程研究

过程方法是现代管理理念的一个重要研究方法。在建立客户关系管理体系的过程中,一定要进行过程研究。

只有通过过程研究,才能弄清哪些是原有的客户关系,哪些是潜在的客户关系,哪些是新增的客户关系,哪些是有价值的客户关系,哪些是正在流失的客户关系;才能找到:原有客户关系的变化轨迹,潜在客户关系的发展趋势,新增客户关系的增长原因,有价值客户关系的价值趋向,可扩展客户关系的扩展动因。

总之,只有通过过程研究,才能有一个清晰的逻辑思路和设计原则,才能使设计的或生产的客户关系管理软件具有广泛的适应性、明确的针对性、清晰的条理性、分析的有效性,从而受到用户的欢迎。

1.2　认识客户生命周期理论

【任务提示】　本分项任务引领你认识客户生命周期理论。

【任务先行】　在管理学中,我们知道生命周期是一种非常有用的工具,具体有企业生命周期、行业生命周期、产品生命周期等分类。

1.2.1　生命周期理论

生命周期是一种非常有用的工具,标准的生命周期分析认为市场经历发展、成长、成熟、衰退等阶段。然而,真实的情况要微妙得多,给那些真正理解这一过程的企业提供了更多的机会,同时也更好地对未来可能发生的危机进行规避。

1.企业生命周期理论

世界上任何事物的发展都存在着生命周期,企业也不例外。企业生命周期如同一双无形的巨手,始终左右着企业发展的轨迹。自 1972 年美国哈佛大学教授拉芮·格雷纳(Larry E. Greiner)在《组织成长的演变和变革》一文中首次提出企业生命周期概念以来,来自生物学、心理动力学、经济学与管理科学等领域的学者和企业研究者,对企业生命周期问题进行了广泛的探讨和深入的研究。

尼尔森(Nelson,1982)和温特(Winter,1984)等学者,从生物学的视角切入来研究企业的生命周期问题。他们认为,企业像生物有机体一样,有一个从诞生、成长、壮大、衰退、直至死亡的过程,要经历从生到死、由盛转衰的演化。

丘吉尔(Churchill,1983)、奎因(Quinn,1983)和艾迪斯(Ichak. Adizes,1989,1999)等人,将考察企业的重点放在企业成长和发展过程中的各个阶段的特征等问题上,并从企业的核心技术周期、企业家周期等多个角度认知企业的生命周期。艾迪斯将企业生命周期分为三个阶段十个时段。三阶段分别为"成长阶段"、"再生与成熟阶段"以及"老化阶段"。其中,成长阶段包括了孕育期、婴儿期和学步期三个时段;再生与成熟阶段包括了青春期、盛年期和稳定期三个时段;老化阶段则包括贵族期、官僚化早期、官僚期和死亡期四个时段。

通常,人们将企业生命周期分为创业期、成长期、成熟期和蜕变期四个阶段。

2. 行业生命周期

通常,每个行业都要经历一个由成长到衰退的发展演变过程。这个过程便称为行业的生命周期。识别行业生命周期所处阶段的主要指标有:市场增长率、需求增长率、产品品种、竞争者数量、进入壁垒及退出壁垒、技术变革、用户购买行为等。

一般地,行业的生命周期可分为四个阶段,即初创阶段(也叫幼稚期)、成长阶段、成熟阶段和衰退阶段。

3. 产品生命周期理论

产品生命周期理论是美国哈佛大学教授雷蒙德·弗农(Raymond Vernon)1966 年在其《产品周期中的国际投资与国际贸易》一文中首次提出的。

产品生命周期(product life cycle,简称 PLC),是产品的市场寿命,即一种新产品从开始进入市场到被市场淘汰的整个过程。弗农认为:产品生命是指产品的营销生命,产品和人的生命一样,要经历形成、成长、成熟、衰退这样的周期。就产品而言,也就是要经历一个开发、引进、成长、成熟、衰退的阶段。而这个周期在不同的技术水平的国家里,发生的时间和过程是不一样的,其间存在一个较大的差距和时差,正是这一时差,表现为不同国家在技术上的差距,它反映了同一产品在不同国家市场上的竞争地位的差异,从而决定了国际贸易和国际投资的变化。为了便于区分,弗农把这些国家依次分成创新国(一般为最发达国家)、一般发达国家、发展中国家。

典型的产品生命周期一般可以分成四个阶段,即介绍期(或引入期)、成长期、成熟期和衰退期。

1.2.2 什么是客户生命周期理论

作为企业的重要资源,客户具有价值和生命周期。客户生命周期理论,也称客户关系生命周期理论,是指从企业与客户建立业务关系到完全终止关系的全过程,是客户关系水平随时间变化的发展轨迹。它动态地描述了客户关系在不同阶段的总体特征。客户生命周期可分为考察期、形成期、稳定期和退化期等四个阶段(图 1-1)。考察期是客户关系的孕育期,形成期是客户关系的快速发展阶段,稳定期是客户关系的成熟期和理想阶段,退化期是客户关系水平发生逆转的阶段。

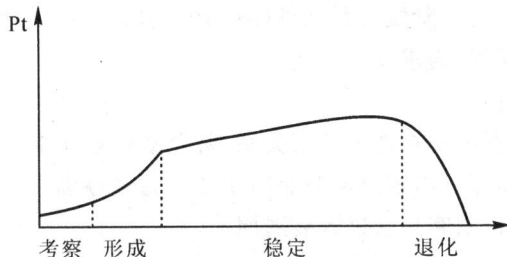

图 1-1　客户生命周期四个阶段

1.2.3　客户生命周期的四个阶段

1. 考察期

考察期,关系的探索和试验阶段。在这一阶段,双方考察和测试目标的相容性、对方的诚意、对方的绩效,考虑如果建立长期关系双方潜在的职责、权利和义务。双方相互了解不足、不确定性大是考察期的基本特征,评估对方的潜在价值和降低不确定性是这一阶段的中心目标。在这一阶段,客户会下一些尝试性的订单,企业与客户开始交流并建立联系。因客户对企业的业务进行了解时企业要对其进行相应的解答,某一特定区域内的所有客户均是潜在客户,企业投入是对所有客户进行调研,以便确定出可开发的目标客户。此时企业有客户关系投入成本,但客户尚未对企业做出大的贡献。

2. 形成期

形成期,关系的快速发展阶段。双方关系能进入这一阶段,表明在考察期双方相互满意,并建立了一定的相互信任和交互依赖。在这一阶段,双方从关系中获得的回报日趋增多,交互依赖的范围和深度也日益增加,逐渐认识到对方有能力提供令自己满意的价值(或利益)和履行其在关系中担负的职责,因此愿意承诺一种长期关系。在这一阶段,随着双方了解和信任的不断加深,关系日趋成熟,双方的风险承受意愿增加,由此双方交易不断增加。当企业对目标客户开发成功后,客户已经与企业发生业务往来,且业务在逐步扩大,此时已进入客户成长期。企业的投入和开发期相比要小得多,主要是发展投入,目的是进一步融洽与客户的关系,提高客户的满意度、忠诚度,进一步扩大交易量。此时客户已经开始为企业做贡献,企业从客户交易获得的收入已经大于投入,开始盈利。

3. 稳定期

稳定期,关系发展的最高阶段。在这一阶段,双方或含蓄或明确地对持续长期关系作了保证。这一阶段有如下明显特征:

(1)双方对对方提供的价值高度满意;

(2)为能长期维持稳定的关系,双方都做了大量有形和无形投入;

(3)大量的交易。

因此,在这一时期双方的交互依赖水平达到整个关系发展过程中的最高点,双方关系处于一种相对稳定状态。此时企业的投入较少,客户为企业做出较大的贡献,企业与客户交易量处于较高的盈利时期。

4.退化期

退化期,关系发展过程中关系水平逆转的阶段。关系的退化并不总是发生在稳定期后的第四阶段,实际上,在任何一阶段关系都可能退化。引起关系退化的可能原因很多,如一方或双方经历了一些不满意、需求发生变化等。

退化期的主要特征有:

交易量下降;一方或双方正在考虑结束关系,甚至物色候选关系伙伴(供应商或客户);开始交流结束关系的意图等。当客户与企业的业务交易量逐渐下降或急剧下降,客户自身的总业务量并未下降时,说明客户已进入衰退期。

此时,企业有两种选择,一种是加大对客户的投入,重新恢复与客户的关系,进行客户关系的二次开发;另一种做法便是不再做过多的投入,渐渐放弃这些客户。企业两种不同做法自然就会有不同的投入产出效益。(为了便于论述,本文以企业的第二种做法进行研究)当企业的客户不再与企业发生业务关系,且企业与客户之间的债权债务关系已经理清时,意味着客户生命周期的完全终止。此时企业有少许成本支出而无收益。

1.2.4　客户生命周期各阶段客户与企业的关系

在客户生命周期不同阶段,客户对企业收益的贡献是不同的。

在考察期,企业只能获得基本的利益,客户对企业的贡献不大。

在形成期,客户开始为企业做贡献,企业从客户交易获得的收入大于投入,开始盈利。

稳定期内,客户愿意支付较高的价格,带给企业的利润较大,而且由于客户忠诚度的增加,企业将获得良好的间接收益。

在退化期,客户对企业提供的价值不满意,交易量回落,客户利润快速下降。

根据客户生命周期理论,客户关系水平随着时间的推移,从考察期到形成期和稳定期直至退化期依次增高,稳定期是理想阶段,而且客户关系的发展具有不可跳跃性。同时,客户利润随着生命周期的发展不断提高,考察期最小,形成期次之,稳定期最大。

客户成熟期的长度可以充分反映出一个企业的盈利能力。因此,面对激烈的市场竞争,企业借助建立客户联盟,针对客户生命周期的不同特点,提供相应的个性化服务,进行不同的战略投入,使企业获得更多的客户价值,从而增强企业竞争力。

【任务小结】

客户关系管理是企业选择、保留最有价值客户并将客户盈利率最大化的一种商业策略。通过客户关系管理,企业可以有效降低成本,大幅度提升企业盈利水平和竞争能力。

在这个任务中,我们分两步:首先我们要求学生了解 CRM 的产生与发展,然后逐渐理解客户生命周期理论。

本任务以任务先行开始,以分项任务小结结束,希望学生在完成分项任务之后,能够及时进行自我的过程性评价。

本任务能力目标:完成任务后,学生应该能够对 CRM 的产生与发展有一个整体的认识,能够结合实训进一步理解客户生命周期理论,并在实践中予以运用。

【核心技能】

1. 获取工作所需信息资料的方法;
2. 提升对专业理论知识的理解能力。

【课堂讨论】

1. 为什么要学习 CRM?
2. CRM 与企业效益的关系如何?
3. 如何理解客户生命周期理论?

【课后自测】

1. CRM 产生于( )。
   A. 20 世纪 60 年代
   B. 20 世纪 80 年代
   C. 20 世纪 90 年代
   D. 20 世纪 30 年代
2. 通常,客户生命周期可分( )等阶段。
   A. 考察期
   B. 形成期
   C. 稳定期
   D. 退化期

【实训操作】

选择适当的信息收集渠道,进一步了解 CRM 产生与发展的历史背景,并做成 PPT 在课堂上讲解。

任务2

分析 CRM 岗位职责

▷ **项目任务**

- 核心能力
- 任务解析
- 任务导入
- 任务小结
- 核心技能
- 课堂讨论
- 课后自测
- 实训操作

【能力目标】

通过完成本任务,你应该能够:

1. 了解客户关系管理发展历史知识;

2. 掌握客户生命周期基本理论。

【核心能力】

1. 获取工作所需信息资料的方法;

2. 提升对专业理论知识的理解能力。

⤷【任务解析】▯▭▻ 任务**2**：分析CRM岗位职责

> 项目任务2.1 理解以客户为中心的企业文化

> 项目任务2.2 熟悉企业客户关系管理岗位职责

⤷【任务导入】

2.1 理解以客户为中心的企业文化

【任务提示】 本分项任务引领你认识以客户为中心的企业文化。

【任务先行】 企业文化是企业的灵魂，是推动企业发展的不竭动力。它包含着非常丰富的内容，其核心是企业的精神和价值观。

2.1.1 企业文化的含义

企业文化，或称组织文化(Corporate Culture 或 Organizational Culture)，是一个组织由其价值观、信念、仪式、符号、处事方式等组成的其特有的文化形象。

广义上说，文化是人类社会历史实践过程中所创造的物质财富与精神财富的总和；狭义上说，文化是社会的意识形态以及与之相适应的组织机构与制度。而企业文化则是企业在生产经营实践中逐步形成的，为全体员工所认同并遵守的，带有本组织特点的使命、愿景、宗旨、精神、价值观和经营理念，以及这些理念在生产经营实践、管理制度、员工行为方式与企业对外形象的体现的总和。它与文教、科研、军事等组织的文化性质是不同的。

企业文化是企业的灵魂，是推动企业发展的不竭动力。它包含着非常丰富的内容，其核心是企业的精神和价值观。这里的价值观不是泛指企业管理中的各种文化现象，而是企业或企业中的员工在从事商品生产与经营中所持有的价值观念。

企业文化是一个由核心层、中间层和外围层构成的多层次的生态系统，根据内容大致可以分为理念层、制度层、行为层、物质层，企业文化的各个层面是和谐统一、相互渗透的。根据企业文化的系统结构特点，柏明顿咨询给出了企业文化构建的 HOME(History-Oneness-Membership-Exchange)模型。

⤷【重要知识2-1】

企业文化——企业生存的习俗和礼仪

20世纪80年代初，美国哈佛大学教育研究院的教授泰伦斯·迪尔和麦肯锡咨询公司顾问艾伦·肯尼迪在长期的企业管理研究中积累了丰富的资料。他们在6个月的时间里，集中对80家企业进行了详尽的调查,写成了《企业文化——企业生存的习俗和礼仪》一书。该书在1981年7月出版后,就成为最畅销的管理学著作,后又被评为20世纪80年代最有影响的10本管理学专著之一,成为论述企业文化的经典之作。它用丰富的例证指出:杰出而成功的企业都有强有力的企业文化,即为全体员工共同遵守,但往往是自然约定俗成的而非书面的行为规范;并有各种各样用来宣传、强化这些价值观念的仪式和习俗。正是企业文化——这一非技术、非经济的因素,导致了这些决策的产生、企业中的人事任免,小至员工的行为举止、衣着爱好、生活习惯。在两个其他条件都相差无几的企业中,由于其文化的强弱,对企业发展所产生的后果完全不同。

2.1.2　企业文化要素

迪尔和肯尼迪把企业文化整个理论系统概述为五个要素,即企业环境、价值观、英雄人物、文化仪式和文化网络。企业环境是指企业的性质、企业的经营方向、外部环境、企业的社会形象、与外界的联系等方面。它往往决定企业的行为。价值观是指企业内成员对某个事件或某种行为好与坏、善与恶、正确与错误、是否值得仿效的一致认识。价值观是企业文化的核心,统一的价值观使企业内成员在判断自己行为时具有统一的标准,并以此来选择自己的行为。英雄人物是指企业文化的核心人物或企业文化的人格化,其作用在于作为一种活的样板,给企业中其他员工提供可供仿效的榜样,对企业文化的形成和强化起着极为重要的作用。文化仪式是指企业内的各种表彰、奖励活动、聚会以及文娱活动等,它可以把企业中发生的某些事情戏剧化和形象化,来生动地宣传和体现本企业的价值观,使人们通过这些生动活泼的活动来领会企业文化的内涵,使企业文化"寓教于乐"。文化网络是指非正式的信息传递渠道,主要是传播文化信息。它是由某种非正式的组织和人群,以及某一特定场合所组成,它所传递出的信息往往能反映出职工的愿望和心态。

根据企业文化的定义,企业文化的内容是十分广泛的,但其中最主要的应包括如下几点:

1. 经营哲学

经营哲学,也称企业哲学,是一个企业特有的从事生产经营和管理活动的方法论原则。它是指导企业行为的基础。一个企业在激烈的市场竞争环境中,面临着各种矛盾和多种选择,要求企业有一个科学的方法论来指导,有一套逻辑思维的程序来决定自己的行为,这就是经营哲学。例如,日本松下公司"讲求经济效益,重视生存的意志,事事谋求生存和发展",这就是它的战略决策哲学。北京蓝岛商业大厦创办于1994年,它以"诚信为本,情义至上"的经营哲学为指导,"以情显义,以义取利,义利结合",使之在创办三年的时间内营业额就翻了一番,跃居首都商界第4位。

2. 价值观念

所谓价值观念,是人们基于某种功利性或道义性的追求而对人们(个人、组织)本身的存在、行为和行为结果进行评价的基本观点。可以说,人生就是为了价值的追求,价值观念决定着人生追求行为。价值观不是人们在一时一事上的体现,而是在长期实践活动中形成的关于价值的观念体系。企业的价值观,是指企业职工对企业存在的意义、经营目的、经营宗旨的价值评价和为之追求的整体化、个异化的群体意识,是企业全体职工共同的价值准则。只有在共同的价值准则基础上才能产生企业正确的价值目标。有了正确的价值目标才会有奋力追求价值目标的行为,企业才有希望。因此,企业价值观决定着职工行为的取向,关系企业的生死存亡。只顾企业自身经济效益的价值观,就会偏离社会主义方向,不仅会损害国家和人民的利益,还会影响企业形象;只顾眼前利益的价值观,就会急功近利,搞短期行为,使企业失去后劲,导致灭亡。我国老一代的民族企业家卢作孚(民生轮船公司的创始人)提倡"个人为事业服务,事业为社会服务,个人的服务是超报酬的,事业的服务是超经济的",从而树立起"服务社会,便利人群,开发产业,富强国家"的价值观念,这一为民为国的价值观念促进了民生公司的发展。北京西单商场的价值观念以求实为核心,即:"实实在在的商品、实实在在的价格、实实在在的服务。"在经营过程中,严把商品进货关,保证商品质量;控制进货成本,提高商品附加值;提倡"需要理解的总是顾客,需要改进的总是自己"的观念,提高服务档次,促进了企业的发展。

3. 企业精神

企业精神是指企业基于自身特定的性质、任务、宗旨、时代要求和发展方向,并经过精心培养而形成的企业成员群体的精神风貌。

企业精神要通过企业全体职工有意识的实践活动体现出来。因此,它又是企业职工观念意识和进取心理的外化。

企业精神是企业文化的核心,在整个企业文化中起着支配的地位。企业精神以价值观念为基础,以价值目标为动力,对企业经营哲学、管理制度、道德风尚、团体意识和企业形象起着决定性的作用。可以说,企业精神是企业的灵魂。

企业精神通常用一些既富有哲理又简洁明快的语言予以表达,便于职工铭记在心,时刻用于激励自己;也便于对外宣传,容易在人们脑海里形成印象,从而在社会上形成个性鲜明的企业形象。如王府井百货大楼的"一团火"精神,就是用大楼人的光和热去照亮、温暖每一颗心,其实质就是奉献服务;西单商场的"求实、奋进"精神,体现了以求实为核心的价值观念和真诚守信、开拓奋进的经营作风。

4. 企业道德

企业道德是指调整本企业与其他企业之间、企业与顾客之间、企业内部职工之间关系的行为规范的总和。它是从伦理关系的角度,以善与恶、公与私、荣与辱、诚实与虚伪等道德范畴为标准来评价和规范企业。

企业道德与法律规范和制度规范不同,不具有那样的强制性和约束力,但具有积极的示范效应和强烈的感染力,当被人们认可和接受后具有自我约束的力量。因此,它具有更广泛的适应性,是约束企业和职工行为的重要手段。中国老字号同仁堂药店之所以三百多年长盛不衰,在于它把中华民族优秀的传统美德融于企业的生产经营过程之中,形成了具有行业特色的职业道德,即"济世养生、精益求精、童叟无欺、一视同仁"。

5. 团体意识

团体即组织,团体意识是指组织成员的集体观念。团体意识是企业内部凝聚力形成的重要心理因素。企业团体意识的形成使企业的每个职工把自己的工作和行为都看成是实现企业目标的一个组成部分,使他们对自己作为企业的成员而感到自豪,对企业的成就产生荣誉感,从而把企业看成是自己利益的共同体和归属。因此,他们就会为实现企业的目标而努力奋斗,自觉地克服与实现企业目标不一致的行为。

6. 企业形象

企业形象是企业通过外部特征和经营实力表现出来的,被消费者和公众所认同的企业总体印象。由外部特征表现出来的企业的形象称表层形象,如招牌、门面、徽标、广告、商标、服饰、营业环境等,这些都给人以直观的感觉,容易形成印象;通过经营实力表现出来的形象称深层形象,它是企业内部要素的集中体现,如人员素质、生产经营能力、管理水平、资本实力、产品质量等。表层形象是以深层形象为基础,没有深层形象这个基础,表层形象就是虚假的,也不能长久地保持。流通企业由于主要是经营商品和提供服务,与顾客接触较多,所以表层形象显得格外重要,但这绝不是说深层形象可以放在次要的位置。北京西单商场以"诚实待人、诚心感人、诚信送人、诚恳让人"来树立全心全意为顾客服务的企业形象,而这种服务是建立在舒适的购物环境、可靠的商品质量、实实在在的价格基础上的,即以强大的物质基础和经营实力作为优质服务的保证,达到表层形象和深层形象的结合,赢得了广大顾客的信任。

7. 企业制度

企业制度是在生产经营实践活动中所形成的,对人的行为带有强制性,并能保障一定权利的各种规定。从企业文化的层次结构看,企业制度属中间层次,它是精神文化的表现形式,是物质文化实现的保证。企业制度作为职工行为规范的模式,使个人的活动得以合理进行,内外人际关系得以协调,员工的共同利益受到保护,从而使企业有序地组织起来为实现企业目标而努力。

2.1.3　以客户为中心的企业文化

以客户为中心的企业文化是企业在以客户为导向进行经营的过程中形成的,并为全体员工所遵循的共同意识、价值观念、职业道德、行为规范和准则的总和,也是企业以客户为核心的文化管理模式。其内容包括以下方面:

1. 客户是企业的重要资产

客户是购买使用企业产品的消费者,也是企业的资产。客户是企业拥有的重要资产,它可以超越传统意义的企业边界,向内转化为企业的特殊资源,向外又向企业所处的市场环境迈进,成为动态连接企业内部和外部环境之间的重要桥梁。客户作为企业的资产,其价值由客户的购买价值、交叉购买价值、口碑价值、知识价值等构成,企业可运作和经营客户资产,来最大化其价值。

2. 为客户创造价值

企业是价值的创造者,客户是价值的评判者,企业创造的价值能否被客户认可取决于客户对价值的感知,即客户感知收益和感知成本之比较。企业一方面使产品和服务更好地满足客户需求,提高客户的收益;另一方面降低客户在货币、时间、精力等方面的成本支出,来为客户创造价值。

3. 满足客户的个性化需求

客户的需求是多样的,并向个性化方向发展,客户希望自己的需求和偏好能够在所购买的产品中得到体现和满足。企业把每一类客户,甚至每一个客户作为细分市场,研究客户的需求和偏好,为其定制产品和服务,并贯穿于经营的全过程,来满足客户的个性化需求。

4. 客户满意

客户满意是客户在购买前对产品或服务质量的预期与客户在购买和使用后对其质量实际感受的比较。

以客户为中心的企业文化一方面能够使员工形成以客户为中心的经营理念,凝聚员工的意志,实现企业内外部资源的综合管理;另一方面能够提高客户的满意度和忠诚度,树立良好的企业形象,凭借品牌效应获取客户,使企业获得持久的客户竞争优势。

▷【重要知识2-2】

客户满意的内容

(1)理念满意。这是企业经营理念带给客户的满意状态,包括对经营宗旨的满意、经营哲学的满意、经营价值的满意等。

(2)行为满意。这是指企业全部的运行状态带给客户的满意程度,包括对企业经营管理等行为机制的满意、行为规则的满意、行为模式的满意等。

(3)视听满意。这是企业可视性和可听性的形象带给客户的满足状态,包括对企业的名称满意、标志满意、标准色满意、标准字体满意,以及企业的应用系统满意等。

(4)产品满意。这是企业产品带给客户的满意感,包括对企业产品质量满意、功能满意、外观造型满意、价格满意等。

(5)服务满意。这是企业服务带给客户的满意,包括对产品售后服务满意、客户方便的满意等。

2.1.4 以客户为中心企业文化的构建原则

1.创新原则

客户型企业文化是客户竞争时代的产物。随着客户地位的提高,要求企业必须树立"以客户为中心"的经营理念,企业的一切经营活动都要围绕客户来展开。因此,客户型企业文化的建设必须始终贯彻创新精神,结合企业所处的外部环境及其自身的具体情况对现有的企业文化进行改造和取舍,保留合理的,去掉过时的。

2."以人为本"原则

企业形象的好坏,在相当大的程度上取决于全体员工的思想状态和精神风貌,取决于员工的主观能动性和群体素质,因此建设客户型企业文化,要十分注意"以人为中心的管理"。企业应该把尊重人、关心人、培养人、合理用人、全方位提高员工的整体素质,作为客户型企业文化建设的主要内容。要采用教育、启发、诱导、吸引、熏陶和激励等多种方式来培养企业员工的命运共同感、工作责任感、道德规范和行为准则,提高他们的思想道德修养,促使每个员工都能把其内在的潜力和创造力最大限度地发挥出来,成为企业活力的真正源泉。

3.全员参与原则

企业文化的建设是人的建设,它不仅是企业领导和各个层面的管理人员的事,也是企业全体员工的事。员工是企业文化的载体,是企业文化的实践者和建设者,是企业文化建设的主体力量。如果没有员工的认可和贯彻执行,无论多么先进的企业理念、多么科学的制度都将无法发挥出作用。因此,客户型企业文化的建设必须坚持全员参与的原则。企业要动员、组织员工积极地参与企业文化的建设,广泛听取员工意见,还要接受员工监督,使企业文化建设健康发展。

4. 点面结合原则

在客户型企业文化的建设过程中,企业应注意抓典型的示范和推动作用,包括典型事例、典型人物、典型集体等。通过树立典型,并大张旗鼓地宣传他们,给企业员工做出榜样,使他们自觉地向先进学习。

2.1.5 以客户为中心企业文化的构建步骤

1. 分析总结

任何一个企业的文化都或多或少地存在本企业的特点,这些企业文化是企业在长期的生产经营活动中形成的文化积淀,只有正确认识企业自身的历史和现状,才能对客户型企业文化进行合理地规划。因此,建设客户型企业文化,应该首先分析企业自创建以来形成的传统作风、价值观念、行为准则、行为模式,以及员工的素质、企业现有的管理体制和制度,总结出企业在哪些方面需要完善。

2. 规划设计

在完成对企业历史和现状进行系统分析之后,将进入客户型企业文化的建设规划阶段。在这一阶段,一方面要对客户型企业文化的建设做出战略规划,包括客户型企业文化的内容、建设的目标、指导思想、实施进度、侧重点,管理制度的建立与革新的构想等,另一方面,需要制定客户型企业文化的具体实施措施和方案。

3. 贯彻实施

贯彻实施是客户型企业文化建设的关键阶段。在这一阶段,主要任务是通过规划设计方案的实施,实现规划的目标。本阶段需要完成以下工作:第一,企业领导以身作则,身体力行,用自己的实际行动去努力贯彻企业的经营理念与经营哲学,即表现出领导层进行客户型文化建设的决心与信念;第二,通过宣传、教育,强化员工的企业意识,树立主人翁责任感,在此基础上使他们接受"以客户为中心"的经营理念;第三,为了保证"客户满意",调整员工管理制度,通过奖励与惩罚的有效结合,促使员工围绕如何让客户满意来展开工作。

2.2 熟悉企业客户关系管理岗位职责

【任务提示】 本分项任务引领你认知企业 CRM 主要岗位及职责。

【任务先行】 不同的企业或同一企业在不同的发展时期,会根据企业发展需要设立相应的 CRM 岗位和岗位职责。

伴随着"以客户为中心"这一现代经营理念的普及,同业竞争不断升级,以及客户需求层次的不断提高,不少企业已经从传统的市场推销方式逐步转变为客户关系管理,主动面向市场、面向客户,通过设置客户关系管理机构、选拔和聘用专业人才从事优质客户培育和重点客户推进等工作,为企业抓住机会赢得市场做出了巨大贡献。

2.2.1　客户关系管理的组织架构

在客户关系管理的组织架构建设上,一般来说有四种常见的方式。

第一种是扩大工作范围,由企业各业务部门兼管一些重要客户并承担直接责任。如图2-1所示。

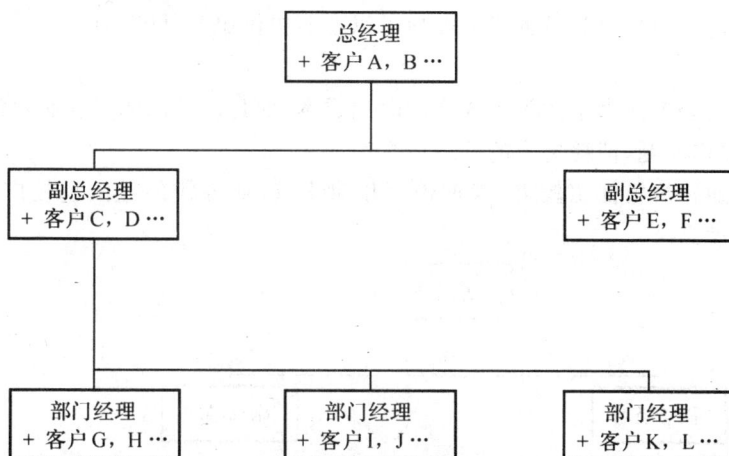

图 2-1　客户关系管理岗位兼职型机构设置

优点:最大限度地节约了公司投入的资源,并且在很短的时间内就可以实行客户关系管理,调动全员来参与和承担新的工作内容。

缺点:各个部门经理虽然各有所长,但是并非每个人都能胜任客户经理的工作,经理们由于身兼数职,他们的时间和精力有限,很难全身心投入。

适用企业:规模不大、业务覆盖的范围较小、人员配置的弹性较低、客户的需求比较单一。

第二种是增设独立岗位,在企业的岗位设置中新增客户关系管理工作岗位,如设立客户经理。如图2-2所示。

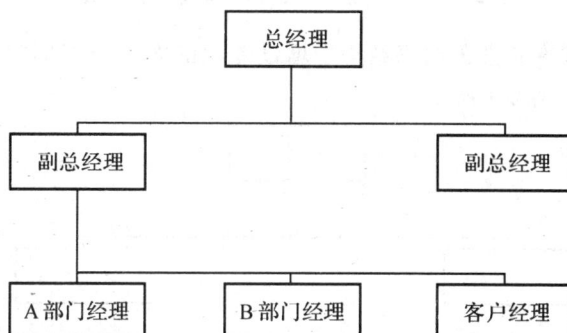

图 2-2　客户关系管理岗位独立型机构设置

优点:专人专职,可全面管理客户关系,由于是独立岗位,其工作目标和考核指标都非常明确。

缺点:需要长时间作培训等前期工作,同时客户经理的协作意识及客户关系推进能力都将影响企业的客户资源的走向。

适用企业：业务覆盖的范围较大、人员配置的弹性相对较高、客户基数大、需求多样。

第三种是增设独立部门，在企业的组织结构中增设专门的客户管理部门。如图2-3所示。

优点：独立的客户关系管理部门统一管理集团层面的所有客户，可以快速、高效地贯彻企业级的客户管理战略，对跨业务线的客户可以全面提供服务，同时有利于培养专业的客户经理队伍。

缺点：企业需要投入大量的资源成本和时间成本，而且新部门的设立必然涉及与其他部门和业务线的协作问题，消耗更多的管理成本。

适用企业：通常规模都比较大，管理资源相对丰富、业务线的范围也较广，客户数量巨大，需求复杂程度高。

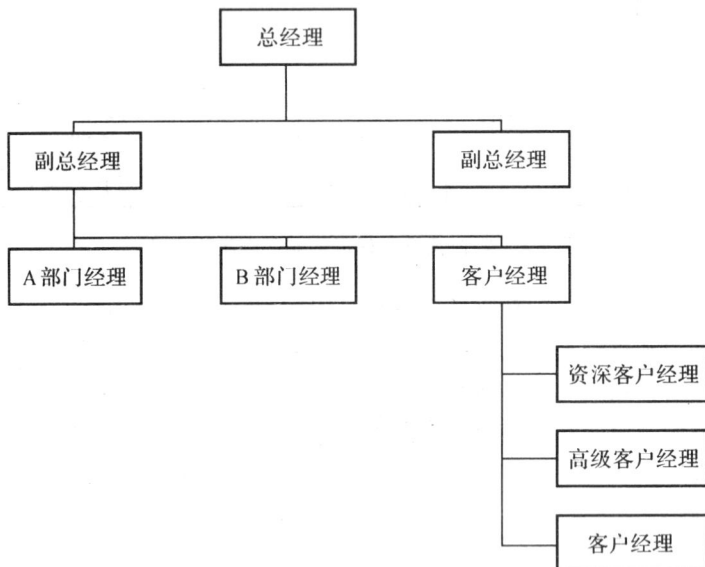

图 2-3　客户关系管理部门独立型机构设置

第四种方式是不仅在企业的组织结构中增设专门的客户管理部门，还在客户管理部门下设独立操作部门。如图2-4所示。

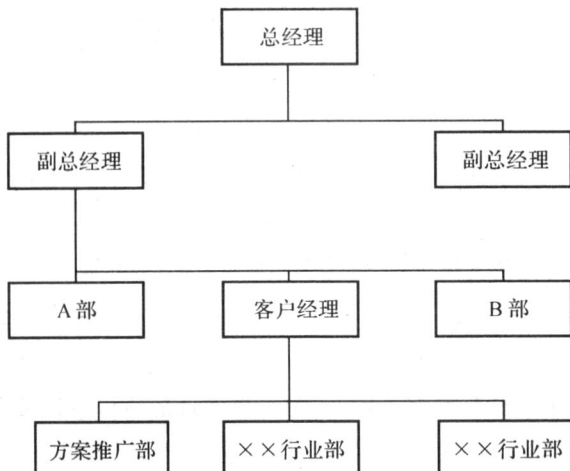

图 2-4　客户关系管理系统独立型机构设置

优点:客户关系管理部门非常独立,全面掌握服务技能,对市场变化做出实时的反应和调整,能更精准地进行业绩考核。

缺点:成本高,不能充分发挥规模效益,较难实行部门的互相制衡作用。

适用企业:大型的利润贡献巨大的客户群;需要特别专业知识处理的客户群;需要特别注意、隔离、保密的客户群。

2.2.2 客户关系管理人员主要岗位职责

1.客户关系经理岗位职责

(1)负责组织、安排客服部的客户服务、回访、投诉处理等各项日常工作及服务监督工作;

(2)严格执行及监督客服部服务标准及服务流程,维持优质的服务水平;

(3)不断完善本部门的服务标准及服务流程,做好本部门员工培训工作,不断提高员工服务意识和水平;

(4)负责本部门管理制度的建设,并对本部门员工进行绩效管理和考核;

(5)善于总结及分析问题,对本部门及公司相关制度及流程提出合理化建议;

(6)建立与保持良好的客户关系,收集客户资料与需求信息,整理、总结、记录资料;

(7)负责与关键客户的沟通、交流,客户意见、建议对公司内部的及时反馈,妥善处理客户投诉,保证客户满意度;

(8)对公司总经理直接负责,定期向总经理汇报工作情况;

(9)按时、按质、按量地完成总经理临时交待的其他事务工作。

2.客户关系主管岗位职责

(1)对客户关系专员、客户关系代表的日常工作有目的、有计划地进行监控、指导与考核;

(2)负责员工各项业务培训;

(3)负责对员工的服务质量进行监控与管理,并对监控结果进行分析与评估;

(4)负责控制排班,合理调控客服代表的休息与出勤时间;

(5)负责客户关系管理的品质管理和正常运营,分析故障原因,作出可行性建议报告;

(6)制定本部门规范的管理制度与操作流程;

(7)反馈客户的需求和意见,主动提出业务改进措施,并具体执行;

(8)负责建立绩效考核制度,并能进行有效的绩效评估与沟通。

3.客户关系专员岗位职责

(1)服务跟踪,及时了解、反馈客户的需求,并及时作好客户跟踪记录;

(2)善于发现客户和市场的潜在需求;

(3)通过电话走访客户,及时发现客户需求;

(4)熟悉公司产品,可独立完成售前工作;

(5)能根据市场、客户的需求,积极向公司提出自己的观点和意见。

4.客户关系代表岗位职责

(1)通过电话与客户沟通,推介公司产品,协助客服完成售前、售后客户咨询;

(2)定期完成电话外呼、客户回访任务等;

(3)善于发现客户和市场的潜在需求;

(4)汇总、分析目标客户群,进行跟进服务,建立和维护良好的客户关系;

(5)了解行业状况,积极搜索并开发客户资源;

(6)管理客户信息,实时更新客户数据库。

5.区域客户经理岗位职责

(1)建立并维护与区域运营商及其他客户的良好合作关系;

(2)制订可行的市场推广计划并对区域的业务收入指标负责,落实市场计划的执行、负责合同款项的落实执行;

(3)负责所辖区域内业务报批、资质申请、协调测试、业务推广等工作;

(4)负责所辖区域市场信息以及同行业公司相关信息收集和分析反馈;

(5)收集用户数据,进行用户行为分析和需求调查,为产品运营提供参考意见。

6.大客户经理岗位职责

(1)挖掘重点客户的潜在需求,为客户提供满意的解决方案;

(2)管理与大客户的日常沟通,发展和维护与大客户的良好业务关系;

(3)对潜在客户进行定期跟踪,定期提交销售进度报告,完成大客户销售目标;

(4)配合销售团队,完成销售目标;

(5)响应客户要求,接受客户投诉,为客户解决问题。

【任务小结】

企业文化是企业的灵魂。随着客户关系管理在企业的运用,一些企业纷纷构建以客户为中心的企业文化,并在机构设置、岗位安排等方面进行了一些变革。

在这个任务中,我们分两步走。我们引导学生养成这样的职责意识:在进入企业之前,首先要认知企业文化,认可企业文化,逐步融入企业;了解、熟悉相应的岗位职责。

本任务以任务先行开始,以分项任务小结结束,希望读者在完成分项任务之后,能够及时进行自我的过程性评价。

本任务能力目标:完成任务后,读者应该能够对企业文化有一个整体的认识,了解企业以客户为中心的企业文化,并能够结合实训进一步了解、熟悉相应的岗位职责。

【核心技能】

1.认同企业文化。

2.着力培养胜任工作岗位的能力。

【课堂讨论】

1.企业文化的含义是什么?

2.以客户为中心的企业文化的实质是什么?

3.怎样理解 CRM 岗位设置及其岗位职责?

【课后自测】

1.企业文化是企业的灵魂,是推动企业发展的不竭动力。它包含着非常丰富的内容,其核心是( )。

    A. 企业精神

    B. 企业价值观

    C. 企业形象

    D. 企业规模

2. 以客户为中心的客户关系管理,通常设置的客户关系管理机构类型是( )。

    A. 岗位兼职型

    B. 岗位独立型

    C. 部门独立型

    D. 系统独立型

【实训操作】

实训一 学生分组选择某一知名企业,研读其企业文化,并进行简要评述。

实训二 深入某一企业,熟悉其 CRM 主要岗位设置及其职责。

第二部分　售前客户开发

任务 3

客户期望分析

● 核心能力

● 任务解析

● 任务导入

● 案例分析

● 实训操作

【能力目标】

通过完成本任务，你应该能够：

　1. 准确识别客户的期望；

　2. 熟练分析客户期望的构成。

【核心能力】

　掌握客户期望分析的方法。

⇨【任务解析】▥▭▷ **任务3**：客户期望分析

⬇

项目任务 3.1　准确识别客户的期望

⬇

项目任务 3.2　熟练分析客户期望的构成

⇨【任务导入】

　　企业开展市场营销工作的最高境界是：将合适的产品通过合适的方式卖给合适的人。因此，分析客户期望是营销工作的起点。

3.1　准确识别客户的期望

【任务提示】　本分项任务引领你认识什么是客户期望。

【任务先行】　了解并准确识别客户的期望，是一个企业生产和营销工作的起点。

⇨【重要知识 3-1】

什么是客户期望？

　　客户期望是指客户希望从公司提供的产品及服务中获得的理想效果，它是客户的心理预期，是决定客户能否满意的内在因素。

　　具体地说，每个客户在选择一项产品或服务时，往往事先对产品的性能、价格、外观或服务质量等都有个心理预期，这个心理预期就可以描述为客户的期望值。

3.2　熟练分析客户期望的构成

【任务提示】　本分项任务引领你认识客户期望的构成。

【任务先行】　对于一个企业来说，只有准确分析客户期望的构成，才能做到有的放矢。

　　客户期望分析应该从以下 3 个环节入手：

　　(1)明确客户期望的主要构成

　　一般而言，客户期望表现在 2 个方面，即对产品愉悦的渴望和优质服务的渴望。把握客户期望也需要从这 2 个方面进行考察。

（2）把握好一些随机因素，如促销、个人情感等对客户理性预期的影响

有些客户在产生购买行为之前就已经对自己的购买作了预期设想，这些设想是非常理性的。但是，在购买过程中他们会遇到众多因素的影响，比如个人情感、促销等，从而使他们临时改变主意，转而选择其他产品和服务。在为客户服务的过程中，客户服务人员必须善于利用这些随机因素来战胜竞争对手，赢得客户。

（3）要跟踪了解客户期望值的变化

一成不变的服务，即使产品质量再好也难以满足客户的需求，这就需要不断创新，通过与客户的交流不断地掌握客户期望的变化，在服务的过程中不断调整服务内容以赢得客户的满意。

【案例分析】

Allen 店的客户期望分析

Allen 是位于美国华尔街的一家快餐食品店，具有上百年的经营历史。长期以来，Allen 食品店以推出物美价廉的食品而闻名华尔街。另外，Allen 特别注重效率，大大降低了客户的用餐时间，这迎合了华尔街繁忙的白领人士的消费需求。这些原因使得这家百年老店一直以来都是许多华尔街人士用餐的首选之地，店里的客人每天都络绎不绝。

可是在 20 世纪 80 年代，Allen 快餐店的生意开始直线下滑，原本很忠诚的老客户都很久不来了，这使得这个百年老店开始遇到了难题。Allen 是这家店的老板，为了发现客户数量下降的真正原因，他找到一家管理咨询公司帮助分析这一问题。管理咨询公司的高级分析师 Griffiths 告诉他，应该尽早做客户期望分析寻找客户流失的原因，并帮助他设计了一份关于各类服务重要性排序的期望值调查表（如下表）：

客户期望值调查表

1. 我们店食品的味道您还喜欢吗？　A. 喜欢　　B. 不喜欢　　C. 一般
2. 我们店的布局现在还适合潮流吗？　A. 适合　　B. 应该变化　　C. 无所谓
3. 我们店的位置便于您停车吗？　A. 不便　　B. 极为不便　　C. 无所谓
4. 我们店的服务水平还到位吗？　A. 到位　　B. 不到位　　C. 无所谓
5. 我们食品的档次是不是应该发生变化？　A. 不应该　　B. 应该　　C. 无所谓
6. 您认为我们店的定价高了吗？　A. 是的　　B. 不是　　C. 无所谓
7. 我们店的地理位置应该调整吗？　A. 应该　　B. 不应该　　C. 无所谓
8. 我们店的卫生条件还好吗？　A. 好　　B. 不好　　C. 无所谓

续表

9.我们店的服务态度是否变了?
　　A.是的　　　B.没变　　　C.无所谓

　　　　Allen把Griffiths设计的期望值调查表分发给来店里的顾客,同时还去寻找那些已经流失的客户,请求他们填写这张表格。

　　　　几天以后,在店员的辛苦工作下,问卷全部收回了。经分析,Allen发现在客户的期望构成中,是否便于停车是客户关心的一个核心问题,而Allen店没有停车位。Allen经营的是家老店,原先一直没有停车位。随着经济的发展,顾客生活水平提高了,几乎都买了车,所以是否便于停车成为了他们选择饭店的重要因素。调查得知,如果在Allen饭店吃饭,他们就必须把车停放到别的停车场,十分麻烦,而且还要额外支付一笔费用;而在别的有停车位的饭店,客户完全没有必要担心这个问题。

　　　　Allen找到了真正原因,于是他决定在附近租一个地下停车场,由专人负责停车服务。这样客户只需把车开到饭店门口,停车服务人员就会帮助他们把车停好,而且是免费的。通过服务改进,Allen店的许多老客户又回来了。

　　外在环境的不断变化会促使客户不断地更改对消费的预期。任何公司要想在竞争中立于不败之地,就必须了解、掌握客户的期望,并随时跟踪客户期望的变化路径。只有这样才能更好地满足客户不断变化的期望,并战胜竞争对手。

　　在上述案例中,Allen起先没有意识到客户期望值有什么变化,只感到光顾的客户越来越少,即使是一些原本很忠诚的老客户也很少光顾了。在高级管理咨询师Griffiths的帮助下,Allen开始重视客户期望的变化,并按照Griffiths设计的问卷对客户进行了期望值调查,结果发现竟是一个变化了的客户期望——"停车方便"在作怪。Allen随即补上了这方面的服务,这得到了客户的认可,并最终赢得了客户。

　　通过此案例,我们要掌握以下三点:

1.充分关注客户的期望变化。

2.采取有效的方法对客户期望进行调查分析。

3.对客户期望的变化及时作出反应。

⇨【实训操作】

　　到企业参与客户管理工作,在与客户交往、沟通的过程中,体会客户期望的分析方法。

任务 **4**

客 户 识 别

● 核心能力

● 任务解析

● 任务导入

● 实训操作

【能力目标】

通过完成本任务,你应该能够:

1. 了解客户识别对客户保持
和客户获取的影响;

2. 掌握识别潜在客户的方法
和原则;

3. 掌握识别有价值客户的
方法。

【核心能力】

掌握识别潜在客户的方法和
原则。

→【任务解析】═══⇒ 任务 **4**：客户识别

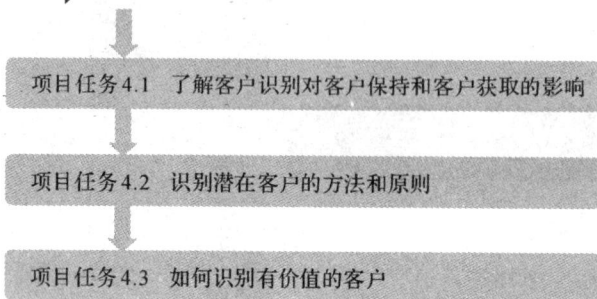

| 项目任务4.1　了解客户识别对客户保持和客户获取的影响 |
| 项目任务4.2　识别潜在客户的方法和原则 |
| 项目任务4.3　如何识别有价值的客户 |

4.1　了解客户识别对客户保持和客户获取的影响

【任务提示】　本分项任务引领你认识客户识别的重要性。

【任务先行】　准确识别客户是客户获取和客户保持的前提。

→【重要知识 4-1】

客户识别的含义?

　　客户识别就是通过一系列技术手段,根据大量客户的个性特征、购买记录等可得数据,找出谁是企业的潜在客户、客户的需求是什么、哪类客户最有价值等,并以这些客户作为企业客户关系管理的实施对象,从而为企业成功实施 CRM 提供保障。

　　客户识别是一个全新的概念,它与传统营销理论中的客户细分与客户选择有着本质区别。传统营销理论是以选择目标市场为着眼点,对整个客户群体按照不同因素进行细分,最后选择企业的目标市场(客户)。而客户识别是在已经确定好目标市场的情况下,从目标市场的客户群体中识别出对企业有意义的客户,作为企业实施 CRM 的对象。由于目标市场中客户的偏好等个性特点各不相同,不同客户与企业建立并发展客户关系的倾向也各不相同,因此他们对企业的重要性是不同的。客户识别与客户选择的区别的根源来自于客户关系管理与传统营销理论之间的区别。

　　客户识别对企业 CRM 实施的重要意义,主要体现在对企业的客户保持和客户获取的指导上。

　　1. 客户识别对客户保持的影响

　　客户保持是企业实施 CRM 的主要目标之一,它对企业的利润有重要影响。对美国 9个行业的调查数据表明:客户保持率增加 5%,行业平均利润增加幅度在 25%～85%之间。客户保持对公司利润的影响之所以如此之大,是因为保持现有客户比获取新客户的成本低得多,一般可节约 4—6 倍。但是客户保持也是需要成本的,在现有的客户群体中,并不是所有的客户都会同企业建立并发展长期合作关系。如果不加区别地开展对所有客户的保持努力,势必会造成客户保持成本的浪费。如果事先通过客户识别方法,识别出具有较大概率同企业保持客户关系的客户,并有区别地开展客户保持努力,就会起到事半功倍的效果,大大节省企业的客户保持成本。

2.客户识别对新客户获取的影响

尽管 CRM 把重点放在客户保持上,但由于客户关系的发展是一个动态的过程,企业还是需要获取新客户的。新客户的获取成本大大高于老客户的保持成本,其主要原因就是在新客户的开发过程中,客户的反馈率太低,导致获取每个客户的平均成本居高不下。如果能够有效识别最有可能成为企业客户的潜在客户,并有针对性地开展新客户的获取努力,势必能够大大节省企业的新客户获取成本,其节省幅度比在客户保持中使用客户识别时的节省幅度还要大。这样就可以杜绝新客户开发中无谓的投入,用尽可能少的客户获取成本获取尽可能多的客户。通过客户识别可以有效降低企业 CRM 的实施成本,为企业创造竞争优势。

4.2　识别潜在客户的方法和原则

【任务提示】　本分项任务引领你掌握识别潜在客户的方法和原则。
【任务先行】　研究潜在客户对企业的营销活动有重要意义。

⇨【重要知识 4-2】

潜在客户的概念

潜在客户是指存在于消费者中间,可能需要产品或接受服务的人。

1.对定义的理解

这个定义可以理解为,潜在客户是经营性组织机构的产品或服务的可能购买者。当经营性组织机构一旦非常地明晰潜在客户时,其一切经营管理的运作就会更趋于理智,趋于科学,从而避免盲目地开发和生产产品或提供多余的服务,最大限度地预防和降低企业经营风险;同时,也可以使销售工作有的放矢而且更加高效。顾客满意经营策略是经营性组织机构以客户满意为基础而开展的日常经营活动,它是企业克敌制胜、压倒对手、占领市场、开辟财源的锐利武器。然而,要实施客户满意战略,就要从认识客户入手,对潜在客户进行研究,并从中找出真正影响客户满意的关键因素。否则,在潜在客户是谁都不知道的情况下,"顾客满意"就无法谈起。

2.研究潜在客户的意义

(1)研究潜在客户是经营性组织机构连接市场营销和销售管理的纽带

目标市场的细分与定位一直以来都是市场营销学研究的内容,而客户管理与开发往往是销售管理的主要内容,两者之间必然有一个纽带代为传递与转换,这个纽带就是潜在客户的定义与研究。可以说,研究潜在客户是市场营销学中市场细分的落脚点,也是一切销售活动的起点。

（2）研究潜在客户有助于经营性组织机构有针对性地开展一切经营管理活动

当经营性组织机构一旦非常地明晰潜在客户时，其一切经营管理的运作就会更趋于理智，趋于科学，从而避免盲目地开发和生产产品或提供多余的服务，最大限度地预防和降低企业经营风险；同时，也可以使销售工作有的放矢而更加高效。

如果对潜在客户知之不准、知之不多、知之不细、知之不实，那么经营性组织机构的一切经营活动就会陷入趋于盲目的境地。新开发的产品得不到客户的认同，销售业绩得不到增长。

（3）研究潜在客户是经营性组织机构识别市场机会、抢夺先机、寻找新的增长点的关键和基础前提

成功的经营性组织机构无不是从研究潜在客户开始，发现潜在客户的真正需求，并识别市场而奠定胜局的。

如果海尔公司没有研究潜在客户，并及时发现四川农民需要一种清洗地瓜和土豆的洗衣机的需求的话，那么海尔公司就不会那么迅速地占领四川，乃至整个中国西南部的广大市场，就不会出现新产品一上市便被抢购一空的情景了。

因此，市场机会是所有经营性组织机构的生命线。一旦抓住了市场机会，经营性组织机构就能先人一步，早早掌握市场竞争的主动权。而这一切都将归功于早期对潜在客户的研究。

（4）研究潜在客户有助于经营性组织机构实施客户满意的经营策略

顾客满意经营策略是经营性组织机构以客户满意为基础而开展的日常经营活动，又以客户满意作为目标来检验经营性组织机构的经营活动效果。特别是在新经济条件下，实施客户满意战略已经成为现代企业开展经营活动的基本准则，它是企业克敌制胜、压倒对手、占领市场、开辟财源的锐利武器。

然而，要实施客户满意战略，就要从认识客户入手，就要对潜在客户进行研究，并从中找出真正影响客户满意的关键因素。否则，在潜在客户是谁都不知道的情况下，"顾客满意"就无法谈起。

3. 识别潜在客户的原则

在识别潜在客户的过程中，不同的企业有不同的做法，总的来说，要遵循以下这些基本原则：

（1）摒弃平均客户的观点

例如，要求每一个广告都能够触摸到真实的人的内心和思想，而不是不具体的大众群体。真实的程度必须如同看到一个活生生的人站在面前，让人想上前与之交谈！

（2）寻找那些关注未来、并对长期合作关系感兴趣的客户

当前的客户或许就是最具潜力的长期合作伙伴，但在检查客户名单时必须区分轻重。许多在商界多年的人提倡对每一个客户的终身价值进行评估，即在他们关系的存续期内，对客户所产生的业务总量进行分析、评价。

（3）搜索那些具有持续性特征的客户，即那些需要不断改进产品性能和表现的"弹性"客户

阅读与思考 4-1

　　Graphics 公司是一家生产高性能的可视计算机系统的生产商。他把一群特定的最终用户看做是"灯塔"用户,这些挑选出来的群体在其产品和运用上与公司共同发展。并且,为了保持对基本使命的关注——为最终客户提供能在市场上脱颖而出的技术,公司对"灯塔"客户的数量作了一个限定。

　　思考:公司为什么要对"灯塔"客户数量作出限定?

　　(4)对客户的评估态度具有适应性,并且能在与客户的合作问题上发挥作用

　　提倡双方分享共同的思维方式和对合作成功毫不动摇的承诺。双方都必须表现出忍耐和宽容,而且,文化必须具有相容性。如果潜在客户不接受一个团结协作的哲学,那么宁可放弃与之合作的机会。

　　(5)认真考虑合作关系的财务前景

　　这是对最好的潜在客户的一个重要的资格认证。当一个供应商与客户达成一项补偿协议时,就意味着供应商愿意分担客户的一些风险,并从客户的产品或服务中得到一部分利润作为补偿。供应商和客户能否建立利润上的风险和回报共享关系是对财务适应性的真正校验。

　　(6)应该知道何时需要谨慎小心

　　那种在初期看起来完美无缺的潜在客户可能最终导致一事无成。识别理想客户是至关重要的,公司要特别警惕三种类型的客户:

　　①那些只有一次购买历史的客户。这些客户以标准的方式对待市场,四处搜寻以获取最好的交易,没有与一个或几个供应商有过长期合作的记录。这些客户追求的是短期利润,而不是从与特定公司紧密、持久的联系中得到利益。

　　②过于自信、权力欲强的客户。这些客户不需要过多的帮助、合作和引导,他们是喜欢 DIY 的人们,过于亲密会使他们紧张不安。

　　③那些没有忍耐力的客户。他们不会给予长期关系开花结果的时间。如果他们昨天想要一个产品,那么今天就想看到结果。他们不喜欢为一个最终更加完美的解决方案进行时间上的投资。当他们不得不进行等待时,就会心存不满。他们无法想象长期的客户关系将会带来多么大的收益。

4.3　如何识别有价值的客户

　　【任务提示】　本分项任务引领你掌握识别有价值客户的方法和步骤。

　　【任务先行】　了解为什么要识别有价值客户。

⇨ 【重要知识 4-3】

为什么要识别有价值客户？

企业的资源是有限的，需要把有限的资源用在最关键的客户身上。

实际上，并不是所有的顾客都想与你的公司保持长久的关系。在实际生活当中，总是存在着这样一些客户，他们的购买决策只是受到价格因素的影响，如果他们发现别的商店的价格比你的还要低，他们会马上离你而去。我们还发现有些顾客更关注商品的质量、价格和服务、时间，以及由于拥有优先级而享有的价格优惠。在某些情况下，为了避免四处购物所带来的烦恼，他们宁愿多花些钱。所以，你无须与所有的客户建立关系。

那么到底你的客户是什么类型的？这种类型的客户有多少呢？我们将客户大致分为两种：交易型客户（transaction buyer）、关系型客户（relationship buyer）。一个交易型客户只关心商品的价格，这些客户没有忠诚度可言，在购买商品之前，他们会花上几个小时的时间在网上查询价格，他们不怕等待，他们会因为买到最便宜的东西而沾沾自喜。对于关系型客户，他们希望能够找到一个可以依赖的供应商，他们寻找一家能够提供可靠商品的友好的公司，这家公司认识他、记住他并能帮助他，与他建立一种关系。一旦他们找到了这样的一家供应商，他们就会一直在那里购买东西和服务。交易型客户给你带来的利润非常有限。由于他们只购买打过折扣的东西，所以销售给他们的商品的利润率要比关系型客户的低得多。你会发现你的关系型客户实际上在给交易型客户的购买进行补贴。

识别有价值的客户要分离出交易型客户，以免他们干扰你的营销计划，让你在与这些毫无忠诚可言、只关心价格的客户建立关系时花费无谓的时间和金钱。目前很多优秀的数据库营销系统都能够通过计算单个顾客的累积销售的总边际贡献和折扣百分比来跟踪顾客。

阅读与思考 4-2

Seklemian/Newell 公司的顾客名录中有 1800 万顾客，但是从中剔除了那些只在优惠时才消费的交易型顾客后，就只剩下 400 万人了。这一比例看起来不很正常，但实际上就是这样。其次，在剔除了这些价值量不大的交易型客户以后，他们就可以分析剩下来的关系型客户了。

他们将全部的有价值的关系型客户分为截然不同的三类：

A. 给公司带来最大盈利的客户。

B. 带来可观利润并且有可能成为公司最大利润来源的客户。

C. 现在能够带来利润，但正在失去价值的客户。

对于第一种客户（他们购买的产品约占公司销售量的 10%，而却实现 30%～50% 的销售收入）最好进行客户关系管理营销，目标是留住这些客户。你也许已经从这些客户的手中得到了所有的生意，即使是最好的客户关系管理也无法获得更多的利润。但是对于这些客户进行客户关系管理能保证你不把任何有价值的客户遗留给你的竞争对手。

第二种客户（占公司销售额和销售利润都为 40%～50% 的客户）能给公司带来可观的利润并且可能成为公司最大利润的来源，对于这些客户进行营销同样非常重要。这类客户也许也在你的竞争对手那里购买商品,所以针对这类客户开展营销的直接目的在于提高你的公司在他们的购买行为中的份额。

如果对第三种客户进行特别的关照和交流,可能增加一些他们的购买量,但是与大量的营销开销对比,会显得特别昂贵、不值得。这类客户约占总数的一半,经过一些基本的分析,剔除这部分客户可以大大降低我们进行客户关系管理的工作量。

1.区别客户的需要和需求

"需要"是我们生活中不可缺少的东西,"需求"则是我们想要"需要"得到满足的方法——在很多的方面"需求"是带有附加价值的"需要"。亚伯拉罕·马斯洛(1970)指出:在人类方面,生理和安全的需要是较低层次的或基本需要,归属需要为中等层次,而尊重和自我实现的需要为较高层次。任何一种产品或服务的提供者,其最低的任务就是满足相应的需要。

需要是非常基本的,一旦需要得到满足,需求便变得重要了。因此我们所要做的并不是满足一位客户的需要,除非你只想见到这个客户光临一次就够了,然而绝大多数的商业机构希望留住他们的客户。

如果你非常的饥饿,那么一顿饭或者说任何一顿饭都能满足你对食物的需要。一旦人们有办法选择怎样来满足这个需要的时候,那么需求就变得重要了:"我需要吃午饭,我想要牛排和油炸土豆条。"

过去人们往往认为必须满足客户的需要,但在今天竞争的世界里,满足需要是**不够的**。为了留住顾客,我们应该让他们感到愉悦。需要能够被满足,但为了使客户愉悦,我们应该了解他们的需求。

2.识别有价值客户的操作方法

在一个企业中,正式的和非正式的方法都会被用来了解客户的需求和需要。因为**客户**的意愿可能每天都在变化,这个过程是连续不断的,结果也会被不断地分门别类。

(1)会见头等客户

客户服务代表和其他的人员定期召集重要客户举行会议,讨论客户的需求、想法和对服务的期望。他们要求客户对客户期望的满足情况进行评测。而且有的时候,他们要询问客户有关竞争对手的问题。

(2)意见箱、意见卡和简短问卷

很多的公司在客户可以看得见的地方设立意见箱。他们也把意见卡和简短问卷放置到接待区、餐馆的桌子附近、产品包装上、商品目录的中心位置或其他易于接近的地方,以征求客户对产品和服务的意见。在为客户服务时,客户服务代表工作职责的一部分就是研究最好的方法以得到客户的反馈。

(3)调查

可以通过邮寄、打电话、网上发布等方法进行调查。作为工作的一部分,客户服务代表会被要求设计问卷和展开调查,并对结果进行分析。一般情况下,会询问客户需要什么产品和服务,公司对他们的需求满足得怎样,以及在哪些地方需要做出改进。另一种方法是询问客户:客户服务的其他方面是否比期望的好很多、一样好,还是比期望的糟得多。他们的回答会表明需要在哪里做出改进、客户重视哪些产品和服务,以及他们的需要怎样才能被更好地满足。

（4）客户数据库分析

客户数据库提供了可以用来判断客户需求和需要的丰富信息。举例来讲，对数据库信息的分析可以表明谁购买了何种产品、哪种产品畅销或滞销、客户购买了多少和他们何时购买。今天，很多商业机构使用客户关系管理软件将公司里所有的数据库连接在一起。一个部门输入的信息对于每一个使用数据库的人都是可以获得的。

（5）个人努力

因为客户代表的工作可能要直接和客户打交道，将处在向客户提问的理想位置，客户服务代表可以询问客户对自己和公司的看法。这些反馈将指导客户服务代表与客户的交往行为，并指导公司对产品和服务的选择。当与客户谈论公司的强项和缺点时，务必问一些具体的问题，询问客户喜欢什么以及不喜欢什么。通过倾听客户的抱怨，就会知道公司应该采取什么措施增加客户的满意度。

（6）考察竞争者

访问服务于类似客户群的成功的竞争对手可以获得有关价格、产品和店面"感觉"的极有价值的信息。通过竞争对手的网站也可以就客户需要和期望引发一定的思路。

（7）兴趣小组

与顶级客户联合访谈，以收集怎样改进特定产品或服务的信息，参加访谈的所有成员组成一个兴趣小组。典型的情况下，兴趣小组包含有 8～10 个有价值的客户，而且活动要持续一个半小时左右。

作为客户服务代表，或许会被要求推动一个兴趣小组的活动进程，这时你的任务将是设计五到六个问题，并要保证每个人都得到讲话的机会。应记录每个问题的回答，并向你所在公司的其他人员（如管理人员和产品开发人员）提供一份总结，这些人员也许会从兴趣小组的讨论结果中受益。

（8）市场调研小组

市场调研小组为雇用他们的公司组织单独会面和团体会面。他们也通过电话、邮件和网络进行调查，以了解客户的需要。从非正式的调研到正式的调研，调研技术多种多样，最为正式的方法被用来评测客户的态度和购买倾向。调查是连续进行的，分析则在取得结果之后进行。然后，详细的报告被撰写出来，以概括公司的优势和劣势、客户产品偏好、购买者离开公司的原因以及公司需要做些什么以赢回原来的客户。

▷ 【实训操作】

在参与企业客户管理工作中，运用上述分析方法帮助企业识别有价值客户。

发掘客户的价值

● 核心能力

● 任务解析

● 任务导入

● 实训操作

【能力目标】

通过完成本任务,你应该能够:

1.按照客户价值细分客户;

2.掌握客户盈利能力分析计算和生命周期预测方法。

【核心能力】

掌握客户细分和价值发掘的方法。

⇨【任务解析】▫▫⟶ 任务 **5**：发掘客户的价值

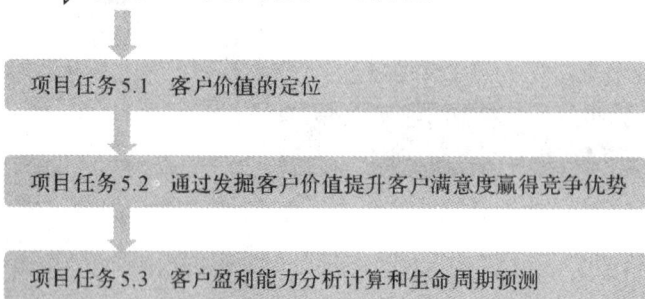

项目任务5.1　客户价值的定位

项目任务5.2　通过发掘客户价值提升客户满意度赢得竞争优势

项目任务5.3　客户盈利能力分析计算和生命周期预测

⇨【任务导入】

　　通过发掘客户价值、提升客户满意度，可以为企业赢得竞争优势。通过客户盈利能力分析和客户生命周期预测，可以为企业"擦亮眼睛"，告诉企业哪些是真正有价值的客户。

5.1　客户价值的定位

　　【任务提示】　本分项任务引领你明确客户价值方向定位。

　　【任务先行】　要理解客户价值的内涵，首先必须搞清楚客户价值的方向定位，即顾客价值到底是对谁的价值——是企业为客户创造的价值，还是客户为企业创造的价值？

　　1. 客户价值的方向定位

　　在营销领域，客户价值已经成为一个非常时髦的术语。许多公司已将客户价值视为一种基本的战略导向。企业界普遍认为，增加顾客价值是实现利润增长和提高企业总体价值的关键。

　　在关系营销中，任何能带来价值增值的战略都应该被视做基本的战略，如"建立、维持和增强与顾客之间的有价值的关系，满足各方的目标和需求"。但是，对于价值概念的理解，目前营销界和学术界存在多种不同的看法，有些看法之间甚至存在着严重抵触，很可能引起战略应用上的误区。因此，有必要对顾客价值的内涵进行深入的探讨、澄清不同的观点，以便更好地指导企业战略的制定和实施。

　　目前，在使用客户价值的概念时，主要有两个方向：企业为客户创造或提供的价值和客户为企业创造的价值。显然两个价值的内涵是截然相反的，因此，要理解客户价值的内涵，首先必须搞清楚客户价值的方向定位，即顾客价值到底是对谁的价值——是企业为客户创造的价值，还是客户为企业创造的价值？ 不同方向的价值定义带来的营销策略可能完全不同。如果混淆向客户传送的价值和从顾客那里获得的价值，可能会导致决策的失误。

　　2. 客户价值与客户关系价值区别

　　向顾客传送的价值与顾客获得的价值事实上也是一对矛盾统一体。向顾客传送超凡的价值无疑可以带来经营上的成功，但必须同时考虑这种价值传送活动是否有利可图，能否为公司带来满意的经济效益。如果一味地追求"所有客户 100% 满意"，可能会适得其反。一来因为这仅仅是一种理念层次上的东西,根本不可能达到,也就不可能真正为内部员工接受;二来要实现这种目标,就意味着必须向所有的客户提供高质量的服务,而不考虑该客户是否能给公司带来价值回报,此举无疑会大幅度增加企业的成本。因此,要增加为顾客创造的价值,势必带来产品或服务提供成本的增加,从而减少企业能从顾客处获得的价值。但是,两个方向的价值之间存在统一性。"为客户创造的价值越多,越可能增强客户的满意度,提高客户忠诚度,实现客户挽留",因此,从长期来看,为客户创造价值有利于增加客户为企业创造的价值。

不过,在大多数学者如克里斯托弗、格朗鲁斯、赫斯凯特(Heskett)、尼尔森(Nilson)、门罗(Monroe)、伍德罗夫(Woodruff)等的研究中,客户价值更多地被认为是"某种客户关系给客户所创造的价值"。尽管客观上存在客户价值方向上的不同,本教材沿袭研究主流的定义,认为客户价值的方向是"从企业到顾客",是"企业为客户创造的价值",而将"客户为企业带来的价值"称为客户关系价值,即"企业维持与顾客的关系,能够为企业带来的价值"。客户价值和客户关系价值共同构成客户关系管理的两大价值支柱。

关系营销的出现,使竞争的焦点"从吸引新顾客转向了挽留和关怀顾客"。和关系营销一样,客户关系管理的关键是"关系",通过维持和强化与顾客的关系,培养客户的忠诚度,以建立起稳定、互利的长期客户关系。在传统关系营销乃至如今的客户关系管理中,价值一直被视为十分重要的要素。"如果某个企业能够向客户提供超凡的价值,无疑也就拥有了新的差别化竞争优势。"再则,"通过增加核心产品或服务的价值,无疑能够提高顾客满意度,增强企业与客户之间的连接,赢得顾客忠诚"。

5.2 通过发掘客户价值提升客户满意度赢得竞争优势

【任务提示】 本分项任务引领你掌握客户价值与客户满意度、客户价值与竞争优势的关系。

【任务先行】 客户价值是客户对产品属性、属性效能以及使用结果(对实现客户目标和初衷的促进或阻碍)的感知偏好和评价。

1. 客户价值的定义

由于目前对客户价值的看法过于分散,很难找出一个合理的定义能将所有的观念包括在一起。为了探索客户对价值的看法,许多学者做了大量的实证研究,如加德尔、雷启斯(Richins)、伍德罗夫、熊曼、克里蒙和约瑟曼等。伍德罗夫归纳总结了这些实证结果,从客户的角度对客户价值定义如下:

"客户价值是客户对产品属性、属性效能以及使用结果(对实现客户目标和初衷的促进或阻碍)的感知偏好和评价。"

这个定义不仅综合考虑了客户的期望价值和实现价值,而且强调价值来源于客户感知、偏好和评价,同时也将产品与使用环境和相应的客户感知效果紧密地联系起来。尽管这个定义最初是为了描述客户如何归纳产品信息,但伍德罗夫等人认为该定义能够抓住和反映客户价值的本质。不过,尽管该定义内涵比较丰富,但是伍德罗夫并没有清楚地表明该定义是否能转化成一套具有可操作性的客户价值测量模型。有关客户价值的本质,图5-1给出了精辟的描述。

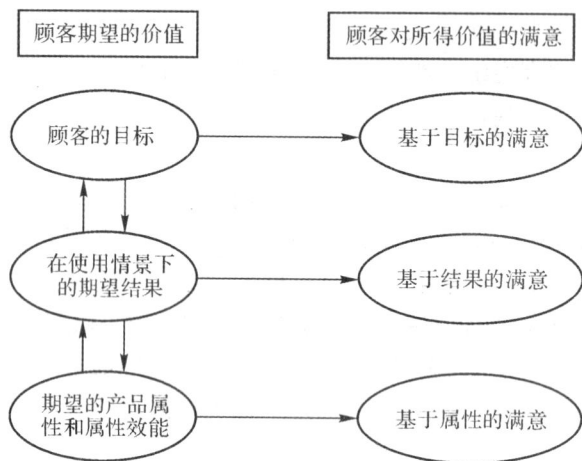

图 5-1　伍德罗夫顾客价值层次模型

客户价值的层次模型表明了客户对期望价值的感知方式。在最底层,客户将产品看做是特定属性和属性效能的结合体。在购买和使用产品时,客户根据特定产品属性对实现期望结果的贡献,而形成一种期望和偏好,反映在客户价值上就是使用和拥有价值。同时,客户也根据产品属性对显示自身目标和目的的贡献,形成对特定使用结果的期望。此外,客户的使用情形在评估过程和期望形成过程中都发挥着重要作用。如果使用情形发生变化,产品属性、结果和目标之间的联系同样会发生变化。例如,就互联网服务而言,工作使用中所形成的价值层次结构完全不同于家庭娱乐使用。

阅读与思考 5-1

联想的客户价值细分

联想集团成立于1984年,经过11年的发展,到今天已经成为中国 IT 行业的龙头企业。秉承客户第一的原则,联想在客户服务的诸多方面都有不错的表现。而在客户价值细分方面,联想集团也采取了相应的客户细分管理措施。

根据客户的特点,联想集团建立了"大客户市场部"、"地方专员"、"行业代理"三级营销服务机构。大客户市场部居于顶层,该部门依据全国不同的行业特点,设立了由熟悉相关行业与领域的专业服务人员所组成的客户服务小组,该小组向目标客户提供最优质的服务,极大提高了客户的满意度。

联想集团认为:传统的市场细分已经不能适应新经济下的客户需求。传统的市场细分是根据地理位置、客户的生活环境等提出的概念。而客户价值细分是从市场细分演化而来的。客户价值细分和市场细分在理念、策略和实务上完全不同。客户价值细分是对市场细分的一种革命。

联想集团综合运用客户终生价值、心理因素和使用频率等细分变量将客户分为 4 层。

他们认为铂金层级的客户代表那些赢利能力最强的客户,典型的是产品的大量使用者,他们对价格并不十分敏感,愿意花钱购买,愿意试用新产品,对企业比较忠诚。黄金层级的客户希望价格折扣,没有铂金层级客户那么忠诚,所以他们的赢利能力也没有铂金层级客户那么高,他们也许是大量使用者,也许是中度使用者,他们往往与多家企业而不是一家企业做生意,以降低他们自身的风险。钢铁层级的客户数量很大,能消化企业的产能,但他们的消费支出水平、忠诚度、赢利能力不值得企业去特殊对待。重铅层级的客户不能给企业带来赢利,他们的要求很多,超过了他们的消费支出水平和赢利能力对应的要求,有时他们是问题客户,向他人抱怨,消耗企业资源。

联想同时从当前价值和增值价值的高低来重新描述这4类客户。

重铅层级的客户是最没有吸引力的一类客户,该类客户的当前价值和增值潜力都很低,他们偶尔下一些小额订单,经常延期支付甚至不付款,提出苛刻的客户服务要求,或定制化要求过高。

钢铁层级的客户具有低的当前价值和高的增值潜力,他们几乎将其业务100%交给本企业,不同的是这类客户本身具有巨大的发展潜力,他们的业务总量在不断增大,因此这类客户未来在增量销售、交叉销售等方面尚有巨大潜力可挖。

基于这样的分析,联想构造了客户价值区分矩阵,并提出了不同的销售和服务策略。

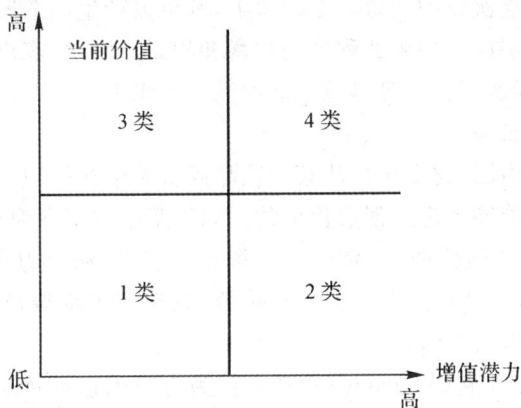

客户价值细分矩阵

根据这一客户价值细分矩阵,企业为最大化收益率,对1类客户应该把重点放在降低成本和合理的涨价(即减少促销)上。对2类客户因其有较多扩大购买的机会而应致力于获得这部分客户的更大份额。对3类客户应努力保留这些忠诚客户但不要做增加销售的努力。对4类客户应加强各种建立和加强关系的努力,如提供优先服务等,争取和维持这部分客户,基本的原则就是优先、重点向这些高价值客户配置企业最优的服务和营销资源。

2.客户价值与客户满意度

从客户价值的定义中,我们不难发现,客户价值与客户满意度之间存在很强的内在联系。两者都是产品的评估性判断,都十分看重使用情形。二者在含义上存在着一定的重叠,图5-2反映了客户价值与客户满意度之间的关系。

客户的总体满意度水平是客户对产品的使用经历的总体评估。研究表明,"在购买行为发生之前,客户的价值感知直接影响着购买意图或重复意图的形成";而"在购买行为发生之

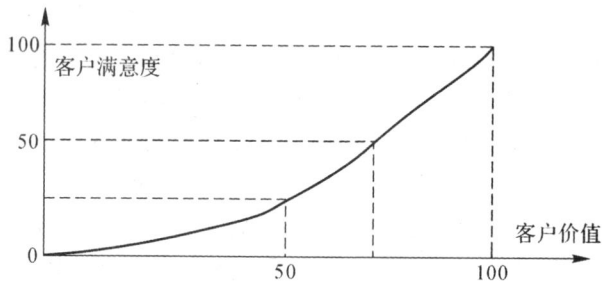

图 5-2　客户价值与客户满意度之间的关系

后,由于客户拥有大量的消费经验,客户的效用评估对未来行为意图的影响将部分或全部通过客户满意程度来传递"。

客户在进行评估时,先根据过去的或现在的经验,明确自己期望的价值。从客户价值层次模型中,我们不难看出,期望价值是由对一些特定、可衡量维度的偏好组成的,如产品属性、属性效能和与特定使用情形之目标紧密联系的结果。反过来,期望价值指导客户形成对特定使用情形下产品效能的感知,即评价在这些属性上的使用经历、属性效能和结果。实现价值可能会直接形成一个总体满意度影响总体满意水平。

在客户的期望价值层次模型的每一个层次上,都可以产生一个满意度水平,而总体满意程度取决于客户对不同层次上的满意程度的权衡和积累。因此,客户可能会对产品属性、属性效能、使用后果和目标实现程度等形成不同的满意度水平。

3. 客户价值与竞争优势

根据客户的定义和内涵,如果客户从某种产品或服务中获得的收益大于所支付的成本,则认为该产品或服务是能够为客户创造价值的。如果某个供应商为客户创造的价值远远高于竞争对手为客户所创造的价值,无疑可以赢得大量客户,从而为自己营造超凡的竞争优势。换句话说,如果企业能够创造非凡的客户价值,就拥有了维持长期收益的基础,这就是客户价值对形成竞争优势的贡献。

根据德易(Day)和温斯利(Wensley)的观点:"为客户创造并传递超凡的价值是实现卓越绩效的基础。"如前文所述,产生客户价值的来源很多,如产品质量和新产品开发技能等,而客户价值所带来的企业绩效却主要表现在客户满意和销售增长上。高质量的产品或服务以及不断创新的开发技能,无疑可以推动客户满意度的不断升级,促进客户对企业的忠诚,有效地实现客户挽留,减少客户叛逃。因此,"许多企业不断地测评客户满意度,监控客户挽留水平,以客观地评价本企业的业绩,有效地管理自己的业务"。

此外,超凡的客户价值还可以为企业带来比竞争对手更快的销售增长,因此,相对的销售增长也可以用于评价企业的客户价值的创造水平。如果企业创造的客户价值高于竞争对手,则销售增长的速度必然会快于竞争对手;反之亦然。因此,客户价值逐渐成为理论界和企业界关注的焦点,基于客户价值的竞争优势也逐渐成为一些先进的竞争利器。

5.3　客户盈利能力分析计算和生命周期预测

【任务提示】　本分项任务引领你掌握客户盈利能力分析和生命周期预测的方法。

【任务先行】　了解企业销售额、成本、利润等一般财务数据的计算方法。

图 5-3 显示了客户盈利能力的计算方法。客户盈利能力分析不仅是一种客户分析方法，而且通过客户盈利能力分析可以预期客户将来的价值。

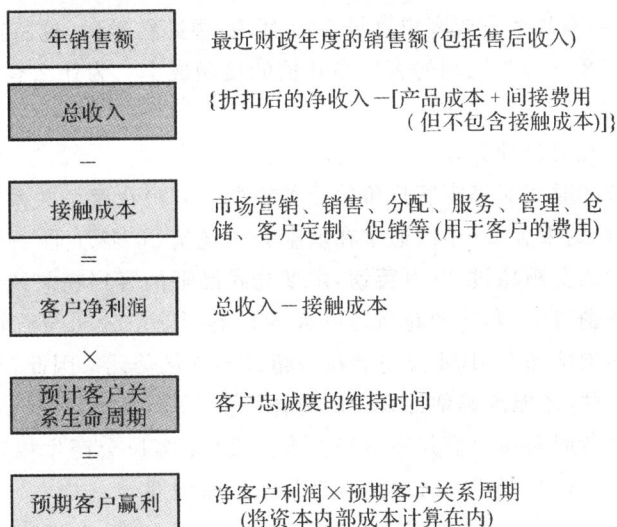

年销售额	最近财政年度的销售额(包括售后收入)
总收入	{折扣后的净收入－[产品成本＋间接费用（但不包含接触成本)]}
－	
接触成本	市场营销、销售、分配、服务、管理、仓储、客户定制、促销等(用于客户的费用)
＝	
客户净利润	总收入－接触成本
×	
预计客户关系生命周期	客户忠诚度的维持时间
＝	
预期客户赢利	净客户利润×预期客户关系周期（将资本内部成本计算在内）

图 5-3　计算预期客户盈利

1. 销售额的计算

从理论上看，计算企业的销售额很简单，如果企业和其客户在不同国家有多家分公司，情况就变得复杂了。例如一家跨国化学工业公司——帝国化学工业公司 LCL 的名字出现在多家分公司的销售账簿上，把所有销售额相加，LCL 占总销售额的 10％还多。这时，所有销售额的累加数据才能真实反映销售情况。

企业还应把服务合同的价值或其他来源于客户的间接收入计算入总销售额。一些拥有大量客户的服务性企业也许会提出：无法确认单个客户的销售额。零售商或快餐连锁店的经销商可能拥有上百万客户，每位客户与零售商有许多个人交易，很难计算单个客户在一年内的花费，然而，如果客户每年的花费超过 1000 元，零售商值得建立客户数据库。例如，泰斯科(英国食品杂货商)已收集了 600 万份客户资料，这些资料包括客户地址、购物时间、地点，甚至他们喜欢喝可口可乐还是百事可乐。当客户数据库管理的成本效率提高时，大多数企业将能够掌握个体客户的情况。

2. 总收入的计算

特殊客户的总收入很容易计算。但企业必须确定酬金、返还折扣或促销折扣。在对一家土豆片生产商进行分析时发现：一部分客户得到额外折扣，总计超过销售额的 10％。结果导致一些小客户与重要客户得到更低的购买价格，许多这样的客户是不能给生产商带来利润的。

3.接触成本的计算

企业必须仔细核算与客户接触、客户服务相关的所有成本。这要求确认所有"直接花费"，如销售和服务时间、免费样品等；也包括间接花费，如针对特殊客户的研发、市场营销、推迟付款的成本等。

4.净客户利润的计算

在了解实际收入和不同客户服务成本的情况下，企业能够评估客户不同区分产生的利润水平。收入和服务成本相同的客户可划分在一组"客户群"或交易渠道。建立一个客户等级表很有用，可以看到哪些客户或客户群排在前面，哪些排在最后，这将产生一些显而易见的机会。为什么有些客户需要比别的客户高几倍的接触成本？为什么有些客户比别的客户给企业带来更多的利润？

5.合作关系持续时间的计算

预期合作关系持续时间对确定客户价值至关重要。客户在整个关系生命周期的价值非常大：一位经常乘飞机的乘客 10 年内通常在航空公司花费 20 多万元，一位忠诚的万事达卡持有者通过刷卡消费的金额超过 20 万英镑，定期光顾酒吧的客户在关系生命周期内花费超过 2 万英镑。在商务销售中，客户的花费是巨大的。英国航空公司与波音公司合作时投资超过 10 亿美元，美国国防部在 IBM 公司的花费超过 100 亿美元。因此，只有通过对整个客户关系生命周期的评估，才能准确估计客户的总体价值。

预测客户关系生命周期和价值并不容易。未来 20 年客户会产生稳定的收入吗？还是在未来几个月破产？可以按下述方法预测客户关系生命周期。

- 计算客户关系生命周期平均时间，如 1 年、3 年、5 年、10 年或 15 年。
- 进行客户调查以确认客户将来在公司再次购买商品的盈利性。由此可以确认超出或低于平均客户关系生命周期的客户。
- 要求销售人员进行一次简单的客户交易评估，例如客户在市场中属于哪一类型、客户新的需求等。

根据这些信息，管理小组可估计相对于"普通客户"的客户关系的稳定性，这种分析将"筛选"出高风险的客户。

如果企业的客户同时也拥有客户，计算客户关系生命周期会更加复杂。决定企业之间交易周期和规模的一个因素是公司的客户如何服务于他的客户，普遍的想法是销售人员和市场营销人员花时间去评估客户状况。将这项评估纳入预期客户盈利性分析中，以掌握每位客户交易的稳定性。

如果客户属于"高峰"销售模式，情况更加复杂。举个例子，让我们看看汽车购买者和杂货店忠诚客户之间的区别。杂货店每周都与客户有接触，因此杂货商很容易了解客户是否减少花费，并由此作出反应。而汽车销售商会面临这样的问题：客户这周可能会花费 20 万～30 万元，然后就不再光顾。汽车购买者的需求属于"高峰"需求，销售商应在汽车售出后努力建立一种稳定的、持续发展的客户关系。当客户决定再次购买时，销售商将获利。应把再次购买的盈利能力纳入客户关系生命周期的考虑中。

6.客户预期盈利的计算

企业在估计出客户关系生命周期和净利润后,可以将两项相乘以计算客户预期总利润。未来赢利应将公司内部资金成本计算在内(如 3 年时间的利润与现在的利润不能同日而语)。不仅如此,如果在客户关系生命周期内客户的利润会发生很大变化,供应商应重新核算利润和成本。例如,客户可能是发展型客户或者迅速衰退。对上述两种情况,供应商应调节客户关系生命周期的平均盈利。

将客户编入客户预期盈利能力小组有助于进行分析。有一个事实可能被忽略——客户的产生不平等。最具盈利性客户、交易渠道和非盈利性客户、交易渠道之间的差距往往因为10 个、上百个因素中的一个而发生。例如某商店对使用商店信用卡的客户排序显示,一些客户正在使零售商每年损失 22 英镑,而其他客户产生的利润超过 1000 英镑。同样,一家特种化学用品公司发现排名前 10％的客户,其价值是最后 10％的客户的 200 多倍。

在决定再次利用资源时估计客户当前和预期盈利能力是必要的,但是其他因素也应考虑,企业可能从客户关系中获得间接效益。

7.客户盈利率的分析

虽然许多公司测量客户满意度,但大多数公司并不能测出个别客户的盈利率。银行称,这很难做到。因为一个客户交易成功后可能利用不同的银行服务,这些交易要通过几个不同的部门。一些将客户交易成功地归并在一起的银行,都对其无利可图的客户在其客户中所占比重之高感到十分吃惊。一些银行报告表明银行的零售客户服务中有 45％以上是亏损。因此,毫不奇怪,银行许多不收费的项目现在都收费,并且银行也在选择客户,如有些外资银行规定客户必须存款 1 万美元以上。

表 5-1 客户/产品盈利率分析

	C1	C2	C3	
P1	++			高盈利产品
P2	+	+	+	盈利产品
P3				亏损产品
P4		−	− −	无利润产品
	高盈利客户	无盈利客户	亏损客户	

表 5-1 显示了一种有用的盈利分析方法。客户按列排列,产品按行排列,每个方格就代表企业向该客户出售某产品所获的利润。我们可以看到,客户 1(C1)在购买 2 个盈利产品(P1、P2)时,产生了较高的利润。客户 2(C2)则是混合型的,他买了 1 个盈利产品和 1 个无利润产品。客户 3(C3)代表一个亏损客户,因为他买了 1 个盈利产品和 2 个无利润产品。对此,公司可为客户 2 和客户 3 做些什么呢? 它有两种选择:①它可以提高无利润产品的价格,或者取消这些产品。②它也可以尽力向这些能产生未来利润的客户推销盈利产品。如果这些无利可图的客户转向其他供应商,这可能是好事情。有人提出,鼓励无利可图的客户转向竞争企业对公司是有利的。

最后,公司价值创造能力越高,内部运作的效率越大,它的竞争优势也越大,公司盈利也越大。公司不但要有创造高的绝对价值的能力,也要有相对于竞争者在足够低的成本上的价值优势。竞争优势是指一个公司在一个或几个方面的成绩是竞争者无论在现在或将来都无法比拟的优势。理想的话,竞争优势是一种客户优势。如果客户并没有感觉到竞争优势,那么公司也就没有客户优势。公司应力争建立持久和有意义的客户优势,用它们来成功地带动客户价值与满意,这将导致高的重复购买并使公司获得高的利润。

客户盈利分析是一种工具,有助于企业发现基于客户的机会。企业在汇总数据时常常需要依赖准确的估计和判断。下面列举的几条指导原则可以将分析客户盈利能力的价值最大化。企业可以重新计算客户预期盈利能力,以便了解、运用下列每种方法产生的利润影响,并按优先顺序排列这些方法。

①抽样调查

在评估客户盈利性之前,对小部分客户进行抽样调查。这些客户可随机选择,通常包括16位客户。计算其收入和接触成本以确定客户纯利润。然后调查客户,了解当前满意度和未来购买倾向。这些信息对评估客户忠诚度和未来价值至关重要。抽样调查有三个目的:确认是否展开大规模的客户分析,找出盈利性的主要决定因素,使商业机构通过加强客户管理增加总的利润。

②简单化

确认客户盈利的决定因素,改进策略。许多情况下,商业机构不必调整接触成本的每个细节。确认"主要因素",更容易收集数据,提高对分析的理解。可能的话,企业可以推断盈利性收入的决定因素(如利润、服务成本、客户关系生命周期)与销售密切相关。如果事实如此,可简化客户盈利能力分析。

③合作

将客户盈利性分析的责任划分到各个部门的管理者,因为客户盈利性的增加往往要求各部门的通力合作和资源重组。

④利润集中

除非对底线有重要影响,否则评估和管理客户盈利性没有任何意义。客户盈利性分析必须通过下列方法寻找机会以增加客户价值:

- 锁定核心盈利客户;
- 寻找获得收益的便利途径;
- 降低客户接触成本;
- 加强客户关系生命周期管理。

⤶ 【实训操作】

与企业营销人员和客户服务人员一起,进行客户价值分析实践。

任务 **6**

赢得客户的忠诚

【能力目标】

通过完成本任务,你应该能够:

  1. 进行客户忠诚度测评;

  2. 进行新客户忠诚度的强化;

  3. 进行客户忠诚度的目标管理。

【核心能力】

  掌握客户忠诚度测评、细分和强化的方法。

【任务解析】 ⫸ 任务 **6**：赢得客户的忠诚

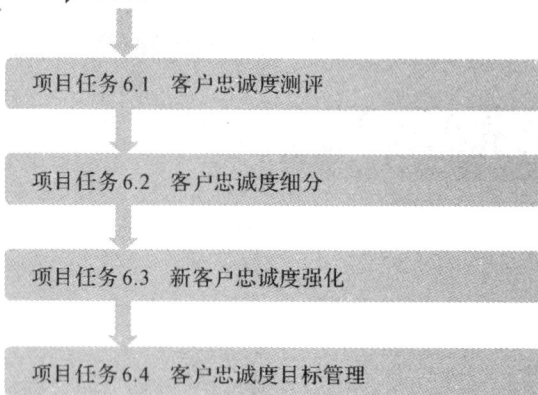

项目任务6.1　客户忠诚度测评

项目任务6.2　客户忠诚度细分

项目任务6.3　新客户忠诚度强化

项目任务6.4　客户忠诚度目标管理

【任务导入】

　　任何服务工作,其终极目标都是提升客户的忠诚度。在这一工作中,测评客户忠诚度并将客户忠诚度进行细分是基础工作。客户服务人员需通过对客户忠诚度的分析和把握,对忠诚度不高的客户进行忠诚度强化,也可采取有效措施挽回流失的客户,同时还应当针对不同忠诚度的客户采取不同的服务方式,以实现更高的客户忠诚度目标。

6.1　客户忠诚度测评

　　【任务提示】　本分项任务引领你掌握客户忠诚度的测评方法。
　　【任务先行】　区分客户满意度和客户忠诚度。

　　客户忠诚度是指客户忠诚于企业的程度,是从客户满意度中引出的概念,是指客户满意后而产生的对某种产品品牌或公司的信赖、维护和希望重复购买的一种心理倾向。它体现的是客户行为的持续性,通常表现为两种形式:一种是客户忠诚于企业的意愿;二种是客户忠诚于企业的行为。一般的企业容易将这两种形式混淆起来,其实这两者具有本质的区别,前者对于企业来说并不产生直接的价值,而后者则对企业非常具有价值。著名的施乐公司认为:"忠诚的客户是一般客户所创造价值的 10 倍,并且这样的客户会持久地忠诚于公司。"
　　客户忠诚度测评是对客户忠诚度的考察、分析与把握,是客户服务的一个重要工作技能。客户忠诚度测评需注意的主要问题有以下几方面:
　　◆考察客户重复购买产品的次数。根据客户的重复购买次数可以看出客户对该种产品的偏好程度,一般来讲,客户对某一产品的购买次数越多,他对该种产品的忠诚度就越高。
　　◆考察客户对企业服务能力的信任程度。任何企业都有可能出现因各种原因造成的质量问题,如果客户对企业的忠诚度很高,那么它很有可能采取宽容、谅解和协商的态度,不会因此而失去对该产品的偏好。
　　◆考察客户对价格变动的敏感程度。一般的客户对产品的价格很敏感,但如果客户对产品的忠诚度很高,那么他对价格变动的承受能力则比较强。

◆ 挑选产品的时间长短。一般的客户购买产品时都要挑选,但对不同品牌的产品,客户挑选的时间是不一样的。通常,客户挑选产品的时间越短,可以判定他对该产品的忠诚度越高,反之越低。

阅读与思考 6-1

花旗银行的客户忠诚度测评

花旗银行成立于 1812 年,其英文名称为"City Bank of New York"。经过 100 多年的发展,现已成为一个全球性金融服务公司,在世界各地都深具影响力。花旗银行除了以技术、创新和大胆的决策作为提高银行竞争力的重要手段外,在客户忠诚度方面,也可以说是值得世界任何企业学习的榜样。早在 20 世纪 50 年代,花旗银行就提出了客户忠诚度分析,进而以此测评来提高客户的忠诚度。

花旗银行提出影响客户忠诚度的因素有 2 个:

● 对自己的业务有强烈的偏好;

● 重复选择。

花旗银行认为:客户对产品和服务存在偏好是由 2 种因素构成的,一种是客户喜欢的程度;另一种是客户在获得对自己的银行业务之前的比较效应。

如果将这 2 种因素进行交叉归类就会产生 4 种情况:最低偏好、低偏好、高偏好、最高偏好。例如:一位住在距离花旗银行比较远的客户,由于对花旗银行有最高偏好,即使他周围有很多别的银行,也会打车去花旗银行存款或咨询别的业务。

除了偏好,决定客户对产品或服务是否忠诚的第二个因素是重复支持银行业务。这个因素同样可以分为 4 种情况:缺乏忠诚客户、迟钝忠诚客户、潜在忠诚客户、忠诚客户。花旗提出:一般而言,花旗银行不会将目标针对那些"缺乏忠诚客户",因为他们永远不会成为花旗银行的忠诚客户,他们对自己的经济增长只有很少的贡献。对于"迟钝忠诚客户",花旗银行认为:他们一般没有固定立场,总是根据情形而定是否选择自己的业务,但对自己没有什么不满。然而,大多数客户都属于这种类型,如果能够积极争取这类客户,并且加强对这类客户的服务,他们很有可能转变为高度忠诚的客户。对于"潜在忠诚客户",影响他们重复选择决定的因素除了偏好因素外,还有诸如环境、家庭背景等因素,对这类客户,需要加强特色服务才能把他们转变为忠诚客户。对于"忠诚客户",花旗银行认为,他们是银行最欢迎的客户,他们对自己的业务具有最高偏好,而且会把对与银行交往的心得和家人或朋友一起分享,是银行的铁杆支持者。这种客户会成为银行的免费宣传者,同时是银行的最重要的客户,是银行的摇钱树。但这并不意味着可以忽视他们,相反,应该更重视他们。

花旗银行在影响客户忠诚度因素的基础上,提出忠诚度测评主要有 4 个指标,即顾客对产品和程序的满意度、价值驱动力、忠诚驱动力和顾客的忠诚度指标。

● 产品和程序的满意度。一个忠诚的客户首先是对于企业的产品、消费程序感到满意的客户,这是客户忠诚的基本。

● 价值驱动力。忠诚的客户对于企业文化的认知度、内部绩效都能真正了解,能够让企业的利润得到提高。

● 忠诚驱动力。一个忠诚客户觉得购买产品的感受是物有所值,满足甚至会超越他的期望值。

● 忠诚指标。企业最终可以通过测量客户的购买量、重复购买率和使用率是否得到了实际提高、消费的额度是否增加来衡量客户是否忠诚。

【案例分析】

在这个案例中,花旗银行充分分析了决定客户忠诚的两个因素:一是对自己的业务有强烈的偏好;二是重复选择。根据这两个因素,花旗银行提出了客户忠诚的八种具体情况,这对企业和客户服务人员在分析客户忠诚时起到了很好的借鉴作用。

【案例要点】

1. 如何衡量客户的忠诚和偏好?

2. 客户忠诚测评的 4 个指标。

3. 如何判定哪些客户有重复购买行为?

当今市场竞争的性质已经发生了革命性的变化,客户忠诚度已经成为衡量一个企业竞争力的有效方法。然而,影响客户忠诚度的因素很多,如何去评价客户的忠诚已经成为一个至关重要的市场工作技能。每个企业评价客户的忠诚度,都会因企业的性质不一样而有不同的评价指标和方法,但是在这些评价方法和指标里,有其共性的一面。

忠诚客户往往具有下列特征:

忠诚的客户会经常反复地购买公司的产品或采用公司服务,公司甚至可以定量分析出他们的购买频度;忠诚的客户在购买产品或采用公司的服务时,选择呈多样性,因为是公司的产品或服务,他们乐意购买,他们信任公司、支持公司,他们较其他客户更关注公司所提供的新产品或新服务;忠诚的客户乐于向他人推荐公司的产品,有趣的是,被推荐者相对于其他客户会更亲近于公司,更忠诚于公司;忠诚的客户会排斥公司的竞争对手,只要忠诚的纽带未被剪断,他们甚至不屑胜公司一筹的对手。

6.2　客户忠诚度细分

【任务提示】　本分项任务引领你掌握客户忠诚度的细分方法。

【任务先行】　制定客户忠诚度细分的标准。

客户忠诚度细分就是要明确不同忠诚度的客户对于公司的重要性,针对不同忠诚度的客户实施不同的服务标准。在激烈竞争的企业界里存在着这样一个"二八"原则:公司 80% 的利润来源于 20% 的客户。由此可见,不同的客户对公司的作用的差别是巨大的。就像 Oylair Specialty 公司的总裁兼销售经理 Ray Didonato 所说:"如果一个客户不是定期地向我们购买产品,或者是没有兴趣和我们发展长期的合作关系,我们仍然和她纠缠不休,那我们就是在浪费时间。"

客户忠诚度细分应该把握的主要技能点有:

◆ 制定忠诚客户细分标准。企业应该有自己的忠诚度细分标准,只有明确忠诚度细分标准,才能对客户的忠诚度进行细分。

◆ 明确服务方式。不是所有的忠诚客户都用相同的服务方式,不同忠诚客户所用的服务方式应该是不同的。比如,在下面的零度忠诚客户里,客户服务人员就没有必要在他们身上花费很多的时间和精力。

◆ 掌握不同忠诚客户的特征。各个具体的忠诚客户的特点是不同的,只有掌握了不同忠诚客户的特征才能有的放矢地对客户服务。

阅读与思考 6-2

Gander 的客户忠诚度细分

Gander 是 Geanel 公司的销售代表。一天,他的客户因为别的公司比他们的产品价格低 2% 而不去订他的货。这件事让他很气愤,他问:"是不是我额外的服务不值那 2% 的价格?"对方一边承认值得,却一边继续给竞争对手打电话,继续在竞争对手那儿订货。回家后,他苦苦地探究其中的道理:为什么此时额外的服务没有价格的低廉更为重要? 同时他问自己:"如果我们的产品比竞争对手略贵一些,同时竞争对手不提供同样程度的服务,这些客户愿意为我们的服务付钱吗? 是不是更好的服务就一定会导致客户的忠诚?"如果答案是否定的,他想知道他是不是对那些客户提供了太多的服务。最后,他终于得到了一个结论:因为这种客户看重的是价钱,像前面这样的小客户看到的是价格。对于服务,其实他们并不关注。于是,他对不同的客户进行了细分,也就是不同的客户应该用不同的服务方式,结果他取得了满意的效果。下面是他的分类方法:

Gander 将自己所有的客户分为 A、B、C、D 四个类别。他试图花费 40% 的时间在 A 类客户上;花费 30% 的时间在 B 类客户上;花费 20% 的时间在 C 类客户上;花费 10% 的时间在 D 类客户上。

A 类客户大概占他所有客户的 20%,是非常有利可图并值得花大量的时间来服务的。他们主要从 Geanel 订货,订单数量大,并且能很快付款。

B 类客户大概占他所有客户的 30%,大多数是本地生意人并有潜力变为忠诚客户。他们可能从别的供应商那里订货。可无论如何,他们从 Geanel 订货都超过 50%,所以是值得花费时间和精力来建立忠诚度的。Gander 认为:如果 B 类客户在订单的频率和数量上没有上升或者如果他们向竞争对手订更多的东西,那可能意味着自己给他们提供了太多不必要的服务。在放弃一个 B 客户之前,他认为要找出他们从竞争对手那里订更多货的原因。

C 类客户大概占总客户的 30%。他们的订单大多给别的公司,但如果销量上升的话,他们是有可能成为 B 类客户的。C 类客户是 Gander 想表示友善的新客户,Gander 说:"我通常会将 C 类客户的服务时间削减一半,但和这些客户保持联系,并让他们知道当他们需要帮助的时候,我总是会伸出援手。"

D 类客户大概占所有客户的 20% 左右,忠诚度很低,不及时付款,订单不多却要求很多。Gander 承认:"对这些客户我提供很少的服务,并仅限于通过电话就能完成。"

在这个基础上,Gander 从理论的角度提出客户忠诚度的划分,他依据客户对产品或服务的交易频度及客户对产品或服务的依赖程度这两个指标将客户忠诚度划分为:零度忠诚、惯性忠诚、隐性忠诚、高度忠诚。如下页图所示:

零度忠诚。对于零度忠诚客户,没有必要花任何资金在他身上做客户挽留工作,但应该给予一般的照顾,并避免其成为反面宣传员。

惯性忠诚。有一些客户的交易频度很大,但他们对产品的依赖程度很小。他们的频频交易是因为惯性,即他们对产品有某种程度的满意,而竞争对手的产品暂时没有引起他们的关注。惯性忠诚客户最容易被竞争对手夺走,因而对他们要做大量的客户挽留工作。

隐性忠诚。有一些客户的交易频度很小,但实际上他们对产品的依赖程度很大,只是由于某种环境因素限制了客户的交易频度。如客户的亲朋好友对客户的影响。对于这样的客户,应该找出影响客户交易频度的环境因素,然后有针对性地进行服务或销售,甚至将客户的亲朋好友发展为新的客户。

高度忠诚。高度忠诚是指客户对产品有高度的依赖性,同时在大频度地进行交易。对这样的客户要给予关怀和奖励,以保持其忠诚度。

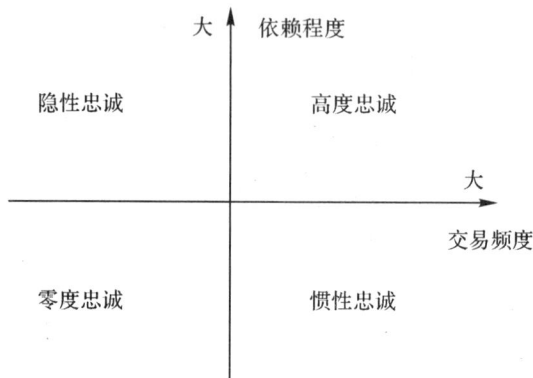

【案例分析】

在这个案例中,Gander 通过自己的亲身经历,发现有的客户之所以愿意订购竞争者的产品,真正的原因是竞争者的产品价格比自己的低 2%。虽然自己的优质服务值那 2% 的价格,但客户并不关注这个事实。

于是,他制定了客户细分标准,对自己的客户进行了不同的分类,发现 A 类客户大概占他所有客户的 20%,这类客户订量大、忠诚度高,对这些客户采取优质服务是正确的。然而 D 类客户虽然大概占所有客户的 20% 左右,但订量小、忠诚度也低,对这些客户进行优质服务是不值得的……在明确了服务标准之后,从理论的角度提出了客户忠诚度的划分方法。

【案例要点】

1. 根据不同的服务制定服务标准。

2. 根据不同的客户采取不同的服务方式。

3. 掌握客户忠诚度的细分方法。

企业在经营的过程中,经常会走向一个误区,那就是付出巨大的财力、物力,而结果却往往事倍功半。这些误区有:把所有的客户都当做上帝;幻想留住所有客户;盲目开发新客户,用忠诚客户的服务标准作为新客户的服务标准。

企业赖以生存的命脉是产品和服务带来的利润和收入,而不是耗费成本做企图使所有的客户都满意的"无用功"。企业的成功经营,不是一味地迎合所有的客户,而是从实际利益出发划分不同的客户群体,从而区别对待,有效提升忠诚客户的价值。

6.3　新客户忠诚度强化

【任务提示】　本分项任务引领你掌握如何强化新客户的忠诚度。

【任务先行】　由于新客户是第一次与企业接触,故其对企业的忠诚度尚未形成,对新客户实施忠诚度强化就显得尤为重要。

根据一般的客户服务理念,开发一个新客户用的努力是维持一个老客户的 5 倍。这即是告诉客户服务人员在实际的服务工作中,要尽心维护好老客户。

但一个简单的道理是:老客户都是由新客户转化过来的。而且事实是:客户流失是必然的,一个企业总是要不断寻找新的客户来代替流失的客户,同时也需要以此扩大客户群,促进企业发展。

由于新客户是第一次与企业接触,故其对企业的忠诚度尚未形成,对新客户实施忠诚度强化服务就显得尤为重要。新客户忠诚度强化过程实际上是争夺客户的过程。

新客户忠诚度强化的主要环节有以下几点:

1. 制定新客户全方位服务战略

为了在与竞争对手争夺新客户中获胜,企业应该制定一个新客户全方位服务战略,包括新客户资料的登记、新客户享受的优惠、向新客户介绍企业等。战略是行动方针,有了这种战略就能把客户服务人员引向对新客户实施忠诚度强化工程的具体行动中。

2. 新客户的识别

可以通过查阅客户档案、观察客户行为、与客户通过语言和非语言沟通来识别客户是否为新客户。

3. 实施新客户忠诚度强化工程

由客户服务人员具体实施企业的新客户忠诚度强化工程。要求客户服务人员必须充分认识新客户服务工作的重要性,提高针对新客户的服务技能。

4. 检查实施新客户忠诚度强化工程的效果,并寻求改进

这是实施新客户忠诚度强化工程的跟进措施,目的在于检查工作的效果,并由此来寻求改进措施。

阅读与思考 6-3

段先生的新客户忠诚度强化服务

黄女士决定买一辆车,而且想买一辆好车。最初,她定下的目标是一辆日产车,因为她听朋友说日产车质量较好。在跑了大半个北京、看了很多销售点并进行反复比较后,她却走进了她家附近一个新开的上海通用汽车特约销售点。

接待她的是一个姓段的客户服务员。一声亲切的"您好",接着是规范的请坐、递茶,让黄女士感觉相当热情。

在仔细倾听了黄女士的想法和要求后，段先生陪着她参观并详细介绍了不同型号别克轿车的性能，有时还上车进行示范，请黄女士体验。对黄女士提出的各种各样的问题，段先生都耐心、形象、深入浅出地给予回答，并根据黄女士的情况，与她商讨着最佳购车方案。

黄女士特别注意到，在去停车场看车、试车的路上，天上正下着太阳雨。段先生熟练地撑起雨伞为黄女士挡雨，却把自己淋在雨中。

在这一看车、试车过程中，黄女士不仅加深了对别克轿车的了解，还知道了别克的服务理念及单层次直接销售的好处。她很快改变了想法，决定买一辆"别克"。

约定提车的那一天，正好是中秋节。

黄女士按时前来，但她又提出了新问题：她自己开车从没上过马路，况且又是新车，不知如何办才好。段先生想了想，说："我给您开回去。"

这时，已近下班时间，因为是中秋节，大家都要赶着回家，路上特别堵。短短的一段路，竟走了2个小时，到黄女士家时已经是晚上六点半了。在车上，黄女士问："这也是你们别克销售服务中的规定吗？"段先生说："我们的销售服务没有规定必须这么做，但是我们的宗旨是要让客户满意。"

黄女士从聊天当中得知段先生还要赶往颐和园的女朋友家吃饭，所以到家后她塞给他一点钱，让他赶紧"打的"走。段先生怎么也不肯收，嘴里说着"没事儿，没事儿"，一会儿就不见了踪影。

黄女士终于自己开车了。一段时间后，她发现汽车的油耗远大于段先生的介绍，每百公里超过了15升。她又找到了段先生询问原因，段先生笑了笑说："这事儿很多人都会碰到，没事儿，我一说你就明白。"

随即，段先生再一次仔细讲解了别克车的驾驶要领，并告诉她节油的"窍门"，还亲自坐在黄女士的旁边，耐心细致地指导她如何操作。一圈兜下来，油量表指示，百公里油耗才11升。

现在，黄女士和其他别克车主一样，与段先生成了熟悉的朋友。她经常会接到段先生打来询问车辆状况和提供咨询的电话，她也时不时地会跑去向段先生请教问题。

上海通用汽车每期按时寄来的季刊《别克车主》已经成了她家那个爱车的儿子的案头常客。黄女士逢人便说：别克车好，销售服务更好！

段先生就这样把一个原本想买日产车的新客户转变成了别克汽车的忠实客户。

【案例分析】

这是一个典型的新客户忠诚度强化案例。段先生是别克汽车的一名普通销售员，用自己的行动把黄女士这个原本打算买一辆日产车的新客户变成了一个忠实于别克汽车的老客户。其经验值得我们学习。

首先在接待新客户方面，段先生做到了让客户感觉温馨、亲切，如亲切的问候和规范地请坐、递茶。这为接下来与客户建立关系奠定了基础。如果一个新客户进门发现一个冷淡、毫不热情且不熟练的服务人员，这个客户肯定是不会成为忠实客户的。

其次，切实为客户着想，哪怕牺牲自己一点也要帮助客户解决难题，使客户满意，这是段先生成功的第二个原因。这一点集中体现在中秋节，开车送黄女士回家那个细节上。尽管自己有约会，且是中秋节，家人都希望早点团聚，但他还是毫不犹豫地答应了亲自送客户回家。虽然牺牲了自己几个小时时间，但却得到了客户的衷心感谢，以至于黄女士想给他补偿

"打的"费。

再次，客户遇到任何麻烦，都能耐心细致地给客户讲解，也是段先生成功的一个原因。如黄女士觉得油耗超过了当初购买时段先生的介绍，段先生丝毫没有责怪黄女士开车不当，而是微笑着说这是新车主的一个普遍问题，关键在于没有掌握驾驶要领。随后便亲自坐在黄女士的车上给其指导"秘诀"。

最后，保持与客户的沟通，并询问客户使用情况又是段先生的一个成功秘诀。通过主动给客户提供咨询服务发展了与客户的友好的私人关系，使得黄女士把段先生当做一个熟悉朋友。

【案例要点】

1. 接待新客户要亲切、热情。

2. 要随时为新客户着想，给其提供无微不至的关怀。

3. 对待客户的疑问，要耐心细致地讲解。

4. 要随时与新客户保持联系。

作为一名客户服务人员，对待新客户要像段先生那样亲切、热情地招待，在服务中随时为客户着想，为其提供无微不至的关怀。之后，还应该随时与客户取得联系，询问其在产品使用等方面有没有什么问题，与客户建立友情……要善于运用一切办法强化新客户的忠诚度。

6.4　客户忠诚度目标管理

【任务提示】　本分项任务引领你掌握客户忠诚度目标管理的要点。

【任务先行】　目标管理是具有划时代意义的管理理念，掌握目标管理的方法对提升企业的管理水平有重要意义。

目标管理(Management By Objectives，MBO)是1954年德鲁克所发明的具有划时代意义的管理理念，德鲁克认为："所谓目标管理，就是管理目标，也是依据目标进行管理。"

忠诚度目标管理就是在企业总体忠诚度目标下，让每个客户服务工作小组甚至每个客户服务人员都有自己明确的工作目标来服务于企业总目标的实现，企业的管理层只对其工作目标进行管理，而不对其个人进行严格控制，也就是让每个员工的工作方式由被人控制转变为自我控制和管理。

客户忠诚度目标管理包含以下一些要点：

1. 从一开始就把重点放在团队配合和团队成果上

在忠诚度目标管理过程中，其目标必须规定该客户服务人员及其工作小组应该达到的成就，必须规定他和他的小组在帮助其他小组或同事实现其目标时应作出什么贡献。还应规定他在实现自己的目标时能期望其他小组或同事给予什么贡献。换言之，从一开始就应该将重点放在团队配合和团队成果上。

2.每个客户服务小组或服务人员的工作目标应该始终以企业的总目标为依据

每位客户服务人员及工作小组的具体目标应该是以企业的总体目标为依托的,否则不会形成合力,难以达到预期的效果。

3.目标的制定必须从长远打算且要切合实际

所有参与忠诚度目标管理的人员都必须兼顾短期的考虑和长期的打算。所有的目标应该既包括各项有形指标,又包括人员的组织和培训、员工的成绩和态度以及公共责任这些无形的目标;否则,就是短视和不切实际。

4.应该提出一些明确而共同的衡量标准,用以衡量客户服务人员的工作业绩

这些衡量标准不一定是定量的,也不一定要十分精确,但必须清楚、简单且合理。他们必须与业务有关并把所有人员的注意力和努力指引向正确的方向。

阅读与思考 6-4

XY 公司的忠诚度目标管理

XY 公司是一家经营服装生产和销售的企业,在某地具有一定的影响力。为了更好地拓展客户资源,同时也为了防止客户流失,XY 公司近期推出了忠诚度目标管理制度。目的是将客户服务人员的工作成果量化,通过全方位的考核,确认客户服务人员在客户方面的表现。

XY 公司要求所有客户服务人员必须按照公司规定的标准提供服务,力使客户对公司的忠诚度有显著提升。

其具体的客户忠诚度目标管理的实施步骤如下:

1.忠诚度目标制定阶段

● 总目标的制定

首先,明确客户忠诚度的概念及其测评方法。忠诚度是一个量化概念,可以经过专业的评估机构进行量化评估。

其次,根据客户忠诚度的指标,结合历年测评的忠诚度来规定今年的客户忠诚度的数量目标,这是一个企业所有部门的总目标。

● 部门目标的制定

根据总目标,制定各部门的分目标。具体的每个部门的目标责任是根据该部门的工作性质来确定的,客户服务部和企划部的目标责任显然是不一样的。

● 目标的进一步分解和落实

进入到每个具体职能部门的忠诚度细分目标,仍是一个大目标,需要把它在各个工作小组和各位服务人员之间进行良好地分解和落实,以便真正调动员工的目标责任感,同时让每一位员工了解公司总体目标和本部门的目标。

2.忠诚度目标实施阶段

● 自我检查、自我控制和自我管理。由于每一个部门、每一个人都有了具体的、定量的、明确的忠诚度目标,所以在目标实施过程中,人们会自觉地、努力地实现这些目标,并对照目标进行自我检查、自我控制和自我管理。这种"自我管理",能充分调动各部门及每一个人的主观能动性和工作热情,充分挖掘自己的潜力。因此,完全改变了过去那种上级只管下达任

务、下级只管汇报完成情况,并由上级不断检查、监督的传统管理办法。

●加强监督考核。在 XY 公司,有一种专门的控制机制——流动审计员。这些审计员至少每年对公司的各个管理部门作一次全面的分析。但是,他们的报告送往被分析的部门的经理。无疑,正是源于这种将信息用于自我控制而不是用于上级对下级的控制的做法,才使 XY 公司的经理人产生对公司的信心和信任。

在 XY 公司中,一个审计科负责对公司的每一个管理部门进行审计,但是,审计的结果不是送往被审计的经理人,而是送给总经理。然后,这位总经理将经理人招来,向他们展示对他们经营的审计结果。这种做法对经理人士气的影响可从公司经理人给予这个审计部门的绰号上表现出来:“总经理的盖世太保。”的确,现在来越多的经理人管理他们的部门不是为了取得最佳绩效,而是为了在审计部门审计时得到最佳的评价。

●重视信息反馈工作。在执行客户忠诚度目标过程中,要求随时进行部门间、上下级之间的信息反馈,这不仅大大加强了对目标实施动态的了解,更重要的是加强了各部门的责任心和主动性,从而使全公司各部门从过去等待问题上门的被动局面转变为积极寻找和解决问题的主动局面。

3.忠诚度目标成果评定阶段

XY 公司采用“自我评价”和上级主管部门评价相结合的做法,再对照流动审计员的报告来测定每一个忠诚度目标管理周期内各部门的目标完成情况。

最后再根据目标完成情况来制定奖惩方案,真正从经济上激励各职能部门和各个员工。在目标成果评定工作中,XY 公司深深体会到:目标管理的基础是经济责任制,目标管理只有同明确的责任划分结合起来,才能深入持久,才能具有生命力,达到最终的成功。

【案例分析】

这是一个关于客户忠诚度目标管理的案例。该案例系统介绍了一般的客户忠诚度目标管理的过程和基本操作方法。

XY 公司认识到了目标管理的重要性,在客户忠诚度方面也实施了目标管理。其具体的目标就是提高客户忠诚度。

XY 公司制定每一期的忠诚度目标都是切合实际的。XY 公司以历年的统计数据为依据,结合公司的发展战略,制定了科学的忠诚度目标。

同时,在确定每一级具体忠诚度目标时总是按上级或总的目标进行。这样就保证了各部门之间的目标一致性,便于形成合力。

忠诚度目标的测评是衡量各职能部门工作的最终标准。

【案例要点】

1.忠诚度目标制定应该实行自上而下制,逐级分解,使每个部门每个职员都在一个统一的目标前提下承担自己的责任。

2.客户忠诚度目标管理的实施主要以部门和职员的自我管理为主,配合以一定的外部约束来进行,充分肯定员工的工作积极性和主动性。

3.在客户忠诚度目标管理的过程中应该及时进行各级、各部门之间的信息沟通。

4.客户忠诚度目标管理周期结束之后,应该及时进行测评工作,以及时实施奖惩计划,保证客户忠诚度目标管理的正常进行。

从根本上讲,目标管理是把每个人由在别人控制下工作转变为自己用目标和自我控制来工作,也就是自我评估,而不是由外人来评估和控制,忠诚度目标管理也具备这样突出的特征。

综上所述,客户忠诚度目标管理的微观基础是每个职员的自我约束和自我激励,所以作为客户服务人员,应该充分认识到自己的责任,利用忠诚度目标管理的机会,提升自我管理、自我激励的能力。

今天的客户管理不应再树立那种"顾客是上帝"的过时观念,有时客户也会是"魔鬼"。他们给企业带来坏账、诉讼等。每个公司都会在某些客户身上损失金钱。著名的80/20规则认为:在顶部的20%的客户创造了公司80%的利润。80/20规则的进一步发展是80/20/30,其含义是:在顶部的20%的客户创造了公司80%的利润,然而,其中的一半给在底部的30%的没有盈利的客户丧失掉了。这就是说,一个公司应该"剔除"其最差客户以减少其利润损失。由此,客户管理的难题是:如何识别客户的盈利率,以便留住盈利的客户,剔除给企业带来亏损的客户,这就需要对客户的盈利率进行分析,确定其能给企业带来的预期收益。

➡️ 【实训操作】

选择自己比较熟悉的商家,观察、分析其客户群体,并试着为该公司制订提高客户忠诚度的计划。

任务 7

开发客户的潜力

【能力目标】

通过完成本任务，你应该能够：

1. 了解客户潜力开发的重要性；

2. 掌握客户潜力开发的技法；

3. 掌握处置客户拒绝的方法。

【核心能力】

掌握客户开发的技法。

▷【任务解析】▷ 任务 **7** 开发客户的潜力

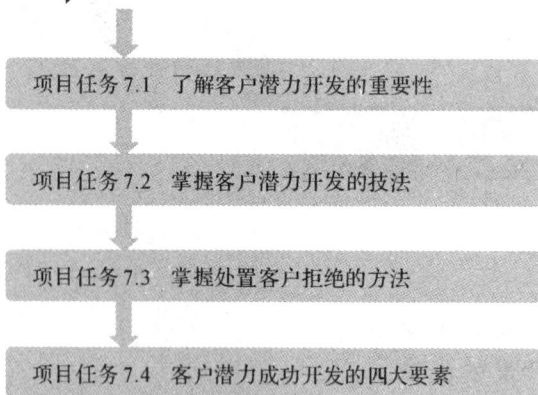

项目任务7.1　了解客户潜力开发的重要性

项目任务7.2　掌握客户潜力开发的技法

项目任务7.3　掌握处置客户拒绝的方法

项目任务7.4　客户潜力成功开发的四大要素

▷【任务导入】

如何让客户二次购买你的产品,这需要开发客户的潜力。客户潜力开发有方法、有技巧,需要掌握一些关键要点。

7.1　了解客户潜力开发的重要性

【任务提示】　本分项任务引领你了解客户潜力开发的重要性。

【任务先行】　销售业是一个竞争十分激烈的行业,如果你不去拜访你的老客户及潜在客户,那其他人就会取代你。客户潜力开发尤显重要。

1.客户潜力开发是销售成功的决定性因素

客户潜力开发和业务拓展是销售成功的决定性因素,绝大多数销售人员都认识到这一点,但大部分销售人员却并不热衷于客户潜力开发,相反他们总是尽可能地减少在这个环节所投入的时间。

销售业是一个竞争十分激烈的行业,如果你不去拜访你的老客户及潜在客户,那其他人就会取代你。因此,尽力争取每一个可能的优势机会显得尤为重要。在学习销售的过程中,应该懂得成功与失败、优秀与平庸之间的差距其实并不大。某一领域中出类拔萃的人只是比其他人在专业上略胜一筹而已。成功的销售人员可能只是多打上一个电话,或多出席了一次销售见面会而已,尽管采用的方式并不重要,然而他们成功带来的收入却是可观的。

2.什么是客户潜力开发

大部分销售人员都热爱销售工作,但他们觉得离开了客户潜力开发也能生存。这种对客户潜力开发表现出的冷漠皆应归于害怕被拒绝的心理。

(1)杯子是半满还是半空

对客户潜力开发的看法有乐观和悲观两种。如果你认为杯子是半空的,即总是把在与客户交往中的碰壁放在首位,那就很容易理解为什么不会觉得客户潜力开发是销售工作中充满乐趣的一部分。相反,客户潜力开发有许多乐观因素。如果你认为杯子是半满的,结果会截然相反,你会向"不会被拒绝"的目标迈出第一步。

有一个古老的故事:一个人试图用铁锤打烂一块巨石,他锤了一下,什么也没发生,又锤了一下,石头依然如故。他连续锤了一百下,可还是没有任何结果。可他毫不气馁,而是接着继续锤,终于有一锤奏效了,石头被打烂了,碎成许多小块。

(2)播种与收获法则

播种与收获法则告诉人们:"你播种什么,你就会收获什么。"这其实是客户潜力开发和职业销售的至理名言。我们以电话销售来说明这个法则。表7-1、7-2所列为销售记录中反映的信息。

表 7-1 电话数与销售总额的关系

拨打电话数	实际完成数	约见次数	推荐次数	销售笔数	销售总额
100	50	13	13	5	￥200000

表 7-2 电话数与佣金的关系

销售总额	￥200000
拨打电话数	100
每次电话销售金额	￥200
佣金比率	5%
每次电话销售佣金	￥10

从以上列表可以看出,销售总额与拨打电话数之间的关系,事实上已经延伸到了与销售员对应的佣金提成,即佣金的多少与你拨打电话的总数密切相关。如果对此分析走极端,人们或许会争辩道,销售员每打一次电话都能赚钱,而不管电话的结果如何。在上表中,销售员每个电话赚10元钱,这种理解的基础是没有人能预知哪个电话会最终成功。是客户开发中持之以恒的努力才产生了销售成功的结果,而不是某个特定电话的作用。每次拨打电话都是赚钱的机会所在。

(3)微笑面对人生

《期盼并努力变得富有》一书的作者拿破仑·希尔曾说过,每一个事例都有三种立场:我的立场、你的立场以及介于你我之间的一种立场。这句话中蕴含了许多智能。许多人会觉得客户潜力开发是一件充满乐趣的事情,但也有些人不这样认为。如果你把客户开发视为一种机会,就它是充满乐趣的。客户开发不仅仅给了销售员每次打电话时赚钱的机会,它同样给了他们决定自己收入水平的机会,同时,客户开发也充满着挑战。有了这些,还希望有哪份职业能给你更多呢?

阅读与思考 7-1

角色转换成交术

保罗和他的一位财务经理,驾车到一家排在《财富》杂志200强以内的客户那里。他们到达后,接待的那位先生告诉他们,公司对现在的供货商很满意,所以根本不可能和他们建立业务关系。然而,在他们驱车前往那家公司的路上,他们正好播放了布赖恩·特蕾西的专业销售录音节目,主要谈的是"实时角色转换成交术",即你提出一个问题后便彻底扭转了看似已被完全拒绝的情形。

因此,当他们面对最后的拒绝时,同行的财务经理问那位先生,如果他处在保罗他们的位置并得到的是同样的答复时,会如何去做。于是那位先生把他们引荐给了他的经理——这个公司的真正决策者。现在,他们已经和这家公司建立了业务往来。

销售人员要不断学习,并能保持一个"开放的大脑",更为重要的是,要满怀乐趣地去学。销售工作是一项有着许多机会并能得到高额回报的令人激动的工作,包含了极大的挑战性。每当销售人员会见潜在客户或老客户时,都有且只有唯一的一次机会。

7.2 掌握客户潜力开发的技法

【任务提示】 本分项任务引领你掌握客户潜力开发的方法。
【任务先行】 了解客户潜力开发的概念和基本理念。

作为一名职业销售员应力求最大的投资回报。为了做到这一点,我们必须明白所有销售人员的地位是平等的。每天我们的投资对象是相同的,那就是时间。我们不仅仅有时间这个相同的投资对象,而且,我们所得到的数量也是一样的:一天 24 小时。这便意味着一个最善于利用时间的销售员能获得最佳投资回报。事实上,销售和经营中竞争的最终目的就是要使投资回报最大化。以一名销售人员来说,投资回报公式计算如下:

$$投资回报=销售额/销售中所用的时间$$

1. 要捕就捕大鲸鱼

销售中所用时间是一个典型的常量,因此为了增加投资回报,必须扩大销售额。作为一名销售员,要增加投资回报,就必须找到那些最愿意购买你产品或服务的主要大客户。例如有两位汽车购买人:一位是富翁,他想买劳斯莱斯高级轿车;另一位是中产者,他想贷三年的款买一辆中等轿车。富翁买车不会作太多的调查。因为这一购买行为对富翁来说并不特别重要;另外,劳斯莱斯的质量已经被认为是过关的。相反,这位中产阶级购买者可能要花好多时间来决定是否购买。因为买车行为对一个中产者来说是极为重要的。在三年时间里,他都需要使用这部车。另外,由于收入有限,中产者在购买车时总希望详细了解更多的各种细节问题,以确信自己的投资得到了最大的回报。

理解投资回报等式的关键在于:如果投资在一笔销售上的时间是一个常量,要使投资回报最大化,就必须增加销售额。

2. 销售投资组合

在投资领域,投资组合意味着所有股票的集合,在投资时,首先要明确自己愿意承受风险的程度。如果希望承担较多的风险,那你就投资在较少的股票上;如果希望风险小一些,那就投资在较多的股票上,"多元化的投资"可以分散投资者的一部分风险。

而在职业销售领域,投资组合是所有的客户或目标客户的集合。所以首先要设置自己所愿意承担风险的水平。如果想要高风险的销售投资组合,那就投资到少数目标客户身上;而如果希望风险小些,那也可以通过开发更多的客户来减少风险。

3. 设定目标市场

大部分销售员可能把市场目标定义为"所有购买我们产品或服务的顾客"。如果销售员在一个辖区内工作的话,你可以更好地改进这一定义,把侧重点放在区域范围内。

"所有"一词意味着缺乏重点。销售员的目标是使投资回报最大化,要完成这一目标的途径只能是发掘那些最可能大量购买我们产品或服务的客户。尽管这看起来好像把一些购买者从目标市场中排斥出去。其实不然,销售人员只是分清主次关系。这样,就可以和目标市场中最大的和最愿意购买的客户建立业务关系,销售员也可以在日后的时间中经常性地扩大目标市场的定义。但是只有在和原有目标市场定义中的潜在客户购买者建立关系后才应想到要去扩大自己的目标市场。那在这目标市场中将会有充足的机会。销售人员不必在目标市场外寻找机会,因为目标市场外的机会实在太小。更重要的是,这样做可以得到销售过程中投入时间回报的最大化。要取代目标市场定义中"所有"一词,可以考虑把目标市场定义在统计数据基础上,选择的统计数据应清晰地显示在目标市场的潜在购买力。这些数据可以是销售额、地理位置、员工数量和净资产值。

从哪里才能得到这些必要的统计资料呢?一般可以通过以下两种途径取得:购买方式或免费方式。如采用购买方式,典型的做法是可以到以销售信息为生的公司购买信息。购买信息的一大优点在于别人已经把大量数据作了精心筛选,并把这些资料整理为销售员迅速可以使用的格式。购买信息的缺点在于它需要费用支出。

获得免费信息也可以有多种途径,包括从当地商会、公共图书馆以及出版物等地方获取。免费信息的主要优点在于它可以直接利用而无需付费,最大的缺点是,它需要投入大量的时间才能达到与购买的信息相同的质量水平。"全世界所有的人与你做生意只是时间的早晚问题!"把目标市场定位在有一百名以上的员工的公司上,作为一名销售人员,并不以能决定一个公司能否与目标市场标准相符,但统计数字却可以做到这一点。因此,一个公司或个人并不能把自己从一个销售员的目标市场中排斥出去。

4. 细分目标市场

一旦销售人员确定了自己的目标市场,接下来的步骤就是要把市场细分为:优先考虑的客户、一般考虑的客户及最后考虑的客户,目的是为了进一步精选目标市场,以便把销售员的主要精力投入到那些愿意大量购买你的产品或服务的潜在客户身上去。

细分市场的原因是现在就可以安排打电话的次数以及拜访客户的计划,以便把主要精力放在那些能产生最大投资回报的客户身上。同时,参照销售流程图,划分目标市场的方法将确保在打电话给最大的目标客户之间的间隔时间最短,这将使那些最大的潜在客户在销售渠道中一直保持重要的位置。

5. 目标市场的任务计划

对于目标市场中的三个层次,如何分别合理地安排打电话次数及拜访时间计划?通常,为使这些目标达到激励的作用,它们必须是可以实现的,而且是销售员自己可以控制的。与销售目标比较,销售电话数及拜访客户数大部分是销售员可以控制的,而销售任务却往往并非如此,而且购买决定也不是销售人员所能决定的。

下面,举例说明如何为目标市场中的每类客户安排打电话次数和拜访时间计划。

优先考虑的客户:每个月打一次电话,每季度拜访一次;

一般考虑的客户:每季度打一次电话,每半年拜访一次;

最后考虑的客户:每半年打一次电话,每年拜访一次。

6.多打电话

这听起来与通常我们更注意于电话的"质量",而不是"数量"相矛盾。但是,我们已经花时间为我们的目标市场定质定量了,根据定位,我们所打的每一个电话都是优质电话,因此剩下来的可变项就只有数量了,或者是愿意为实现销售成功付出努力的多少了。

7.3　掌握处置客户拒绝的方法

【任务提示】　本分项任务引领你掌握处置客户拒绝的方法。

【任务先行】　了解一些典型的拒绝理由。

客户并不是经常愿意会见销售员的,他们会向销售员摆出种种不愿见面或购买的理由。但一个销售员的销售生涯中遇到的只会是有限的拒绝理由,既然只是有限的拒绝理由,那销售员就可以做好充分的准备予以应对,设计好回答方式。同时,拒绝从根本上讲并不是完全的拒绝,它们其实是潜在客户提出了解更多信息的要求。

1.学习过程中的四个发展阶段

成年人在学习过程中要经过四个发展阶段:意识不到自己的无能;意识到自己的无能;意识到自己的能力;对自己能力的不加意识。

第一阶段:意识不到自己的无能。这个阶段,成年学习者并不知道自己有什么不懂。实际上,销售员就是一项特殊技巧的初学者。

第二阶段:销售员已经认识到他在技巧方面的欠缺,并且十分清楚自己的不足。

第三阶段:销售员开始在特殊技巧的运用上日趋成熟,但是,他必须经常考虑要如何做才能顺利完成任务。

最后一个阶段:他能随心所欲地实现目标,根本不需要任何多余的思考。

2.典型的拒绝理由

以下是一些常见的拒绝理由:

请寄书面资料给我;

我们自己内部能够供应你们这种产品(服务);

我们已经有了供货商;

我不是这项工作的负责人;

我们没有购买你们产品或服务的财务预算;

你们的价格太高了;

我们过去曾用过你们的产品,但觉得不满意。

下面以打电话为例说明如何应对这些理由:

(1)"请寄书面资料给我"

这是拒绝理由中最常见的一种。你通过电话找到了那个潜在客户,他告诉你寄给他一些书面资料,大多数销售人员会用一种积极的态度回答他这一拒绝,他们按要求把信件寄出去,并相信自己已经在销售进程中向前迈了一大步。事实上是在大多数情况下,你在销售过程中与打电话前所处的位置并没有什么两样。一旦你挂断电话,那位潜在客户又去做他原来的事情了。几天后,当他收到数据时,可能会想起来有过这么一回事,但或许根本就已经忘记了。这一拒绝理由根本不需要作太多的解释就可以把销售员拒于门外。

一个潜在客户要求在约见前寄书面资料给他对销售员而言其实是"正中下怀"。

回复"请寄书面资料给我"拒绝理由的例文:

我曾给您寄过一些数据,可能它们在邮寄过程中遗失了。3月26日我正好要到你们公司附近办点事,我很想在下午3时来拜访您,您有空吗?太好了!我会把这个约会记录在我的日程安排上,约见前一天我会再打电话跟您最后确定一下。

这里有几个有趣的地方。首先,客户只能用两种回答中的一种来回答。他可以同意会面或用其他的理由来拒绝。其次,销售人员询问客户是否有空,并非仅仅送上产品资料而已,通常,这种"上门送材料的面谈"至少不少于一个小时。事实上,这些约见无论从哪一方面而言,与潜在客户他们自己安排的约见完全是一样的。

(2)"我们自己内部能够供应你们这种产品(服务)"

这是一个非常有说服力的拒绝理由,因为它看起来无懈可击。但是,要克服这一拒绝理由并不比其他的障碍困难。和其他方法一样,关键在于准备工作。如果你看过"核心/潜在"图,就马上意识到潜在客户告诉你的信息是他们的主导需求已经解决了。如果这家公司并不是由自己来解决这种需求的话,那竞争对手可能已经占领了这一市场。因此,这类拒绝理由与客户告诉你他对你的某一竞争对手很满意十分相似,而要应对这两种拒绝的策略也是非常相似的。

内部自己能供应的拒绝理由可以用两种方式来解决,选择方式要看对方在公司里所处的角色如何:是中层管理者,还是高层决策者。你所设计的回答必须表现出在为对方的利益着想。

①应对中层管理者的方法

中层管理者最关心的问题之一是:效率。他们所做的一切都已经很好,你应该做的是帮助他们干得更好。

答复"我们自己内部能够供应你们的这种产品(服务)"拒绝理由的例文

应对中层管理者的方法:

太好了!这也正是我与你联系的原因。我们已经和许多你们这样的大公司建立了业务关系,并且发现我们能对你们内部供应的服务提供有效的补充。8月5日我正好要到你们公司附近办点事,我想来拜访您并告诉你我们是如何做到这一点的。你下午3点有空吗?

②应对高级管理者的方法

中层管理者主要关心的是如何将工作做得更好,这可以使他们日子过得更好。然而高层管理者的情况却并非如此,他们关心的是投资回报、每股收益以及其他许多大范围的财务执行指标。因此,对高层管理者作出的拒绝就应该表明你能为他们公司增加盈利。

应对高层管理者的方法:

太好了！这正是我打电话给你的原因。我们已经和许多你们这样的大公司建立了业务关系，我们发现采用外部资源能以较低的总成本解决他们的需求。7月18日我正好要到你们公司附近办点事，我希望能来拜访您并解释一下为什么我们能做这一点。您下午3点有空吗？

（3）"我们已经有了供货商"

潜在客户告诉你他们公司已经和你的一位或几位竞争对手建立了业务关系，这种拒绝理由跟前一个理由没太大的区别。在这种情况下，你的目标应是确认对方的潜在需求，或未满足的需求。

回复"我们已经有了供货商"拒绝理由手稿例文

太好了！这也是我打电话给您的原因。我们已和许多你们这样的大公司建立了业务关系，发现我们能对你们主要供货商所提供的服务作出有力的补充。11月2日我正好要到你们公司附近办点事，我想来拜访您并解释一下为什么我们能做到这一点。您下午3点有空吗？

一般情况下，一个已经和你的竞争对手建立业务关系的潜在客户比根本就不使用你们行业的产品或服务的潜在客户好得多。一个公司使用了你们行业产品或服务，至少说明他们认识到了这类产品或服务的价值。你的竞争对手已经为你做了许多你要做的工作。你要做的就是要发现潜在业务，争取前进的机会，以在销售过程中不断取得新的业绩。

（4）"我不是这项工作的负责人"

在设法寻找购买你所推销产品或服务的负责人时，你常常会碰到那些并不是你想要找的人。这种情况在你用一份没有客户的清单时最容易出现。用一份没有联系人的清单或许是所有销售中最令人头痛的事。你不仅要通过促销电话得到约见的机会，而且要找到那些实际真正决策者的姓名。大多数销售员都会发现这是一项十分艰巨的难以克服的任务。但是，如果处理得当，它也可以是客户开发中采取的最直接、最有效的途径。

首先，你对潜在客户没有任何既有概念。所有人都力图避免与两种人接触：一种是他们特别难以相处的；另一种是曾与他们有过一段不开心的经历的。

①如何找到真正的决策者

当你使用一份没有客户姓名的清单时，你的成功期望值并不高，因为你是从有限的信息和效用位置开始的，就像体育比赛中处于劣势的那一方，你不会失去更多的东西了，因此你完全可以抛开一切，尽全力孤注一掷，这样做的最终结果是你的成绩要大大超过你通常能力所发挥的程度。

找到公司中真正决策者的电话手稿例文1

您好！我是某某公司的小王。我想您是否能帮一个忙？我想接你们公司采购部的负责人。在您帮我转接之前，我非常希望您能告诉我他的姓名与电话号码，以便万一他不在时我还能和他联系上。非常感谢您的帮助。

②确认已经找到公司的真正决策者

一旦电话接通，你需要判断一下是否找到了准确的目标人。如果你正好找到了那个人，你可以直接用上你的基本手稿；如果没有，那就应该向对方道歉，说你误会了，同时请他转接到真正的负责人那里。

③应对不合作的接待员

第一个办法是通常可以自己直接拨打电话号码给一个职员而绕开他。第二个方法是告诉不合作的接待员一个编造的名字。

找到公司里真正决策者的电话手稿例文 2

接待员：某某公司，请问你找谁？

销售员：请转王经理。

接待员：对不起，我们公司里没有姓王的经理。

销售员：或许你可以帮一个忙。我曾和贵公司一位经理合作过，我想您现在是否可以帮我转到你们公司管理这项业务的负责人那里。

接待员：当然可以，我帮你转到采购部李经理那里。

（5）"我们没有购买你们产品或服务的财务预算"

销售是一个过程，而不是一个偶然事件。销售员不可能指望每一位老客户和潜在客户能立刻给你回报。但是，因为你所努力的对象在目标市场内，因此每一个客户都是"高质量"客户。假如潜在客户在你的产品或服务方面没有相应的财务预算，那或许这正是建立业务关系的最佳时间。

回复"我们没有预算"拒绝理由的电话手稿例文

张女士，我们已经与许多和你们情况相同的公司建立了业务关系。事实上，在花时间与我们接触之前，他们也和您现在的感觉一样。6 月 25 日我正好要到你们公司附近办点事，我想来拜访您一下。您下午 3 点有空吗？

（6）"你们的价格太高了"

由价格而形成的十分重要的拒绝理由最终都出现于每一次的销售过程中。首先，如果你的价格是真的太高，那没有人愿意来购买你的产品或服务，而你的公司也将被淘汰出局。另外，价格是相对而言的，它并非是绝对性概念。因此，你的任务是要表明你的产品或服务与你的报价等值。当对方问及一项产品或服务的价格时，销售员应尽力同意潜在客户的意见。承认企业不是市场中最低价格的供货商，但另一方面，所报价格并不是最高价格。销售员的任务是要证明它的价值，而不是商讨价格。事实上，客户寻找的是最低总成本的方案，而不是产品（服务）的最低价。假设你有机会购买两张存款单：一张是 200 美元，收益率为 5%；另一张是 500 美元，收益率为 15%。你更愿意购买哪一张，是便宜的，还是更贵的呢？

回复"价格太高"为拒绝理由的电话手稿例文

芮先生，价格对我们来说都很重要，但我们和许多你们这样的大公司都建立了业务关系，他们相信与我们合作能得到合理的投资回报。

销售员的回答告诉潜在客户两件事情：首先，其他公司感觉到他们所提供的服务与报价相值；第二，为什么这种报价是等值的。回答这些问题时没必要在电话里作长时间的讨论，销售员的目标是尽可能快地、有效地对付每一个拒绝理由，以争取到约见机会。在面对面的情况下，就有充足的时间来说明他们产品的可值性。

（7）"我们过去曾用过你们的产品，但觉得不满意"

每个销售员都希望，这种拒绝最好不要经常碰到。如果你的公司在售后服务方面做得很好，那它能生存下来并发展。但如果售后服务不尽如人意，那市场会告诉你售后服务应是公司的一项重要任务，而你的公司最终被淘汰出局。事实上，大部分客户评价公司和销售员时，更看重在逆境中作出的反应，而不是你一帆风顺时的表现。这种情况可以求助于戴尔·

卡耐基所提出的建议。他处理这种抱怨的原则是"让对方畅快淋漓地宣泄出来"。这一指导非常具有实用性,因为让客户或潜在客户多讲是"顾问型"销售方式的一种理念。

回复不满意客户或潜在客户的电话手稿例文

陈小姐,我理解您所讲的问题,同时我想尽可能对此予以弥补。事实上,如果我是您,我也会与您有一样的感觉。9月19日我正好到你们公司附近办点事,您下午3点有空吗?

以上这些例子告诉你,对拒绝理由做好充分的准备必然会有所回报。你可能会遭遇拒绝,然而不会使你屈服。销售员可以对所有的拒绝理由作出简单的、深思熟虑的回答。请注意,这些回答除了你的想法之外,还需要具有实实在在的内容。实际上当你对你的回答进行分析时,你会理解到你是在帮助你的客户或潜在客户获利。如果你能够帮助你的客户或潜在客户变得更加富有,那你应该由于你的产品或服务而成为"福音传递者"。

以上这些建议可以增加客户开发过程中成功的概率。请记住,如果客户并不想见你,那才是无计可施。然而,查明这一信息无疑是件十分重要的事情。

通常,销售员可以打两次相同的电话来处理潜在客户的拒绝和争取得到约见的机会。如果再打,谈话将变得极不自然。销售员不妨在以后的日子再打电话给这位潜在客户,千万不要自断退路。

7.4 客户潜力成功开发的四大要素

【任务提示】 本分项任务引领你掌握客户潜力开发的四大要素。

【任务先行】 了解进行客户潜力开发的原因。

成功开发客户潜力,有一个达到目的的简单公式:制订目标,拥有信心,持之以恒,充满乐趣!

1. 制订目标

如果你自己连射击的目标都不知道,那你怎么可能打中目标? 在制订目标时,你要把目标抬高,抬得特别高。别担心达不到这个目标。如果你今天达不到,你可以从头再来,或许明天就能达到。努力再努力,即使失败了,你也会比别人得到的收获要多得多。

2. 拥有信心

每个人都想成功,但有多少人认为自己能够达到他们生命中的理想呢? 美国一位老师问孩子们长大了希望做什么时,结果基本相同:医生、律师、明星。只有一个例外,教室里的一个小男孩比尔,自豪地宣布他长大要成为美国总统。不出所料,其他孩子都嘲笑比尔,但是当你现在仔细想一想,他要做美国总统的雄心真的并非像当时那样被认为是遥不可及的,每一代人都肯定会有他们的领导人,只要有人愿意从事这工作,为什么就不可能呢?

3. 持之以恒

拿破仑·希尔曾说过:"每一次失败里面都孕育着一个相同或更大的希望。"佛朗哥在《谋求生活的意义》一书中教导了我们持之以恒的真正含义。佛朗哥能够忍受纳粹死亡集中营里的摧残是因为战后与家人团聚的梦想一直在激励着他。一个人的承受能力是超乎想象的,然而大多数人在稍遇挫折后便中途放弃了。

4.满怀乐趣

人最痛苦的莫过于干一个自己没有兴趣的工作。对于一名销售人员来说,应该满怀兴趣,热爱工作。他应该有这样的态度:客户开发不是一项工作,而是一项游戏。

销售人员应该保持一个"开放的大脑",更重要的是,要满怀乐趣地不断学习。就职业而言,没有其他任何一种工作能胜过销售业的机会和高额回报。

【实训操作】

到中国移动公司或中国电信公司,考察这两个公司是如何挖掘和开发客户潜力的。

任务 *8*

策 划 活 动

- 核心能力

- 任务解析

- 任务导入

- 实训操作

【能力目标】

通过完成本任务,你应该能够:

掌握通过策划活动吸引客户、赢得客户、维持客户的方法。

【核心能力】

掌握各类服务的策划方法。

【任务解析】 任务8: 策划活动

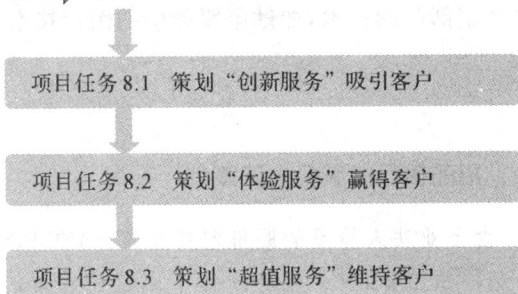

| 项目任务8.1 策划"创新服务"吸引客户 |

| 项目任务8.2 策划"体验服务"赢得客户 |

| 项目任务8.3 策划"超值服务"维持客户 |

【任务导入】

当今的市场是买方市场,企业如果不能经常推出创新的产品与服务,客户很有可能"移情别恋"。因此,企业要不断策划出"创新服务"、"体验服务"和"超值服务"来赢得和维持客户。

8.1 策划"创新服务"吸引客户

【任务提示】 本分项任务引领你掌握如何策划"创新服务"吸引客户。

【任务先行】 掌握创新服务策划的基本步骤。

服务创新就是策划一项新的服务。而策划一项新的服务就是寻求一个问题的解决方法(包括一项措施或一个运作过程),它并不提供实物产品,而是将很多不同能力(人力、技术、组织)集中起来以获取针对顾客和组织问题的解决方案。

服务创新的策划较少被局限在由技术引发的创新范畴内,更多时候与服务或产品本身特性的变化、新的销售方式、新的"顾客—生产者"交互方式以及新的服务、生产、方法等因素密切相关。

因此,策划一项创新服务要从以下四个方面进行:

(1)策划新的服务概念

服务概念的创新具有无形性,大多数的创新结果并不是有形实物产品,而是解决一个问题的新的概念或方法。因此,服务创新在很大程度上是一种"概念化创新"。如招商银行推出的"一卡通",就是一个新的服务概念。

(2)策划新的服务界面

顾客服务界面的策划,包括服务提供给顾客的方式以及与顾客间交流、合作的方式。如网上银行这种新的服务界面。

(3)策划新的服务传递系统

服务传递系统主要指生产和传递新服务产品的组织。它侧重于服务企业的内部组织安排,即通过合适的组织安排、管理和协调,确保企业员工有效地完成工作,并开发和提供创新服务产品。

（4）策划新的技术

在服务创新中有很多针对特定部门的技术，如健康服务中的医疗技术等。

阅读与思考 8-1

招商银行的服务创新策划

招商银行（中国第一家完全由企业法人持股的股份制商业银行）自 1987 年创立伊始，就将西方商业银行的经验与我国实际相结合，较早地建立起了比较完善的法人治理结构。它率先采用了一系列全新的经营管理机制，始终坚持"科技兴行"的发展战略和"因您而变"的经营服务理念，立足于市场和客户需求，率先开发了一系列高技术含量的金融产品与金融服务，在国内银行中脱颖而出，并保持着勃勃生机。

招商银行在成立初期只是偏居深圳蛇口一隅的区域性小银行，而当时中国主要的客户群体大多数被中国的四大国有商业银行占领了，因此招商银行为了避开正面冲突，提出了让开大路，占领两厢，即为人所不为。招商银行起步伊始就在服务上进行了革新，推出很多带有人情味的服务，有的分行备有糖果、牛奶、咖啡、杂志，下雨天还会送顾客雨伞（印上招商银行的标识和名称）。

这种充满人情味的服务，渐渐成为吸引客户的一个重要手段，人们开始认识、了解并接纳招商银行。同时，根据客户不同的需求层次，招商银行不断开创新的服务。

◆"一卡通"

招商银行针对客户的需求于 1995 年 7 月率先推出银行卡——"一卡通"，被誉为我国银行业在个人理财方面的一个创举。"一卡通"集本外币、定活期储蓄于一体，可在全国通存通兑。随后依据自身的技术和互联网的发展，于 1998 年 1 月 20 日实现"一卡通"ATM 全国联网，使顾客能够随时随地取得卡中资金。在 1999 年 9 月首先全面启动网上银行——"一网通"，接着又开通了电话银行、手机银行，把"一卡通"与网络、通信相结合，使客户无需来银行，只需通过电话银行、网上银行、手机银行和 24 小时自助银行就可享受到"一卡通"提供的服务，并提供能够在网上办理"一卡通"且送卡上门的服务。

这样一来，经过网络和通信融入的"一卡通"具有 30 余项服务功能。客户可以用卡中保证金专户直接进行股票买卖、新股申购、查询、转账及撤单或购买国债；可全天 24 小时进行外汇实盘买卖，并独享三档优惠报价；可全天 24 小时在网上办理贷款申请、延期及还款，贷款随时借入，款项即时到账；可以进行卡内定活期及卡卡、卡折、活期与证券保证金、网上支付及外汇买卖专户间的资金互转，可向他人一卡通或同城、异地任意账户汇划款项，卡内的定期存款到期，也会按原存期自动续存；可以随时缴纳电话费、手机费、电费、网费等多项费用或用一卡通拨打 IP 长话，预付 IP 长途花费并向有需求的持卡人寄送对账单；可以持卡消费、预订酒店、购买国际旅行支票、网上购物付款、网上订票、网上募捐等。这些服务是招商银行根据顾客的需求逐步推出，并不断完善发展起来的，而且把服务与现代科技相结合，使之融入到人们生活中，使顾客随时随地感受到招商银行便捷、体贴的优质服务。招商银行的"一卡通"给其他商业银行带来了前所未有的冲击，带动了全国个人银行业务的迅猛发展。

◆"对公业务"

除了提供有关个人业务的服务外，招商银行还提供一系列的对公业务，进行如下服务：

流动资金的贷款；商业汇票的承兑、贴现及电子汇兑；同城特约委托收款与贷款；人民币单位定期存单质押贷款及外汇担保项下人民币贷款；应收出口退税款及质押贷款；国际结算、进口押汇打包放款、担保提货、出口押汇、外币票据贴现、贸易融资授信、光票托收、对外保函等。

◆ "网上银行"

招商银行还借助网络率先开通了网上企业银行，即通过 **Internet** 或其他公用信息网将客户的电脑终端连接至招商银行，实现将银行服务直接送到客户办公室或家中的银行对公服务系统，使对公服务与网络相结合，为企业提供以下服务：账务信息查询；内部转账；对外支付、发放工资；金融信息查询；银行信息通知；子公司账务查询；集团公司对子公司收付两条线的管理协定存款查询；定、活期存款互转；企业信用管理网上信用证业务。这些服务使企业能够随时掌握自身及下属单位的财务状况，轻松处理大量支付和发工资业务，实现电子商务的在线支付，并使客户足不出户就可享受到这些贴心服务，免除了往返银行奔波的辛劳。

◆ "整体联动金融服务"

招商银行开创性地为集团性公司、大型企业提供从总行到分支行各层次的整体联动金融服务，包括运用先进的电子技术、卓越的服务经验，为客户策划、设计、组建内部结算中心，协助客户建立控制有力、调度方便的企业资金管理体系。

【思考】

招商银行对自身服务创新的策划对招商银行的发展壮大有何重要意义？

8.2　策划"体验服务"赢得客户

【任务提示】　本分项任务引领你掌握如何策划"体验服务"吸引客户。

【任务先行】　了解现实生活中体验服务的经典案例。

体验服务是让客户对产品或公司全面体验的过程，它以提高客户整体体验为出发点，注重与客户的每一次接触，通过协调、整合售前、售中和售后等各个阶段，各种客户接触点或接触渠道，有目的地、无缝隙地为客户传递目标信息，创造匹配品牌承诺的正面感觉，以实现良性互动，进而创造差异化的客户感知价值，实现客户的忠诚。

体验服务是全新的服务理念，它区别于传统的教唆式服务，转而实行客户参与产品的体验，以便公司能够通过直接与客户接触而改善和提升产品质量。

融合进客户体验内容后，人们会更多地从客户的角度出发（而不是从公司目前所能提供的产品和服务出发），在真正理解客户更高层次需求的基础上，围绕产品（或服务）将带给顾客什么样的感觉、什么样的情感联系，以及产品或服务将如何帮助客户等多种体验来进行，是对客户各种体验的全面考虑。

体验服务的要点主要有以下几个：

体验服务的出发点是树立客户的忠诚度；

体验服务的目的是实现与客户的直接互动；

体验服务是让客户自己来体验产品和公司，避免教唆式的市场推广；

体验服务过程是与客户倾心交谈、让客户感觉十分亲切的享受过程；

体验服务过程中的服务是随时可根据客户要求来调整的。

阅读与思考 8-2

索尼公司是如何策划"体验服务"赢得客户的

索尼集团是世界上生产民用专业视听产品、通信产品的先导之一，它在音乐、影视和计算机娱乐运营业务方面的成就也使其成为了全球最大的综合娱乐公司之一。索尼公司一直致力于构筑一个完善的硬件、内容服务及网络环境，使消费者可以随时随地体验独具魅力的娱乐内容及服务。为了实现这一梦想，索尼集团将电子、游戏和娱乐定位为公司三大核心业务领域，进一步推进经营资源的集中。自创建以来，索尼一直以"自由豁达、开拓创新"作为公司的经营理念，在世界上率先开发了众多创新的电子产品，为人们提供丰富多彩的视听享受，为改变人们的生活娱乐方式作出了巨大的努力。

上海索尼梦苑是索尼在中国开设的第三处体验场所，2006 年 6 月 23 日正式营业。前两处体验场所都设在北京：位于王府井地区的体验型科技乐园——"索尼探苑"和位于中关村地区的"索尼梦苑"。两者同以展示索尼品牌为目的，但"索尼探苑"和"索尼梦苑"的功能和目的不尽相同：前者主要是为青少年提供体验科技乐趣的科普乐园，而后者则集合了索尼品牌最尖端时尚的电子及娱乐内容产品，使客户零距离体验时尚数码生活。

索尼通过体验中心从三个方面来服务客户：一是设计独特的体验效果，吸引客户；二是让工作人员担当起导游的角色，调动起客户的体验兴趣；三是举行各种活动，吸引客户光临。

小寺圭[2006 年 2 月上任的索尼(中国)有限公司董事长]介绍说，当索尼进入一个新的市场，市场策略之一便是建立展示厅，展示上市的及未上市的产品，让客户更多地了解索尼。在东京、纽约、巴黎都是这么做的。随着中国市场发展越来越快，市场的重要性也越来越明显，建立体验中心的时机已到。小寺圭强调说："现在建立的体验中心与以往的展示厅完全不同，以前展示厅是展示产品，现在的体验中心是索尼跟客户进行直接沟通与交流的场所。"

"在营销方面我们做了很多工作，我们也请调查公司作客户调查。困难在于，这个调查报告是否忠实反映了市场的真正需求、反映了客户的真实情况。"小寺圭对体验中心的作用表示满意："在索尼梦苑，我们自己可以与客户进行充分沟通，我们可以得到非常生动的信息，最直接地听到市场上用户的声音，这些声音对产品设计开发及市场销售策略等都能起到非常重要的作用。"

索尼梦苑的负责人西冈靖通过对上海的淮海路、浦东、南京路和徐家汇 4 个地方进行了调查和客流量统计；同时，还对目标客户的生活态度、性格特征做了随机采访，了解了客户的梦想和追求，最后决定将"索尼梦苑"开在淮海路。

在这个仅初步投资就达到 150 万美元的地方，索尼花费了很多心血来策划每个活动和细节。走进一楼大厅，迎接客户的是一座银色帐篷，这是展示索尼投影技术的"幻象隧道"。走入这个用投影机、**LCD**、环绕式音响组成的大屏幕数码通道，可以在银色的顶棚上看到一幅幅精美的图像。在视讯专业房里设有办公模拟区，目的是让客户体验索尼带来的工作便利。在 **PS** 区域则邀请客户亲自体验多款 **PlayStation** 游戏的精彩……目前这个体验中心共有 3 层,面积超过 1000 平方米,包括广播天地、精品影院、影音飞车、拍摄角等 10 多个区域,所有的产品都被冠以故事情节或者生活场景,试图让客户在体验中感受索尼的魅力。

索尼还对梦苑的客户服务人员进行了严格的挑选与培训。他们希望客户服务人员可以像导游那样,调动起客户体验的兴趣。在索尼梦苑,所有的客户服务人员都非常年轻,不论男女均容貌可人,笑容富有亲和力。

每个周末,索尼梦苑还会针对某类产品举行特别活动,比如在"**PlayStation** 日"提供 110 台游戏机,客人到来之后都可以玩。索尼梦苑通过各种活动的策划,吸引客户来玩,而且力图让客户感觉到:每次来玩的活动都不一样,感受也不一样。调查数据显示:到过索尼梦苑的客户中希望再次体验的比例高达 98%。

【思考】

通过案例,分析索尼公司对体验服务的策划过程,你认为该策划最成功之处在哪里?

8.3　策划"超值服务"维持客户

【任务提示】　本分项任务引领你掌握如何策划"超值服务"吸引客户。

【任务先行】　了解现实生活中"超值服务"的经典案例。

超值服务就是向消费者提供超越其心理期待的满意服务。一般有售前超值服务、售中超值服务和售后超值服务三类。售前超值服务是指在产品上市之前做好售前调研、售前培训、售前准备和售前接触四个环节的工作。如在售前宴请各方代表进行"消费者模拟定价",以拉近企业与客户的距离。售中超值服务是指在销售现场,客户服务人员的言行规范和各种身体语言的良好表达以及其他超过客户心理期待的服务内容;售后超值服务是指在产品到达顾客手中后,客户服务人员进行售后服务时提供给客户的超出其期望值的服务,如帮助顾客做一些力所能及的额外工作等。

策划超值服务时,应该把握好以下四个主要环节:

(1)超值服务理念的确立

每一个客户服务人员都应该深深掌握超值服务的理念,以指导自己的服务实践,为客户带来超值享受,确保客户的忠诚。

(2)耐心细致,态度和蔼可亲

在提供超值服务时,应该让客户感觉到你是真心在为他服务,而不是敷衍塞责。这就要求工作人员在提供服务时态度一定要好,对客户的问题要及时、耐心地解答。

(3)细心观察,捕捉客户的超值服务点

通过细心观察了解客户真正关心的问题、困难,然后给顾客提供帮助,这是赢得客户忠诚的最好办法。

(4)超值服务一定要在自己力所能及的范围内进行,防止不切实际的承诺或盲目的行动

阅读与思考 8-3

海尔公司是如何通过策划"超值服务"赢得客户忠诚的

海尔集团创立于 1984 年,目前已成为在海内外享有较高市场美誉度的大型国际化企业集团。其产品从 1984 年的单一冰箱发展到拥有白色家电、黑色家电、米色家电在内的 96 大门类共 15000 多个规格的产品群,并出口到世界 100 多个国家和地区。自 2003 年 8 月,海尔率先提出超值服务理念,带来了中国客户服务领域的新革命。自总部提出为客户提供超值服务的服务理念以来,各客户服务部门也雷厉风行,在客服岗位的第一线实践着这一全新理念。

2003 年 8 月 26 日,海尔太原电话咨询中心 12 号咨询员李华接到一个不寻常的电话。

"小姐,我想问一下空调外机的罩子怎么买呀?"一个老人的声音,很模糊。

"您是我们海尔空调的用户吗?"

"……是这样的,那就以后再说吧……"老人似乎很疲惫。

李华越听越不对劲,"大爷,你不舒服吗?"

"不,我很好,小姐。心情从来都没有这么好过!……因为我得了脑血栓刚出院。天凉了,不知道空调该怎么保养……小姐,我现在是用左手给你打电话,因为我右手还不能动呢!"老人说一说,歇一歇,能听出来他很兴奋。

李华放慢了咨询的语速,一字一顿地说:"大爷,我给您把防尘罩送过去好吗?"

大爷叫姜洪胜,是铁路局的退休老职工,已经 70 多岁了。

第二天,李华敲开了姜大爷的家门。姜大爷的老伴很不好意思地说:"小姐,两个孩子都出国了,老头子得病了也没让他们知道,现在总算好了,我得照顾他,不敢出门,还麻烦你把防雨罩送来……"

李华忙起身走到空调跟前,开始讲解空调的使用和注意事项。言毕要走,老太太说:"老头刚刚出院,前阵子根本不会说话,今天好多了,我高兴呀。"老太太换着老大爷送她到门口,老太太随口一句:"小姐,空调过滤网该怎么清洗呀?"

李华二话没说,扭头就来到空调前,拆下过滤网……老大爷一个劲地埋怨老伴"你怎么这么多事……"

"大爷,千万别客气,以后有什么事你还打那个电话,找我 12 号接线员!"

……

【案例分析】

这是一个典型的超越期待的服务案例。洗空调过滤网,本不是李华的工作职责,相对大多数服务人员而言,这也不是他们应该做的,李华却做了。

对于李华,洗空调过滤网虽不在其工作日志中,但她可以很轻松完成;而对于姜大爷夫妇,这个工作是必须的且有难度的。

助人为乐,为客户提供超乎他们期望的服务,为李华带来了什么呢?或许对她自己在短时间内没有多大积极作用,她肯定不会因为这次的行为而得到提升和重用,但这对海尔而言,可能就要上升到品牌忠诚度的高度了。

一个企业的客户服务人员,其使命就是让客户感到服务周全、细致,为企业培育客户忠诚度,从而为企业整体战略服务。作为企业客户服务的一线人员,就应该像李华那样,时时刻刻为客户着想,在完成自己本职工作之余,还应该细心观察客户在业务范围外的需求,从自己实际出发尽可能地为客户提供超乎他期望的服务,这样就更加容易赢得客户的信任和忠诚。

如果你忠实于你的企业,那就应该忠实于客户,为他们提供超值服务就等于直接给公司创造利润。

【思考】

1.换位思考:加入你是一位正在接受服务的客户,如果客户服务人员给你提供了超值服务,你会想到什么?你认为这会对你以后在该产品方面的消费选择产生影响吗?有什么影响?原因是什么?

2.试解释:实施超值服务与实现企业利润最大化之间没有冲突的原因。

【实训操作】

试着为一家新开张的地处闹市的小饭馆策划一些活动吸引客户。

第三部分　售中与客户互动

任务 **9**

满足客户
个性化生产与服务

【能力目标】

通过完成本任务,你应该能够:

1. 了解什么是客户的个性化生产与服务;

2.如何区别对待客户。

【核心能力】

1. 掌握利用客户的不同需求来提升客户价值;

2. 掌握实施个性化生产与服务的策略。

⤷【任务解析】▯▭⟹ 任务 *9*：满足客户个性化生产与服务

项目任务9.1　区别对待客户

⬇

项目任务9.2　满足客户个性化生产与服务

⤷【任务导入】

　　虽然对单个客户进行估值仍然是一个很新的领域，但是，企业在管理其客户战略方面已经建立起了一个很重要的里程碑。学术界和企业界愿意在这方面花费大量时间和精力，去测试各种不同方法和模型的有效性。区别对待客户的另外一部分——通过其需求来区别对待不同的客户——确实是一个非常新的领域。在公司衡量单个的客户价值和对单个客户采取不同的行动，而不是平均用力这一方面，已经获得广泛的共识。所以，要根据单个客户的需求，而不是其总体需求来采取行动和做出衡量，就成了一件流行的事情。不过在这方面的探索，我们仅仅只是开发出了一些有用的方法和手段。衡量价值和管理价值是一种不同的行为。按照需求来区别对待客户这一领域仍然处在婴儿期。所以，这就难怪，在分析客户行为，特别是在进行利益分析时，经常会用很多传统的手段和方法，而这一点又常常会把人搞糊涂。不过，根据需求来区别对待客户，就是根据可识别的客户，利用其反馈意见，来比其竞争对手更好地预测该客户的需求，并根据这些反馈意见来采取行动，而其竞争对手并不拥有客户的这些反馈意见。如果单个客户所表达的需求非常类似的话，他们也会乐意被划分成同一组。但是，从某一具体的客户得到的反馈意见是，她需要公司决定她是在哪一种需求小组里面，而不是像过去那样，用任何一种传统的方法来把客户分成不同的类，然后再同样地对待他们。

　　很多客户关系管理的实践者，都是着眼于客户的价值来区别对待客户的，他们需要知道，哪些客户对于公司未来的财务状况是最重要的，然后企业就可以锁定这些客户给予特别的关照，或者以促进他们优先增长为目标。企业对客户价值有一个很好的了解当然是非常重要的，但是，事实是，如果你希望运用客户管理工具来增加其价值的话，那么，除了客户价值之外，你还需要知道更多的关于客户的信息。你还需要从客户的角度来观察你的公司，如果你能够把你自己放在客户的位置上，然后你就可以意识到你正试图要了解的客户，其实是有许多不同类型的。仅仅通过价值指标本身来区别对待不同的客户，就不可能给你提供如此清晰的视野。想想这种情况吧：客户通常都不知道他对你有多大价值，实际上他也不在意这个问题。客户来你这儿，只是简单地要求你帮他解决问题，满足他的要求。在解决这些问题的需求方面，每一个客户实际上都是不同程度地交叉在一起的。要建立一种能够使企业盈利的客户关系的关键因素是，企业要尽可能了解客户在需求方面是如何的不同，要了解这种需求上的不同又是如何与其他客户价值联系在一起的，这两种因素都既要考虑现在的状况，也要考虑潜在的情况。在满足客户的这些需求的过程中，客户的行为能够做出哪些改变？什么样的因素能够触动企业去真正开发出客户的那种尚未意识到的潜在价值？或者如何才能部分地做到这一点？

　　在这个部分里，我们要讨论不同客户的不同需求，以及在一个企业用客户建立关系的努力中,客户的需求所扮演的角色。在绝大多数情况下,首先根据客户的价值来区别对待客户,然后根据他们的需求来区别对待他们,都是合理的。按照这种思路和方法,企业同客户建立关系的过程(这可能是很昂贵的),会从那些对公司来说具有更高价值的客户开始,因为对这些客户的投资看起来是更加值得的(不过,对这种总的原则的一个重要例外是,在互联网上区别对待不同的客户。在互联网上,自动化的互动过程的新增成本几乎接近零,因此,在这种情况下,一家企业是只针对其最有价值的客户,根据他们的不同需求来区别对待,还是针对其所有客户的不同需求来区别对待,都几乎没有什么差别)。

9.1　区别对待客户

【任务提示】　本任务将引领你了解客户的真正需要并学会区别对待他们。

【任务先行】　区别对待客户是客户关系管理中重要的内容,所以在这里我们要一一展开讨论。

9.1.1　了解客户的需求

关于什么是客户的需求,我们在前面已经进行了讨论,在这一节里面我们要讨论的是在了解客户的需求后来区别对待客户。

对任何企业来说,如果真心想实施一种关系计划的话,那么,了解客户的不同需求就是非常重要的。客户需求的一些特征必须被仔细地考虑到。

客户需求可以根据其自然属性来定位。当客户需求发生变化时,企业意识到这一点是很重要的。一家航空公司也许会认为它有两种类型的客户——商务旅行者和休闲旅行者——但这完全是一种典型的根据事件来划分类型,而不是根据客户来划分类型。即使是最频繁地乘坐飞机的商务旅行者,也有可能会进行休闲性的旅行。在这种情况下,她就希望得到航空公司为她提供不同的服务,而这种需求同她进行商务旅行时的需求,是不一样的。

客户的需求是动态的,也会随着时间的变化而变化。人都具有可改变的属性,我们的生活会从一个阶段变化到另一个阶段,我们会从一个地方移动到另一个地方,我们会改变我们的主意。还有,某些类型的人总是频繁地改变主意,他们的行为很少有可预见性。这就是说,一部分人具有不可预期性,这就是客户的一种自然特征,企业可以针对这种客户采取行动。

客户需求同客户价值经常会相互关联。虽然两者并不总是这样。但是更加常见的情况是,并非一个有高价值的客户会与其他有高价值的客户有某种共同类型的需求,类似地,一个零点以下的客户也不可能同其他零点以下的客户的需求相类似。企业如果多开展能够把客户需求同客户价值关联起来的商业活动,对于赢得高价值客户的长期忠诚是很有效的。

最基本的人类需求是心理需求。在把人(对立面是公司或机构)当做客户来进行经济交易活动时,理解人们相互之间在心理上的差异,就能为区别对待不同的客户提供一种有益的指导。

9.1.2   根据需求来区别对待客户

在根据客户的不同需求而区别对待客户时,不存在任何最佳方案。就像预测一个客户对企业的价值和准确计量这种价值的困难程度一样,起码最后的结果是要以经济形式来衡量。换句话说,价值排队是根据一个指标来完成的,这个指标就是财务指标。但是,当一家企业针对其客户的不同需求来采取区别对待措施时,这就是在进行一种创造性的探索活动,并没有固定的指标或现成的参考物。就像有很多创造性的方法去了解人们最内心深处的动机那样,企业也有很多方法根据客户的不同需求来区别对待他们。任何特定的基于客户不同需求而采取不同措施的价值,在它影响不同客户的不同行为时,所表现出来的作用都能够单独被发现。

即使在 B2B 的例子中,一个企业的客户并不一定真正是一家"公司",根据一种清楚的定义,它是按需求的同质性来划分的。相反,它是这样一种混合体:购买代理商,他们需要低价;终端用户,他们需要产品的功能和内在属性;终端用户的经理们,他们需要其终端用户能提高生产率等。

⇨ 【案例 9-1】

制药行业中的客户关系

传统上的医药企业并没有与其终端用户之间建立起很深的关系(例如,病人服用的药是按医生开的处方购买的)。然而,企业总是把那些开处方的医生,还有药店和保健机构视作它最基本的客户。但是,由于企业面对着成本效率问题,以及互联网上的有效的互动技术,制药公司想同使用其产品的客户至少是一部分最有价值的客户建立起一种真诚的、一对一的关系。公司向糖尿病患者推销药品,告诫他们永远保持警惕,并要求他们定期进行检查,但是由于这是一种很普遍、很常见的病,合规销售就是一个很大的问题。病人通常会很容易中断药物治疗,或者他们不能适当地监测自己的身体状况。公司知道,很多病人在理解病情和如何正确对待、如何治疗方面都需要帮助,于是,公司就建立了一个网站来为病人服务,把它当做一种信息来源和支持渠道。对于制药公司来说,这样做的好处是显而易见的:一个获得过良好咨询信息和得到过支持的病人,会更加容易去遵守这些规程,而这又会收到双重功效:既使病人能够更加健康,制药公司又能够卖出更多的产品。

在知道不同的客户会需要不同类型的支持和帮助之后,这家制药公司就采取措施来设计一种以病人为中心的网站。为了做好这一工作,它针对病人做了一次问卷调查,发现病人对保持这种疾病处于检查状态的态度,会导致病人在使用网站上有不同的需求。新近检查出有这种病的病人,其中绝大部分只是简单地需要与这种疾病相关的信息,他们需要了解这种疾病相关的内容。可是,当这些病人真正了解自己的病情之后,他们针对这种疾病的态度就会有所不同,常见的有以下三种基本类型:

1)个人主义者。这种类型的病人依赖他自己来做出如何对待疾病的决定。这些个人主义者也许会直接得到网上诊所的支持,他们可以选择那些客户专门化的电子新闻,或者从网上健康咨询工具中得到帮助。

2)放弃者。这种病人对疾病的态度是放弃或超然中的一种。病人的基本判断是,这一生只能在这种疾病状态下生活下去了，所以，拒绝接受来自方方面面的帮助。于是网站就可以为这些放弃者提供各种各样的健康资源信息，以及提供食品与饮食相关的计划信息。

3）积极联系者。这种类型的病人欢迎来自各方面的信息和支持，帮助其就如何治疗这种疾病做出明智的决定。这会引导这些积极联系者去网上聊天室和网上公告板，在那里他们可以遇到其他的病人，并相互交流。这种"电子朋友"的特征使得他们能够遇到与他们相类似的病人，并敞开心扉，相互交流。

对于一家制药公司来说，要设计出一个真正以客户为中心的网站，它就应该去试着做到这一点：对每一个再次访问该网站的病人（或访客），提供真正能够吸引他们的信息，然后为这种特定类型的病人提供最好的服务和最适合于他们需要的东西。如果企业所提供的帮助和支持，正是不同的病人所需要的，那么，这些病人就会变得对于企业更加具有价值。

可是，在这种时候，再次把我们对网站的特征和好处的思考从这种真实的逻辑上的需求和网站访问者自身的偏好上引开是很重要的。这些网站访问者的任何一个人，在事实上都会在任何一次具体的访问中，利用网站特征中的一种或多种。这就是说，该网站的每一种功能都有可能覆盖几种不同类型的客户和具有不同需求的客户。但是客户本身是不会重叠的——他们是惟一的单个个体，其中每一个人都有自己的惟一的逻辑和动机，是我们自己对这些本来是惟一的和不同的客户，按照他们的需求类型来归类的做法，才给了我们自己一种幻觉，认为他们是相同的。他们在需求上也许是相似的，但是在更深的层次上，他们仍然是惟一的个体，不管我们创造出多少种附加的分类方式或组合方式，这一点都不会改变。为了通过对客户进行概括以便更好地了解客户，我们有必要对他们进行简单的归类。

⊞➔【重要知识 9-1】

客户分类与区别对待客户

客户是那种把他的有规律的购买和交易都贡献给一家商店或一种业务的人，那种参与到一种业务中的人，就是这种业务的客户。可是，从整体上看，绝大多数的企业都同时服务于各种不同类型的客户，而这些不同类型的客户都有不同的特征，在他们的价值方面和他们的个性化的需求方面，都是有所不同的。

例如，一个知名品牌的成衣制造商，就有两种类型的客户：一类是最终用户，直接穿上他们做的衣服；另一类是零售商人，他们从制造商那里买来衣服，然后又将衣服卖给消费者。作为一个客户基础，衣服的消费者并不像某些产品的消费者那样，会突然改变其消费方式。比方说，像一个酒店的消费者那样，尽管有一部分消费者也许会每个星期都去买新衣服（换句话说，在其最具有价值的客户和一般客户之间存在的价值上的差别，体现在衣服购买上的几率，从总体上看是很小的）。不过，成衣制造商的所有客户都很需要在衣服的尺寸、颜色和款式方面有不同的选择。因此，尽管成衣消费者在他们的价值方面并没有什么显著的不同，但在需求上却可能是千差万别的。成衣的零售商人也同样具有非常大的需求差异：有些在市场营销方面需要更多的帮助，有些在广告方面要求更多的合作以求节省支出，有些在产品展览上需要更多的帮助。不同的零售商人在付费的形式和时间上，或者在产品运输和递送方面，也有着非常不同的需求。他们也许需要不同的装运方式，不同的装运卡车，或者在价格标签贴法上有不同要求。很有趣的是，对于成衣制造商来说，这些零售商人在其价值方面,同样具有广泛的差异。一些大型的百货连锁商店肯定比那些街边上的母子服装店卖出的袜子要多得多。由此,这些零售商客户就在其需求和价值两个方面,都表现出了非常明显的不同和广泛的差异。

对于这种类型的业务来说,如果一家企业表示出兴趣来改进它同其客户的关系,那么,要回答的问题就是:同哪些客户改进关系?事实上,这就是绝大多数企业在运作上的结构问题。他们不会把所有的产品都卖给零售商,但绝大多数的商业活动,都有着广泛的分销伙伴和各种销售渠道——零售商人、批发商人、经纪人、销售代理、价值增加的再销售者等。还有,更重要的是,一种将其产品和服务卖给另一些行业的商业活动,不管它们的公司客户是不是其销售链中的一部分,都是真正在向那些拥有这种业务的人在销售其产品,都是在向具有各种不同的影响和不同权势的人销售其产品。一家企业在向其公司客户推行一种客户关系建设项目时,就有必要同形形色色的人打交道:购买代理商、批准的人、施加影响的人、作决定的人,也许还包括企业客户组织架构内部的最终消费者,而这其中的每一种人在选择购买方面,都会有相当不同的动机。

因此,对于任何一家要实施其客户关系建设项目的企业来说,其逻辑上的第一个步骤就是要决定:它应该聚焦于哪一部分客户?一个把客户关系建设目标锁定在终端用户身上的企业就能够在绝大多数情况下,也应该以某种方式同其价值链中的所有中间人或其中的一部分人建立起关系。可是,同某些特定的中间人和中间机构建立起更加牢靠和更加深厚的关系,是一个完美的法律上的目标。企业同任何类型的客户建立起关系的基本目标,是要增加客户基础的价值。由此,从最初一开始就了解究竟要对哪一部分客户进行衡量和估值,显得十分重要。然后,当企业把其目标对准这些客户之后,就必须能够准确地找出这些客户在价值和需求上,究竟都有何不同。

人们很容易混淆一个客户的需求同一个产品的功能和好处。企业创造一种产品和服务,让它们具有某些特定的功能,就是专门为了满足客户的某些需求,但是,产品和服务的这些功能和好处本身并不等同于客户的需求。在传统的市场营销规则中,一个产品的功能和好处,就是客户在使用这种产品的过程中,以产品特征和内在属性为基础,所得到的各种便利。不过,无论是特征还是内在属性,或者功能和好处,都是针对产品本身来说的,而不是针对客户而言的。相反,需求则是针对客户而不是针对产品而言的。两个不同的客户也许能够通过使用具有同种特征、同种内在属性、有同种好处和功能的同一种产品,在事实上满足其不同的需求。

当企业聚焦于客户的需求时,它会发现要增加客户份额就来得比过去更简单。因为最终它会找到办法去解决越来越大比例的客户问题——这就是说,它能满足客户需求的部分变得愈来愈大。由于客户的需求并不直接与某种产品相关,因此,要满足客户的需求,在事实上就会引导企业为了这个客户而去开发或生产其他的产品和服务,而这些新生产的产品和服务也许同原来的产品丝毫不相干,但是却同客户的需求紧密相连。事实上,聚焦于客户需求而不是产品特征,就会让人们都知道,为了满足非常不同的单个客户的需求,不同的客户有可能去购买同一种产品。

9.1.3　根据客户的需求来区别对待客户的困难

如果逻辑上的分类是如此完美的话,那么,提出下面的问题也就顺理成章了:为什么玩具制造商和其他公司还没有实施这种类型的战略呢？不过，请记住这样做的障碍是非常巨大的，其中一个原因是，绝大多数的玩具制造商都是通过零售商人来销售他们的产品，他们同其产品的终端用户很少直接联系，或根本就没有直接联系。其他的生产企业也或多或少地面临这样的问题。为了取得同其消费者的联系，制造商要么要求其零售合作伙伴与其合作，要么找到一个办法完全绕开这些零售商——这可能是一种会在零售商圈子里引起广泛不满情绪的行动。所以，至少在目前的市场条件下，一家制造商的绝大多数的终端消费者，对于制造商而言，都还保持在完全不知情的状态。还有，即使制造商拥有其客户的识别标志，为了知道他们的不同需求，制造商仍然需要使用一些手段和方法，来同其消费者进行单个互动，并获得他们的反馈意见。然后，制造商就可以将这些需求直接转换成不同的行动，并制定一套机制针对不同的客户来真实地提供、运送和传递不同的产品与服务。

这些障碍的存在，使得玩具制造商要想简单地针对价值链最终端的玩具消费者，实施一种关系建设计划，就显得十分困难。这就是说，这些制造商没有必要立即针对所有的客户实施这样的关系建设计划；相反，只要它能够从识别它最热心的"迷"、最高端的客户、最有价值的消费者客户开始的话，那就足够好了。也许，它可以实施一种战略，来针对这些具有很高价值的消费者中的每一个人，向他们提供单个的、不同的产品和服务，并且是要以一种不损害它与零售商关系的方式来进行。一种专门设计用来吸引和维持这些客户的网站就能够扮演这样的角色。在玩具制造商仍然鼓励其他购物者在百货商店购买它的产品的同时，也许它可以开始向那些直接邮购和网上购物者提供更加专门化的积木块和零部件。如果它有一套系统来支撑它这样做，那么，对它来说，针对各种不同类型的终端用户，以他们单个的不同需求为基础，来实施一种计划，制造和提供各种不同类型的产品和服务，就会显得非常的简单。

的确，现在有如此多的企业能够同其客户建立起关系的最基本的原因是信息技术，信息技术的新工具正在使得这种活动更加富有效率，实际经营活动中的收效也更大。这些新工具不仅包括网站，还有客户数据仓库，销售方式的自动化，市场营销和客户分析方法的实施等。但是，对于一家已经实施关系建设的企业来说，要使客户不断增加对企业的贡献，不断地来购买其产品，这其中最关键的因素是客户的需求。

9.1.4　根据客户需求的不同来提升客户价值

客户那一方的行为改变，是树立以客户为中心战略的企业所希望达到的全部目标。为了获得一个客户尚未意识到的潜在价值，这就要求我们去想办法引导客户改变其行为——我们希望客户去购买我们新增产品生产线上的产品，或者针对这种产品使用我们提供的系列财务套餐服务，或者通过互联网而不是通过呼叫中心来与我们互动，从而降低成本支出、提高效率等。这就是为什么了解客户需求，对于企业成功而言是如此重要的原因之所在。客户是自己行为的主人，这种行为只有在我们的战略完全适合客户需求的情况下，客户才有可能做出改变。能够从客户的角度去观察形势，是任何以客户为中心战略的企业成功的关键因素所在。

但是，从某种意义上说，企业为了采取行动，就必须以他们的不同需求为基础，将不同的客户归入不同的类型和群体中。很明显，对于绝大多数企业来说，要针对每一个单个的客户，去为他专门设计出有特征的产品和服务，那么，其成本也就太高了。相反，通过使用信息技术手段,这些以客户为中心的企业可以将其客户分成愈来愈细、愈来愈合适的小组,然后用一种合适的批量型的客户专门化的产品和服务,来与每一个小组的需求相配套,这就是所谓的批量型的客户专门化。

这其中有一个问题是,要描述客户的需求和将其合理地分类是件复杂的事情。在对客户的需求进行分类和辨别时,可以有多种维度和指标,不同客户的需求之间也总会有一些细微的差别存在。对于客户来说,人们深信下列差别是存在的,逻辑上的偏好和倾向,生命周期中的阶段、态度、抱负等。对于公司客户来说,它们有业务发展战略的不同、财务报告水平的不同、学院式的或等级森严式的决策制定风格的不同,还有与其他公司间的区别——我们不可能提到在公司客户组织架构内每一个参与者的单个的动机所在,包括做决定的人、批准的人、专家、评论和检查的人,以及其他参与到公司行为形成过程中的人。

市场营销策略总是针对不同的客户以不同的形式出现。市场细分是高度发达、有合理可信的规则可循的,但它最主要的还是以产品,以及产品功能和好处所表现出来的特征为基础,而不是以客户,以及客户不同的需求为基础。为了强调客户是各种不同类型的客户,而不是一种产品的不同功能的接受者,一个以客户为基础的企业一定要考虑到市场细分后面的因素,并逐一加以分析。那些以客户为中心的企业,与其根据产品所表现出来的特征将其客户区分成不同的小组,还不如主要根据客户需求的类型,来将客户进行合理的细分。比如一种市场细分方法(market segment)是由具有类似属性的客户所组成的,而客户分布(customer distribution)则是直接由类似的客户组成的。达到市场细分的目标是建立在某种特征的内在属性需求基础之上的,而客户分布的目标则是建立在满足每个客户的多方面的需求基础之上的。市场细分方法的表述,如年龄在 45 岁以上的妇女,有住房,收入超过 5 万美元的指标。而客户分布方法表述,如喜欢假扮游戏、喜欢表演、喜欢刺激性的小孩组成。

前面提到的玩具制造商和药品公司的例子说明了,它们当中的每一家是如何去尊重单个客户的需求,并针对这种不同的需求采取行动,然后从中受益的。一旦企业知道了某一具体的客户的需求,这家公司就能够更好地把它自己放在客户的位置上,然后向客户提供对客户而言是最好的产品和服务。每一家公司得到客户需求信息的最基本的方式是互动。因此,客户与企业之间坦诚和公开的对话,对于区分不同的需求就是极其重要的。还有,由于客户的需求很复杂,包含很多不同的类型,因此,一个客户与企业互动得愈多,则企业就愈有可能得到更多更具体的信息,知道客户的偏好、欲望、需要和想法;企业愈是有能力去采取客户所需要的活动,愈是能了解客户内心世界的活动,愈是能针对不同的客户采取不同的措施,它就愈有可能创造出一种既丰富又持久的相互依存型关系。

但是,为了通过互动来真正了解客户,企业就必须做得更多,而不仅仅是获得信息,汇总、归类和分析这些信息。积累信息仅仅只是企业确保成功推行以客户为中心的战略,形成一种了解客户需求的能力的第一步。信息是通过企业的组织、分析和了解,并将之转化为知识的原材料。因此,这种知识必须以最好的支持投资决定和资源有效分配的方式来进行应用和管理。客户知识管理是信息的有效杠杆,要获得、发展和保留一个有钱可赚的客户,需要大量的成本投资。如果在企业内部要获得更多的客户知识而又没有形成规章制度,没有杠杆效应,那么,就会酿成错失很多良机的后果。

9.2　满足客户个性化生产与服务

【任务提示】　本分项任务引领你了解如何对客户展开个性化生产与服务。

【任务先行】　提供个性化服务是企业保留客户、吸引客户、提升客户价值、保持客户竞争优势的有效方法之一。前面所讨论的了解客户的不同需求，就是要为其提供个性化的服务，从而提高客户的满意度和忠诚度，为企业带来丰厚的利润。

9.2.1　个性化生产与服务的概念

个性是稀缺的资源。当我们说一个人、一个网站或者一种服务有个性的时候，我们的意思通常是这个人、这个网站或这种服务与众不同，相当特别。个性与个性化服务都不是可以招之即来、挥之即去的东西，本身是一个非定量的概念。

个性化服务，是一种真实服务的最高级表现形式。许多人强调个性化服务是针对个人的、可以由个人定制的服务。个性化服务的方式和内容都必须是个性化的（针对个人的）。如果一项服务的内容仍然是非个性化的，仍是大生产的，仍是规格和标准都统一的，那么这项服务就不能称之为个性化服务。

在互联网蓬勃发展的今天，网络应用走进家家户户，人们对个性化服务的要求越来越具体。个性化服务正逐渐成为商业运作中非常重要的部分。面对越来越多的客户，企业必须了解每一个客户的信息，并寻找新的途径来增强服务竞争力。真正的个性化服务应该是动态的、主动的，在最初的规则制定之后，系统就能主动地跟踪用户的使用倾向，从而调整针对每个用户的具体规则，以提供个性化服务。

9.2.2　网络时代的个性化服务

在传统的方式下，由于手段方面的限制，服务目标的细分极其有限。而在互联网上，交互技术的支持为服务目标的细分提供了广阔的前景，可以实现一对一的服务。不仅如此，在个性化服务的过程中，电脑系统还可以跟踪记录用户信息，形成客户数据库，通过数据分析，了解用户的操作习惯、个人兴趣、消费倾向、消费能力和需求信息等，从而更有利于充分利用各种服务手段。同时，还可以据此更有针对性地指导产品的更新换代，使企业的服务进入良性循环，从而做到商家和客户的"双赢"。

个性化服务（Customized Service），也称为定制服务，就是按照客户的需要提供特定的服务。个性化服务可以归纳为服务时空、服务方式和服务内容的个性化。

（1）服务时空的个性化

互联网突破了传统的时间和空间的限制。在时间上，互联网可以提供全天候 24 小时的服务，用户可以根据自己的时间安排接受服务。即使你深夜想到异地旅行，也可以立即在网上查询和订票。在空间上，则可以实现远程服务和移动服务。

（2）服务方式的个性化

企业可以通过互联网提供更具特色的服务。假如你到戴尔公司的网站购买 PC,你可以自己设计,然后由戴尔公司根据你的要求迅速组装,从此改变了"企业提供什么,用户接受什么"的传统方式,而变成了"用户需要什么,企业提供什么"的新方式。

(3)服务内容的个性化

可以利用一些智能软件技术为用户提供专门的服务。用户可以根据自己的需求,选择自己需要的服务,从而使得服务不再千篇一律,而可以是各取所需,各得其所。

然而,企业在提供个性化服务的时候,也要注意相应的问题。比如,要保护用户的隐私资料,不能随意泄露,更不能贪图小利而将其出售。如果侵犯了客户的隐私权,不但会招致客户的反对和敌意,甚至可能导致客户的报复和起诉。其次,也要注意所提供的个性化服务是否能真正符合用户的需要。另外,个性化服务还涉及许多技术问题,因此必须在技术上保证个性化服务的稳定性和安全性,否则很可能弄巧成拙。

9.2.3 实施个性化生产与服务

1. 个性化服务从收集客户资料开始

对于任何一个成功的商务活动来说,收集资料都是至关重要的环节,有关客户行为的资料是分析投资收益的基础。同时,客户的经验也会随着资料的增加而增加。随着时间的推移,收集资料不断增加,同时与客户相互影响的经验也在不断提高。这个过程促使企业不断提高为客户提供的价值,并且优化同每个客户关系的收益。由于这个过程是渐进的,因此有时也被称为渐进的个性化服务。

当制定资料收集计划时,不一定马上就开始采用技术手段,最好先明确你的目标,然后在收集到信息的基础上,再确定你应该怎样服务于特定的客户。一旦策略恰当,就能确定需要什么样的技术达到你的目标。

首先,你应当确定目标客户市场的细分,通常用定性或定量的方法来进行研究。或许,你收集到的数据将有助于进行最终的目标定位。

其次,确定客户细分的特征。例如,对于一个汽车公司,最可能的购买者可能满足某些统计特征:关心汽车的价格、希望试用等。一系列目标市场细分的特征组成了一个表格,这个表格可用来对资料进行分析,并由此决定采取的行动。

最后,决定怎样收集需要的数据。这是一个交叉演练的任务,往往需要来自技术部门和服务人员的参与,有时甚至是创造性的工作。从客户那里收集信息是一门艺术,因为如果提问太多很容易打击和惊吓客户,反之又不能得到所需的信息。因此,一个好的策略是结合了外在的和内在的资料的,并且是一个逐步的积累过程。

当你了解了目标客户,知道需要收集什么样的资料和怎样去收集后,就可以针对不同的客户设计不同的方案。比如,为一个老练的购买者提供一个小册子或者一套录像带,而其他的访问者可能只需要一个新闻邮件。在决定哪一类客户获得哪一类服务时,必须要谨慎。个性化服务需要投入大量的资金、专家意见和时间等资源,这并不仅仅是通过技术就可以解决的,而且还需要制定有效的策略,以确保在激烈的竞争中为客户提供真正有价值的服务。

2. 实施个性化服务的基础条件

个性化服务在改善客户关系、培养客户忠诚和增加销售方面具有明显的效果,但个性化服务的价值是有限的。它是一种理想化的高级形态的手段,需要在一定的基础条件下进行,不能盲目夸大。

一般来说实施个性化服务需要：

①拥有完善的基本服务；

②良好的品牌形象；

③完善的数据库系统等。

当然，也不可能等待万事俱备时才想起开展个性化服务，这是一个量力而行、循序渐进的过程，需要在借鉴其他人成功经验的基础上，根据自身条件逐步建立起一套行之有效的服务体系。

阅读与思考 9-1

企业同客户建立起来的成功的相互依存型关系，是以改变企业的行为，朝着以客户为基础、以客户为中心的方向，利用对具体的客户更深刻的了解来采取行动为基础的。在培育相互依存型关系的过程中，了解单个客户的需求是很关键的。当企业对一个客户了解得愈多时，企业就能够开掘一座数据金矿，而这座金矿是企业内部所有与客户产生互动的人都能够有效使用的，当然，这里面有一个隐私保护的处理问题。例如，卡夫特公司(Kraft)就要求销售人员掌握他们所需要的数据和信息，迫使他们向零售商人做出更有价值的推荐。它将公司内部原来的三个数据仓库合并成了一个中央集中的信息系统。其中一个数据仓库的信息，包括每个零售商店根据商品分类和价格来统计的购买情况；另一个数据仓库的内容包含了客户的人口统计信息和他们在全国范围内的食品连锁店的购买习惯；第三个数据仓库是从公司外面的一个销售商那里买回来的，它拥有根据邮政编码来分类的地理分布数据。

【分项任务小结】　完成本分项任务后，请进行自我测试：你是否对如何满足客户个性化生产和服务有了全面了解。

【任务 9 小结】

在这个任务中，我们分两步走。首先我们要求学生学会通过了解客户的不同需求来学会区别对待客户，其次是满足客户的个性化生产和服务。

本任务以任务先行开始，以分项任务小结结束，希望读者在完成分项任务之后，能够及时进行自我的过程性评价。

本任务能力目标：完成任务后，学生应该能够了解区别对待客户的方法。

【核心技能】

区别对待　了解客户需求　满足客户需求

【课堂讨论】

1. 为什么区别对待客户？

2. 区别对待客户的困难在哪里？

3. 你认为企业怎样才算是满足了客户的个性化需求？

▷ 【案例分析】

　　假设有一家公司是专门生产儿童积木玩具的,现在这家公司带着一系列能够搭建成太空船的儿童积木玩具到市场上去销售。而三个同样都是七岁大的男孩在玩这些积木时,对之有不同的需求。其中一个小孩也许会利用这些积木来扮演一个让人信服的角色,他会搭建一艘太空船,然后假定自己是要到火星旅行的宇航员;而另一个小孩则会陶醉在按照说明书的指导进行简单操作的过程中,他完全按照产品指示图的步骤,一步一步地组装他的太空船,可是,一旦这艘太空船组装好,他也就对之失去兴趣了;而第三个小孩也许会用这些搭建太空船的积木,去组装一个与太空船完全不相干的东西,他完全根据自己的想象力随心所欲地摆弄,他对按照别人设计好的图纸去搭积木,一点都提不起兴趣。

　　那这家玩具生产公司应该如何应对不同类型的客户?

▷ 【实训操作】

　　实训一　扮演客户和企业,沟通了解客户需求
　　实训二　应对客户的个性化需求

与客户互动

【能力目标】

通过完成本任务,你应该能够:

　　1. 学会与客户互动的方法;

　　2. 实行与客户协作。

【核心能力】

　　1. 能灵活地与客户互动;

　　2. 能与客户协作沟通。

【任务解析】 ▷ 任务*10*: 与客户互动

> 项目任务10.1　了解与客户互动的重要性

> 项目任务10.2　实行客户协作战略——与客户对话

【任务导入】

　　与客户互动,其基本的思想是指制造企业应重点关注客户,将客户和客户的需求与企业运作同步化,并针对每一个不同的客户实施新的运行模式,来满足客户真实的需求。

10.1　了解与客户互动的重要性

【任务提示】　本任务将引领你了解与客户进行互动的重要性以及如何与客户互动。
【任务先行】　与客户互动是保持良好的客户关系的必要环节。

　　我们已经讨论了企业区别对待客户的方法。所有的这些努力都是要帮助企业准备好针对不同的客户采取不同的对策。但是特别重要的是,无论是识别,还是区别对待客户,都是分析上的任务。它们处于企业要付出努力的中心环节,在这背后的努力是要获得有关客户的信息,根据客户对公司的价值来对其进行评级和排队,并根据其需求来区别对待,这些任务对于客户来说并不是真正看得见的。

　　那么接下来我们要讨论的是为了能够进一步了解客户的个性化需求,我们会不断地强调同客户互动的重要性,并且是愈来愈重要。但不管我们的讨论是在一般意义上进行,还是有针对性地讲得很具体,互动的主要原因还是不变的——从客户那里直接获取更多的信息,从而向该客户提供任何竞争对手所不能提供的服务,因为他们并不拥有这些信息。

　　管理单个的客户关系是一件很困难的事情,也是一个持续的过程,它需要客户和企业双方都深入地参与其中,并且都相互了解对方。为了达到这种亲密关系,企业就必须尽其所能去接近客户。它要求企业必须做到以其竞争对手无法做到的方式了解其客户,而要了解一个客户,要理解一个客户,要从客户那里得到信息,惟一可行的办法,就是同客户进行互动——一对一的互动。

　　对于一家树立客户中心战略的企业来说,与客户进行互动就获得了一种新的重要性——企业的目标在于创造和培养一种同单个客户的关系。现在企业在一笔交易过程中不再仅仅只同客户进行交谈,然后就等着(或希望着)客户再次返回来购买。对于树立客户战略的企业来说,同单个客户进行的互动,变成了一种对双方都有利的经历。企业了解客户,这样它就能够了解客户对于它的价值和他的个别需求。但是在一种关系中,客户也同样学会了一些东西——如何变成一个更加有利可图的客户或者是某种商业的购买代理。从本质上看,现在的互动就是企业同客户共同合作、协同努力,共同促进这笔交易。而每一次成功的交易，都对参与的双方更加有益，双方的获利也就更大。现在企业关注的重点从过去那种单项的信息传递，或者是销售的继续、重复的过程转变到客户和企业双方都能感觉到的，是从达成一种交易进化到建立一种关系。这个过程的目标是，在企业同其客户建立起相互依存型关系，在不断改进的过程中让客户的满足感愈来愈强烈。如果这个过程进行得很成功的话，那么，这种合作的结果就是使客户和企业都能获得利益，并且都希望能够继续合作下去。

对于传统的市场供应者来说，它的目标是要获得信息；而对于创建一对一关系的企业来说，它的目标是要得到反馈意见。在互动过程中，企业对待客户是按照他自己所专门计划的方式来进行，从而企业能够同每一个客户创造出一种相互合作的反馈机制。同单个客户进行互动使得企业既能够变成业务上的专家，也能够变成它的每一个客户的专家。对于某一特定客户，它开始知道得愈来愈多，这样它就能比较准确地预期它的客户下一步会需要什么，他会在什么地方需要，会以何种方式需要，就像 20 世纪的忠实的佣人那样，企业现在变成了一个绝对必需的伙伴。

🔖 **【案例 10-1】**

树立以客户为中心战略的企业必须确保它的每一个客户得到他们真正需要的那种东西，而不管这种东西是什么。家得宝（home depot）——全球最大的装潢零售公司，也是美国第二大的零售公司，训练它的员工花尽可能多的时间同客户一起决定哪种产品能够解决他的问题。公司的目标就是要确保其客户得到正好是他们所需要的那种产品，而不管花费的多少。他们的战略是，不仅要对任何随机地走进商店的顾客销售一件其家庭所需要的产品（即使他有了，但买家得宝公司的产品，也能使之在功能上有所改进），还要向他销售全部能改进他的家居的产品，即使他已经有了同类产品。因此，家得宝的目标不仅仅在于向他销售家用产品，还要去了解他的需求，记住他，并帮助客户满足其需求——所有这一切，都是单个进行的。

10.2 实行客户协作战略——与客户对话

与客户互动不仅仅是密切与客户的联系，而且要进一步树立客户战略，企业要获得尽可能多的客户反馈意见并利用这些反馈进一步强化和加深同这些客户的关系。这种双向交流最好的方式是对话，通过对话，就很容易形成这种关系。

10.2.1 认识对话的要求

在被认为是同单个客户达成了一种富有价值的对话之前，企业必须先满足如下六个基本条件：

（1）关系建设中的双方都已经清楚地被对方所识别。如果他以前来此地购过物，那么，企业就知道他是谁，他过去买过什么，以及他的其他特征是什么；同样，客户也知道企业的情况。

对话中的各方都必须能够全身心地投入其中。每一方都应该拥有与对方交流的东西。直到那些能够有效地节省成本的互动技术出现之前,特别是互联网出现之前,绝大多数同客户进行的以市场营销为目的的互动,都是高成本的。

对话中的各方都愿意参与对话。对话的主题必须是客户感兴趣、对客户有利的;对企业也同样如此。

(2)对话可以由参与对话中的任何一方来控制。一次对话涉及的是共同的利益,对话中双方交换信息、交换观点,它可以按照任何一方选择的主题和方法进行与发展。与这种对话的情形完全相反的一种典型例子是广告,它完全是由做广告的人单方面来控制的。换句话说,想把客户引入对话中的企业,就必须准备好可能有很多种结果。

(3)企业同某一单个客户的对话会改变企业的行为,并朝着有利于这个客户的方向发展。同样,它也会改变这个客户的行为,朝着有利于企业的方向发展。一家企业只有在能够以某种方式改变它未来的行动,并以此作为对话结果的时候,才能同客户展开对话。

(4)对话应该从上次停下来的地方开始。这就是在界定一种关系的内容,也是能够触动客户产生忠诚的因素。如果企业同客户之间以前发生过交流,那么,再次相逢时,就要做到无缝对接,连接得要顺畅,并且要表现得像这种对话从来就没有终点一样。

【重要知识 10-1】

或明或暗的交易

同客户进行一次对话就是进行一次思想的交流,它是企业与客户之间在思想上进行合作的一种形式。它可以是向客户进行询问的一种手段,或者是得到客户基础资料的一种手段。很多客户最初不愿意与企业交谈。很少有这样的情况发生:客户承认他乐意收到他并未主动提出购买的商品,或者是乐意接听推销电话。对于企业来说,要想把客户引导到一次富有成果的、让双方都能得到收益的对话之中,它就必须同单个的客户,按他的方式和需求来进行有趣的交流,并且企业每次都能从他那里学到一些东西,而不是每次同他对话时,都要试图向他推销更多的产品。

如果一个树立以客户为中心战略的企业,要同其客户保持一种可信赖的合作关系,它就一定不能采用一种以自我为中心的运作模式。取代那些以销售为目的的广告,以及以产品为中心的市场营销信息,那些树立以客户为中心企业,会利用互动技术来向其客户提供某些有价值的东西。在提供这种价值的过程中,企业就在邀请客户开始进行对话,并试图使这种对话延续下去。由此而从客户那里产生的反馈意见,就扩大了企业同客户建立关系的范围,这对于增加该企业在客户业务中的份额,是极其重要的。

这种概念的重要性显而易见。比如当广告商要赞助一个电视节目时,他们就是在同观众进行一种间接的或隐性的交易:"先观看我们的广告,然后免费看后面的节目。"在电视的早期年代里,这种隐性的交易起到了很大的作用,因为当时的观众仅仅只有几个频道可以选择,并且当时也没有遥控器,观众在做其他选择时,也不是那么容易,所以,在电视出现的早期年代,每个人都不得不看商业广告。

但是,现在的电视观众却生活在一个非常不同的环境里面,现在越来越多的频道可供选择,人们在看电视时还可以使用即时的或经常性的控制工具进行更多的选择操作,观众有权在广告出现时更换频道或关闭电视。而且还出现了很多新媒体的竞争,其中最明显的也是最有压倒性的就是互联网。在这些新媒体里,受众不需要被动地接受广告。而电视行业本身新技术的发展,诸如数字电视记录装置,就可以使消费者能够做到完全屏蔽广告。有鉴于此,对于市场供应者来说,由于媒体的利用是没有地址可寻的,也是非互动的,故它带来的问题就是,并不存在一种真实有用的办法来拴住那些看电视的消费者,让他们回到广告节目前,也没法知道他们是否在第一时间、第一地点看到了这则广告。通常,也同样不存在真正有效的办法来刺激消费者去观看广告。

10.2.2　网络时代下的客户互动

但是,通过利用互动交流技术,公司就有能力来同消费者进行公开的、看得见的交易,而不是以隐性的方式去进行这种交易。它们可以直接针对他们的单个客户,一对一地进行单个的互动。这种互动可以直接进行,也可以用各种互动媒体工具来进行。事实上,一次公开的交易就是一个企业同个人所做的一笔"交易",以此来确保这个人的时间、关注度或反馈意见。在改进、加深和强化一种关系方面,对话和互动扮演着如此重要的角色,在通常情况下,对于企业在实质上"补偿"一个客户,都是很有用的。这种补偿的形式有折扣、减免或免费服务,这些手段在客户参与到一种对话中,与企业进行交流时都会用到。

在互动时代,充满了公开交易的例子。全球各地成百上千的互联运行商,从"流行邮件"(Hotmail)到"雅虎"(Yahoo),都在向其客户提供免费的电子邮件服务,只要这些客户同意接受其广告信息,或者将广告信息方便地传递给其他人就行。对于一家网络运行商来说,要求访问者注册登录,提供其个人的识别信息和偏好,这种做法是相当普遍的。作为一种回报,访问者在按要求提供其个人信息后,就可以阅读该网站更多的信息,或者是得到一些自动化的工具供其使用。这种类型的商业交易并不限于网站,一家有声邮件公司还要求其用户提供个人信息,并把这些信息转交给广告商人,在客户打电话使用这种有声邮件服务时,它会自动地链接上特定的广告。广告商人在查阅该客户的偏好时(这已由其档案信息所表明),是不会查阅这种有声邮件服务系统之外的客户信息的。他们会告知他大概的位置,而不是他的识别标志、姓名或地址。

在一种互动媒体中,一个广告商人可以保证单个客户能够得到他真实的许可和同意。在将个人的偏好信息作为这种交易的一部分内容时,这种服务同样还能确保这种广告或传递给某一特定的客户的促销活动,能够更加与个人相关。事实上,它可以通过增加对消费者的相关性,来增加这种互动对于市场供应者的价值。类似这样的公开交易就是斯思·戈定(Seth Godin)所称的"准许性的市场营销"(Permission Marketing)的很好例子。在这种情况下,客户已经同意,或者已经发出他的准许,去接收个性化的信息。

技术通过准许它们能够在个人层面上同每个客户进行互动的方式,来帮助企业熟练地同单个客户进行公开交易。许多企业已找到一种双向的、可资利用的媒介,来作为同个性化的客户进行交流的渠道。

【分项任务小结】　完成本分析任务后,请进行自我测试:你是否对如何满足客户个性化生产和服务有了全面了解。

▱▷【任务小结】

在这个任务中,我们分两步走。首先我们要求学生了解与客户互动的重要性,其次是学会如何与客户协作。

本任务以任务先行开始,以分项任务小结结束,希望读者在完成分项任务之后,能够及时进行自我的过程性评价。

本任务能力目标:完成任务后,学生应该能够了解到与客户协作的方法。

▱▷【核心技能】

互动　协作沟通

▱▷【课堂讨论】

1.与客户互动的意义。

2.你认为不同的企业应该怎样实施各自的与客户协作战略?

▱▷【实训操作】

实训一　扮演客户与企业对话

实训二　实施初步双方协作

使用呼叫中心

● **核心能力**

● **任务解析**

● **任务导入**

● **任务小结**

● **核心技能**

● **课堂讨论**

● **课后自测**

● **实训操作**

【能力目标】

通过完成本任务,你应该能够:

　　1.使用呼叫中心;

　　2.了解呼叫中心对于客户管

理的意义。

【核心能力】

　　1.分析呼叫中心;

　　2.应用呼叫中心。

【任务解析】◫◫◫> 任务 11：使用呼叫中心

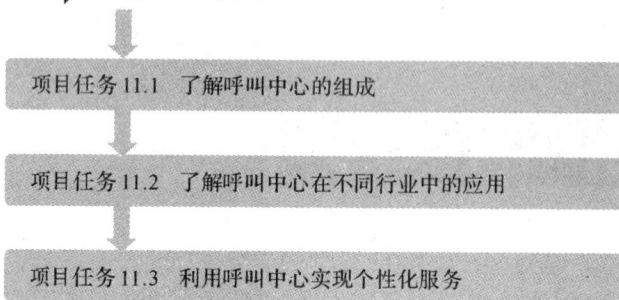

> 项目任务 11.1　了解呼叫中心的组成

> 项目任务 11.2　了解呼叫中心在不同行业中的应用

> 项目任务 11.3　利用呼叫中心实现个性化服务

【任务导入】

　　电子商务时代的客户服务中心以拥有客户、抓住客户为目的，它必须与电子商务有机地集成。这意味着企业建立呼叫中心时，必须且合理地与客户关系管理、工作流程自动化以及因特网集成。IP 语音技术、存储技术、统一信息服务的高度集成性和面向垂直细分市场的呼叫中心已成为企业服务客户的发展方向。

　　客户服务中心又称呼叫中心，是指企业通过公开一个电话特服号码提供针对客户的电话服务。客户服务中心既是企业与客户交流的重要渠道，同时也可以完成企业的部分业务。客户服务中心运用自动语音应答系统对客户提出的一般性问题通过计算机集成技术识别客户的按键，自动播放录音给客户收听。如果需要个性化和人工服务（如投诉），客户服务中心可以自动寻找最恰当的服务代理人员解答客户的具体问题。

　　在传统方式下，企业对单个客户的了解几乎为零，对客户群体也只有有限的了解。而采用呼叫中心的企业，对客户进行服务的同时，也在进行"一对一"的销售。这样的客户服务中心有一个详细、庞大的数据库，记录着每个客户信息，它采用电脑技术对客户信息进行分类。由于对客户信息了解得非常充分，它可以主动预见客户的要求，从而直接支持企业经营业务决策。

　　传统方式的客户服务流程与电子商务的客户服务流程区别很大。一般的客户服务流程是，在与客户交流的基础上获取客户，了解客户，对客户进行服务，满足客户的需求，从而拥有客户。在传统方式下，企业与客户的交流最典型的是跨柜台的、面对面的交流。而采用呼叫中心的企业，采用多媒体的方式为客户提供 7×24 小时永不停顿的交流，而且提高了员工的工作效率，减少雇员数量，免除了不必要的负担，节省了开支。

11.1　了解呼叫中心的组成

【任务提示】　本任务将引领你了解呼叫中心的组成以及管理。

【任务先行】　呼叫中心作为客户关系管理中的一个重要工具，值得仔细研究和探讨。

11.1.1　认识呼叫中心

呼叫中心(Call Center)，又称客户服务中心，起源于发达国家对服务质量的需求，其主旨是通过电话、传真等形式为客户提供迅速、准确的咨询信息以及业务受理和投诉等服务，通过程控交换机的智能呼叫分配、计算机电话集成、自动应答系统等高效的手段和有经验的人工坐席，最大限度地提高客户的满意度，同时自然也使企业与客户的关系更加紧密，是提高企业竞争力的重要手段。随着近年来通信和计算机技术的发展和融合，呼叫中心已被赋予了新的内容：分布式技术的引入使人工坐席代表不必再集中于一个地方工作；自动语音应答设备的出现不仅在很大程度上替代了人工坐席代表的工作，而且使呼叫中心能24小时不间断运行；Internet和通信方式的革命更使呼叫中心不仅能处理电话，还能处理传真、电子函件、Web访问，甚至是基于Internet的电话和视频会议。因此，现在的呼叫中心已远远超出了过去的定义范围，成为以信息技术为核心，通过多种现代通信手段为客户提供交互式服务的组织。更重要的是，企业呼叫中心(也称客户服务中心)的服务范围已从最初咨询和投诉，延伸到每一个客户的售前、售中、售后服务等客户经营、生产、管理的全过程，是企业与客户交流的主要手段，已逐步成为企业的"统一对外联系窗口"。呼叫中心也从功能上划分为三种大的类型，即电话市场宣传(Telemarketing)、电话销售(Telesales)和电话服务(Teleservice)。这三大类功能再与不同的行业相结合，就形成了呼叫中心的各种典型应用。

11.1.2　呼叫中心管理模块

呼叫中心(Call Center)子系统将销售管理与服务管理模块的功能集成起来，使一般的业务人员能够向客户提供实时的销售和服务支持。呼叫中心是基于CIT技术的一种新的综合信息服务系统，由早期的、仅以电话和接话人员组成的电话服务热线发展而来。现代呼叫中心是一种充分利用通信网和计算机网的多项功能集成，与企业各业务渠道连为一体的完整的综合信息服务系统，能有效地为用户提供多种服务。呼叫中心不仅在外部为用户提供服务，也在内部协调整个企业的管理和服务。

呼叫中心主要功能包括：呼入呼出电话处理；互联网回呼；呼叫中心运行管理；软电话；电话转移；路由选择；报表统计分析；管理分析工具；通过传真、电话、电子邮件、打印机等自动进行资料发送；呼入呼出调度管理。

呼叫中心结合了自动呼叫分配(ACD)、计算机电话集成(CTI)、交互式语音应答(IVR)等多项技术，从而为客户提供更快捷、更有效的客户服务。

11.1.3　解析呼叫中心系统

呼叫中心由四个部分组成：客户端、呼叫中心、坐席端、中心数据库。

1.客户端

客户端与呼叫中心的关系不大，只需要向电信局申请中继线，就可将客户端接入呼叫中心。目前，国内常用的中继线是：模拟中继线、ISDN中继线(2B+D)，E1中继线(30B+D)。

2.呼叫控制

呼叫中心部分是呼叫系统的核心，呼叫中心部分决定了服务系统的性能。呼叫中心部分采用板卡方式，可实现智能呼叫分配、自动语音应答、坐席转接等功能。该呼叫中心采用先进的可编程智能语音平台建立呼叫中心系统,利用语音平台软件可方便地控制呼叫分配、自动语音应答、人工坐席转接等。

3. 坐席端

坐席端是为客户提供人工服务的终端设备,通常由坐席电脑和坐席电话组成,由于在打电话的同时,操作电脑很不方便;因此坐席员多使用耳机,并通过电脑控制电话操作。将电话和电脑集成在一起使用,既方便操作电话又方便使用电脑。

4. 中心数据库

中心数据库是呼叫中心的信息来源,也是信息存储器,呼叫中心之所以在各个行业得到广泛应用,与中心数据库有很大的关系。由于中心数据库所存储信息的不同,使呼叫中心的内容更加丰富多彩,能更好地满足客户的不同需求。

11.2　了解呼叫中心在不同行业中的应用

伴随中国经济的迅猛发展,中国家电业早已进入了品牌制胜的时代,产品核心价值差异越来越小,包装越来越相近,市场竞争逐渐转向服务。企业间为了争夺客户资源,必须能够准确把握住消费者的需求,并以最快的速度做出响应,才能赢得更多的客户。伴随客户需求多样化和差异化的日趋明显,商家的营销策略也从以前的"点对面"营销转向"点对点"营销。总而言之,要想赢得更多的新客户,巩固原有的老客户,提供差异化的服务(与竞争对手相比)将成为竞争的关键。完善的数据,建立顾客数据库并加以分析,针对个性化需求提供差异化服务。

专业的呼叫中心(能够提供 24 小时客服热线)将对企业未来的发展起到重要的作用。通信作为最直接、最便捷的沟通手段,可以带给客户最直观的服务感受,并且渗透在售前、售中和售后的整个服务过程中。因此,企业通讯系统是否完善,直接影响客户对企业的满意度和公司整体服务水平。

随着服务型经济的发展以及国内整个呼叫中心市场的发展,制造业呼叫中心在最近几年发展很快,成为诸多制造企业售前咨询,售后服务、维修以及投诉的窗口,制造企业尤其是日常家用电器类的呼叫中心服务能力的提升,在近几年是有目共睹的。综合来看,制造业呼叫中心集中式或者分布式建制没有一定的说法,管理者更多地考虑成本和收益的博弈,集中式管理成本和由此对市场的影响,才是考虑的一个最终因素。

以比较通行的家电业呼叫中心来看,多是通过建立区域呼叫中心方式,按照区域路由指向来分配呼叫,为客户提供相对本地化的服务。这样,客服中心在第一时间能反馈客户的咨询信息,更亲切的服务,易于理解本地的语言习惯(如方言、地名等),同时由于对本地的零售点、维修点的熟悉,使得反馈会更加快捷。西方企业已经从服务战略中树立了成功的榜样,GE、IBM 等等;从大众消费者的角度,国内最为大众认知的是海尔的客服中心。

家用电器客户服务中心系统是一个功能丰富、稳定高效的客户联络服务中心系统,它可以提供多种接入手段和通信方式,包括传统电话、传真、电子邮件、Internet/Intranet、手机、短消息、网络电话等几乎所有现存于通信和 Internet 的应用形式,客户可通过多种接入方式进入家电客户联络呼叫中心系统,享受家电客户联络呼叫中心系统提供的多种服务。通常家电企业的呼叫中心业务系统能够实现的主要业务功能如下:

1.提升公司形象

(1)产品推广(呼出):当公司有新产品问世时可以向老顾客进行宣传推广,对新产品的新功能、新特点、新形象进行介绍。专业、统一、热情的介绍一定能够得到老顾客的首肯。

(2)提高公司与顾客的亲切感(呼入):当客户电话接通时,自动弹出用户资料信息,客服人员可以当场报出客户的姓名,并且能够清楚地知道客户购买家电的场所、时间、种类、价格等信息,这不仅能让客户感觉到被尊重和重视,更能体现一种专业的服务,也节省了对顾客的提问从而提高工作效率。

(3)统一表述,统一形象(呼入、呼出):顾客听到的语音信息就代表了公司的形象,统一、专业、清晰的话语代表了公司良好的形象,统一的服务风格将提升公司在顾客心中的形象。

(4)统一的客服电话,彰显公司实力:可以依托固有的电信资源申请特殊号码作为企业的客服热线,同时可以方便消费者记忆,特殊的客服也会提高顾客的满意度。

2.咨询(呼入服务)

咨询是广告宣传的后续工作。目前很少有消费者看了广告之后就会立即产生购买决定。消费者在看过广告或听别人的转述介绍以后,一般会打电话进行咨询,比如说产品的功能、颜色、价格、体积、功率等等。这类顾客可以说是购买意向很强的顾客,但他们所接受到的咨询体验将成为他们是否进行购买行动的主要影响因素。如果他们感到咨询很全面、热情、专业,他们很容易就会做出购买决定;相反,如果他们的感受是漫不经心、业务很业余,他们就会对该产品的售后产生怀疑从而影响对产品的购买。

另外,呼叫中心可以提供 7×24 小时的服务。即使在没有客服人员在场的情况下顾客也可以通过 IVR 解决一部分问题。顾客在接通前等待的时间、接通人工客服之前听到的音乐、语音信箱的设计等因素都会影响顾客对公司的态度,这些都是一般的客服所做不到的。

3.用户投诉/建议(呼入服务)

公司客服中心系统可通过各种接入手段受理用户的投诉及建议,并及时处理或通过特定的通信渠道转交给企业的相关部门处理,同时可根据处理的情况及时回复用户,做到服务的闭环。主要涉及的功能有:

(1)用户投诉:当客户对产品质量、三包索赔争议,或对公司相关服务人员有意见时,可通过电话、短信、传真或 E-mail 等方式接入到呼叫中心系统,业务代表可以利用呼叫中心系统进行处理或转到相关部门,并可以进行投诉跟踪。

(2)用户建议:当客户在产品使用过程中,发现产品需要改进,可通过电话、短信、传真或 E-mail 等方式接入到呼叫中心系统,业务代表可以利用呼叫中心系统进行记录并转给专家进行分析处理,建议采纳后并给用户进行回复。

(3)业务受理:通过受理功能,企业客户可完成用户的产品订购、销售、货款的支付等一系列功能,同时企业客服还可以根据用户的信用等级予以不同的处理。

(4)客户/经销商/服务商档案管理:客户、经销商、服务商档案包括用户名单、用户基本信息、产品型号等,接听客户呼入电话,由坐席代表记录信息形成档案,也可采用更为主动的呼出方式来确认、核实、补充档案。

(5)售后技术支持和维修服务:当售出的产品出现故障时,客户能通过电话或传真等方式获取产品常见故障的处理方式、故障申报手续以及故障申报;当出现紧急故障,需要立即解决时,客户亦能通过电话拨入呼叫中心系统,由业务代表转接到相应的技术专家,使得问题得到及时解决。

4.客户回访、市场调查和电话营销(呼出服务)

利用客户服务中心自身具备的呼出功能,公司客服可以根据自身的客户数据库主动联系客户,为用户提供跟踪调查、亲情服务、客户寻访、新品推介、优惠推介、有奖征求意见和建议等服务。

(1)亲情服务:通过在特定的日子,如用户的生日、节日等,以送歌、派送纪念品、邮送电子贺卡等手段向用户致意,从而达到拉近与客户的距离、稳定客户群的目的。定期拨打老客户投诉电话,向他们了解产品的使用情况,让客户感到企业在关心他们,容易留住老客户。建立呼叫中心的目的不仅是让顾客满意,更是让顾客在我们的服务中升值。

(2)用户回访:了解用户的用后评价,了解用户对产品(新产品)或服务的满意度和具体意见。系统能在规定的时间内,按预先设置,逐一拨号,通过主动地与固有客户,特别是大客户联络,向客户咨询产品使用的情况,帮助客户解决产品使用中的问题,一方面可以加深客户感情,另一方面可以更好地把握客户需求的变化以不断改进工作;企业根据调查结果,进行统计分析,为再发展和决策提供依据

(3)市场调查:包括产品与品牌研究,市场信息分析,进行用户满意度统计和建议信息统计等。

(4)产品销售:当公司有新产品,或进行促销活动时,只需将新产品资料或促销活动内容输入系统,系统将在空闲时,按指定或预览的方式逐一通知,省时省力。通知方式包括:电话、短信、传真和E-mail等。

(5)数据库营销:呼叫中心根据顾客拨打过来的电话或是根据购买产品时采集到的信息可以为公司建立数据库,同时对数据库进行核实等工作。这样就可以对顾客进行有效分类,从而开展个性化营销服务工作。对于大顾客或一类顾客,呼叫中心就要有针对性地经常进行关怀问候,对二类顾客就可以偶尔地问候,而对一般的顾客就做一般性的关怀。这样就可以将工作细化,花费有限的精力做更有效的事情。向老顾客进行二次销售,争取老顾客的专门介绍等都可以挖掘出老顾客的附加值。而这些价值都是需要呼叫中心来实现的。

11.3 利用呼叫中心实现个性化服务

以客户为导向需要建立起与客户的多种接触渠道,从最初的面对面接触到传统呼叫再到传真、电子邮件、IP电话、短消息、互联网甚至视频等。技术的发展推动了需求,客户服务中心不再是传统的呼叫中心平台,而应是多种接触媒体集成的综合平台。有人称之为从Call Center(呼叫中心)到Contact Center(接触中心)的转变。客户服务代表与客户沟通的媒体通道和交流方式在现代客户服务中心技术的支撑下变得丰富多彩。

⤷【案例 11-3】

通信行业呼叫中心可以提供的个性化服务

"备忘录"　客户服务代表向查询营业网点地址及服务时间的客户解答后,即主动把解答内容以短信形式发出给客户。既可方便客户,又可减少再次拨打次数,提高一次解决率。

"亲子服务卡"　作为忙碌的现代父母,除了应付繁忙的工作外,还希望与子女保持紧密的沟通,"亲子服务卡"就是为此类客户提供相应服务的。它结合了话费预存、外呼/呼入限制、特服专号、特殊短信套餐、GPS 手机定位与秘书服务的功能,既解决了父母与子女的及时沟通与监控,又可控制话费不会超出标准,避免子女无法自控而过度使用话机。对于子女,可使用特服专号向客户服务中心寻找帮助,例如所处位置、可乘坐的交通工具、购物指南等信息,以及定时接收到父母每周为其定制的短信套餐。这样既可感受到父母的关注,也可切身体会到移动服务的便利。对于通讯公司而言,对新一代潜在客户的培养也极为有利。此类服务已经推广至公务用机的企业与集团客户、年轻人喜欢的"情侣卡"以及"FANS 卡"。

"视频家居宝"　对于出差在外或非常忙碌的客户,可能对家里的财物、宠物或由保姆看带的小孩不放心,可向客户服务中心申请此类服务,让客户服务代表在指定时间接通其家里的视频器了解家里状况,并向其发出短信通知。若客户所使用的手机具备上网与视频功能,则可自行操作。

"漫游本地通"对于漫游至本地的客户,如停留时间较长及对本地情况不熟悉,极其需要运营商可为其提供相应的便利服务。"漫游本地通"即可为其提供极大的方便,客户可到服务网点付费申请此项服务,服务开通时,客户服务人员即时把本地的服务电话输入客户的通讯录内,包括查询天气、交通、本地租车、本地餐饮、酒店、旅游景点以及当地知名企业的联系号码。客户可直接在手机上查询相关信息,也可使用服务专号查询相关的本地信息。对于已经成为电讯公司大客户的知名企业而言,能将公司对外的服务号码直接显示在该服务的通讯录中,更显其身份的尊贵,从而增加该客户的忠诚度。

另外,在国外及港澳地区,如在本地购买当地运营商的储值电话卡,该号码被激活后,通讯录中已经储存了本地主要的查询服务号码,以及使用该运营商的相关接驳号码,包括:使用呼转、拨打长途(IDD/IP)、主叫/被叫付费、呼叫限制等,使用者可无需查询直接掌握基本的使用方式。

从以上的服务可以看到,要实现个性化的客户服务,仅单纯依靠客户服务系统 IVR 技能分组或优先级的路由分配的方式,已经远远无法切合客户与市场的需求,必须把业务、技术与人员紧密结合,顺利运作才可保证客户的满意。

其实对于客户而言,并非只有大型的服务或推广才能感到满意,例如目前香港运营商推出的新服务——"电话簿复制服务(Phone Book Back-up Service)",就得到了大部分客户的认同,而且该客户服务中心自身也增加了增值服务,以下是该次推广的相关资料:

复制类别	在网客户	非在网客户
从手机/智能卡复制电话簿至磁碟	$ 5	$ 10
从磁碟复制电话簿至手机/智能卡	免费	$ 5
从智能卡复制电话簿至新智能卡	免费	$ 5

备注:复制的电话记录最多为250个。此服务只适用于指定的流动电话型号。

　　由此可见,个性化的服务是必须针对已积累的客户信息进行深度分析挖掘,提供业务预测及相关业务评估,结合公司各种内部资源如 SMS、WAP 系统及各种社会资源为客户提供主动、优质、便利、多方位的服务。例如:对外推广移动秘书服务品牌,甚至可对外设立服务窗口,结合本地市场与客户需求,使客户感受真正的秘书服务,包括会员俱乐部、交费提醒服务(本机业务与非本机业务),电话/网上订购(本机业务的优惠预订或非本机业务的服务),医疗保险、旅游航空。提供基于互联网的网上交互式与网上受理服务,扩展电话中心功能,实现电话与网上业务全程受理。若实现电话全程受理后,更加方便客户使用。以来电转接服务为例,客户可自行在电话中设置,若忘记携带手机或手机电池耗尽,则可拨打热线进行遥控设置,也可在网上进行设置。在国外此种遥控设置服务已经延伸至多项服务功能,包括呼叫限制、电邮处理、漫游被叫铃声设定、漫游来电显示以及漫游来电呼转等业务。

　　逐步完善与银行、政府及企事业单位的接口,拓展电话语音和网上客户服务的内容,向用户提供更多的营业与附加服务功能。以香港一家运营商为例,客户在网上更改联系地址后,该申请将传送至其指定的政府部门与机构以及商业与慈善机构,既可免除了客户需要多次办理登记手续的烦恼,提升了客户的满意度,同时也获取了更多的客户背景资料,获得更充分的客户信息,有利于客户的潜在需求的挖掘。

　　实现区域客户的营业、账务系统与客服系统整合,最终实现"异地服务,实时受理"。例如美国移动运营商的成功经验,当价格竞争成为推动移动通信业快速发展的主要因素时,运营商需要将其业务及服务发展策略划分为:本地区、跨区域与全国的价格及服务方案,即与周边的区域内兄弟公司,甚至是竞争公司结成"策略联盟",推出适合本区客户的特色业务与优惠资费,从而整体提升本地区的消费需求。

　　【分项任务小结】　完成本分项任务后,请进行自我测试:你是否对如何满足客户个性化生产和服务有了全面了解。

▷【任务小结】

　　在这个任务中,我们分三步走。首先,我们要求学生能够对呼叫中心有一个全面的认识,然后是对呼叫中心在不同行业中的应用状况有所了解,最后要让学生懂得如何利用呼叫中心来提升对客户的个性化服务。

　　本任务以任务先行开始,以分项任务小结结束,希望读者在完成分项任务之后,能够及时进行自我的过程性评价。

　　本任务能力目标:完成任务后,学生应该能够掌握呼叫中心的基本内容。

▷【核心技能】

　　认识呼叫中心　使用呼叫中心

【课堂讨论】

1. 呼叫中心的类型有哪些？
2. 你认为哪些行业的呼叫中心做得比较好？

【实训操作】

实训一　扮演呼叫中心和客户之间的对话
实训二　利用呼叫中心解决一个问题

任务 12

客户资料分析

- 核心能力

- 任务解析

- 任务导入

- 任务小结

- 核心技能

- 课堂讨论

- 课后自测

- 实训操作

【能力目标】

通过完成本任务,你应该能够:

1. 收集客户资料;

2. 管理客户数据;

3. 传递和挖掘客户资料。

【核心能力】

1. 收集并分析有用的客户数据;

2. 运用数据库管理客户数据;

3. 挖掘客户数据。

⊞▷【任务解析】▯⇨ 任务*12*：客户资料分析

项目任务12.1 收集客户资料

项目任务12.2 运用客户数据库管理客户信息

⊞▷【任务导入】

在客户关系管理的课程中有一个广为流传的案例"被胡萝卜汁留住的客户"，这是一个客户的亲身经历，内容是关于十年前他在香港丽晶饭店用餐时无意识地说他最喜欢胡萝卜汁，大约六个月后，当他再次住进丽晶饭店时，他在房间的冰箱里，意外地发现有一大杯胡萝卜汁。十年来，不管这个客户什么时候住进丽晶饭店，丽晶饭店都为他备有胡萝卜汁。他说，在最近一次旅行中，飞机还没在机场降落，他就想到丽晶饭店为他准备好的胡萝卜汁，顿时兴奋不已。十年间，尽管丽晶饭店的房价涨了三倍多，但他还是住这个饭店，就因为丽晶饭店每次都为他准备了胡萝卜汁。(资料来源：郑宝建.胡萝卜汁.中国城市金融,2004(5))

丽晶饭店之所以能培养出这样忠诚的客户，重要原因之一就是它详尽掌握了客户的信息(如收集和储存客户爱喝胡萝卜汁的信息)。丽晶饭店建立了一个信息量够大的客户数据库，它将客户的姓名、生日、家人情况、工作单位、工作性质、爱吃的东西、爱听的歌、喜爱的颜色、什么时间来的饭店、住了几天、每次住宿的价位是什么范围、每次都住什么类型的房间、房间是向阳还是背阳、喜欢的温度和湿度是多少、喜欢什么样的环境等信息输入到客户数据库里，这样丽晶饭店就对客户的信息了如指掌，进而就可以为客户提供更好的服务，使客户满意。因此我们在这一节里要探讨客户信息的重要性，以及如何获得客户信息。

12.1 收集客户资料

【任务提示】 本任务将引领你了解如何获得客户信息以及对客户资料进行分析，并利用结果进一步提升与客户的关系。

【任务先行】 收集客户资料的环节也是客户关系管理中的重要内容，客户资料对于企业作出的如何处理与客户关系的策略是起到决定作用的。

12.1.1 收集客户信息的重要性

信息是决策的基础，如果企业想要做"事前诸葛亮"，想要维护好不容易与客户建立起来的关系，就必须充分掌握客户的信息，就必须像了解自己的产品或服务那样了解客户，像了解库存的变化那样了解客户的变化。企业只有收集全面的客户信息，特别是他们与企业的交易信息，才能够知道自己有哪些客户，才能知道他们分别有多少价值，才能识别哪些是优质客户，哪些是劣质客户，才能识别哪些是贡献大的客户，哪些是贡献小的客户，才能根据客户带给企业价值的大小和贡献的不同,对客户进行分级管理。

例如,美国联邦快递公司根据客户的信息和历史交易信息来判断每位客户的赢利能力,把客户分为"好"、"不好"和"坏"三种,并且为三种不同价值的客户提供不同的服务。而这种对客户的分类制度,使得联邦快递公司的忠实顾客一直保持在一个高数量。

大众营销、大众广告、大众服务都不能实现有针对性地与客户沟通,实际上还扩大了企业与客户之间的距离。随着市场竞争的日趋激烈,客户情报越显珍贵,拥有准确、完整的客户信息,既有利于了解客户、接近客户、说服客户,也有利于客户沟通。

如果企业能够掌握详尽的客户信息,就可以做到"因人而异"地进行"一对一"的沟通,就可以根据每个客户的不同特点,有针对性地实施营销活动,如发函、打电话或上门拜访,从而避免大规模的高额广告投入,使企业的营销成本降到最低点,而成功率却达到最高点。一般来说,大面积地邮寄宣传品的反馈率只能达到2‰~4‰,但是,在了解客户"底细"的基础上经过筛选,有针对性地邮寄宣传品,反馈率就可以达到25‰~30‰。

例如,中原油田销售公司设计了统一的"客户基本信息"表格分发给各个加油站,内容包括:司机的姓名、性别、出生年月、身份证号、家庭住址、联系电话、个人爱好、车型、车号、单位、承运类型、车载标准、动力燃料、油箱容量、主要行车线路、经过本站时间,并有累计加油获奖纪录。通过这些信息,中原油田公司建立了客户数据库,架起了加油站与客户之间的友谊桥梁。例如,加油站每天从计算机中调出当天过生日的客户,向其赠送蛋糕等生日礼物。这样就保持了稳定的客户群。

12.1.2　收集客户信息的渠道

收集客户的信息只能从点点滴滴做起,可通过直接渠道和间接渠道来完成。

直接收集客户信息的渠道,主要是指客户与企业的各种接触机会。如从客户购买前的咨询开始到售后服务,包括处理投诉或退换产品,这些都是直接收集客户信息的渠道。以电信业为例,客户信息的直接收集渠道包括营业厅、呼叫中心、网站、客户经理等。也有很多企业通过展会、市场调查等途径来获取客户信息。

具体来说,直接收集客户信息的渠道如下。

1. 在调查中获取客户信息

即调查人员通过面谈、问卷调查、电话调查等方法得到第一手的客户资料,也可以通过仪器观察被调查客户的行为并加以记录而获取信息。

例如,美国尼尔逊公司就曾通过计算机系统,在全国各地1250个家庭的电视机里装上了电子监视器,每90秒钟扫描一次电视机,只要收看3分钟以上的节目,就会被监视器记录下来,这样就可以得到家庭、个人收视偏好的信息。

2. 在营销活动中获取客户信息

例如,广告发布后,潜在客户或者目标客户与企业联系——或者打电话,或者剪下优惠券寄回,或者参观企业的展室等,一旦有所回应,企业就可以把他们的信息添加到客户数据库中。

又如,与客户的业务往来函电,包括询价、发盘、还盘、接受、合同执行、争议处理等函电,可以反映客户的经营品质、经营作风和经营能力,也可以反映客户关注的问题及其交易态度等。因此,往来函电也能帮助企业获取客户信息,是收集客户信息的极好来源。

在与客户的谈判中,客户的经营作风、经营能力及对本企业的态度都会得到体现,谈判中还往往会涉及客户的资本、信用、目前的经营状况等资料,所以,谈判也是收集客户信息的极好机会。

又如,开展特价品或竞赛活动,由潜在客户填上信息后寄回,以换取免费赠品、特价品或奖品。一般来说,通过活动反馈回来的客户信息非常有针对性。

此外,启动频繁营销方案,或者实行会员制度,或者成立客户联谊会、俱乐部等,也可以收集到有效的客户信息。例如,麦德龙是一家实行会员制的企业,会员入会不需要交纳会员费,只需填写"客户登记卡",主要项目包括:客户名称、行业、地址、电话、传真、地段号、市区、邮编、税号、账号和授权购买者姓名。将此卡记载的资料输入计算机系统,就有了客户的初始资料,当购买行为发生时,系统就会自动记录客户的购买情况。

3. 在服务过程中获取客户信息

对客户的服务过程也是企业深入了解客户、联系客户、收集客户信息的最佳时机。在服务过程中,客户通常能够直接并且毫无避讳地讲述自己对产品的看法和期望,对服务的评价和要求,对竞争对手的认识,以及其他客户的意愿和销售机会,其信息量之大、准确性之高是在其他条件下难以实现的。

此外,服务记录、客户服务部的热线电话记录以及其他客户服务系统也能够收集到客户信息。

4. 在终端收集客户信息

终端是直接接触最终客户的前沿阵地,通过面对面的接触可以收集到客户的第一手资料。但是终端收集难度较大,因为这关系到商家的切身利益,因此要通过激励机制,调动商家的积极性,促使商家乐意去收集。

例如,服装商场可以要求客户在优惠卡上填写基本情况,如住址、电话、邮编、性别、年龄、家庭人数等,当客户采购时,只要在收款处刷一下,就可以将采购信息记录在数据库中。

商场通过客户采购商品的档次、品牌、数量、消费金额、采购时间、采购次数等,可以大致判断客户的消费模式、生活方式、消费水平以及对价格和促销的敏感程度等。

这些信息不仅对商场管理和促销具有重要的价值,因为可据此确定进货的种类和档次以及促销的时机、方式和频率,而且对生产厂家也具有非常重要的价值——通过这些信息,生产厂家可以知道什么样的人喜欢什么颜色的衣服,何时购买,在什么价格范围内购买,这样生产厂家就可以针对特定的客户来设计产品,以及制订价格策略和促销策略。

5. 通过博览会、展销会、洽谈会等获取客户信息

由于博览会、展销会、洽谈会针对性强且客户群体集中,因此可以成为迅速收集客户信息、达成购买意向的场所。

6. 网站和呼叫中心是收集客户信息的新渠道

随着电子商务的开展,客户越来越多地转向网站去了解企业的产品或者服务,以及即时完成订单等操作,因此,企业可以通过客户访问网站进行注册的方式,建立客户档案资料。

此外,客户拨打客服电话,呼叫中心可以自动将客户的来电记录在计算机数据库内。另外,在客户订货时,通过询问客户的一些基本送货信息,也可以初步建立起客户信息数据库,然后逐步补充。

信息技术及互联网技术的广泛使用为企业开拓了新的获得客户信息的渠道,同时,由于

网站和呼叫中心收集客户信息的成本低,所以通过网站、呼叫中心收集客户信息越来越受到企业的重视,已经成为企业收集客户信息的重要渠道。

7. 从客户投诉中收集

客户投诉也是企业了解客户信息的重要渠道,企业可将客户的投诉意见进行分析整理,同时建立客户投诉的档案资料,从而为改进服务、开发新产品提供基础数据资料。

在以上这些渠道中,客户与企业接触的主动性越强,客户信息的真实性和价值就越高,如客户呼入电话,包括投诉电话、请求帮助或者抱怨时所反馈的客户信息就比呼叫中心的呼出电话得到的客户信息价值高。同时,客户与企业接触的频率越高,客户信息的质量就越高,如在营业厅或呼叫中心获取的客户资料一般要比在展会中得到的客户信息真实,而且成本较低。

间接收集客户信息的渠道,是指企业从公开的信息中或者通过购买获得客户信息。

⊟〉【重要知识 12-1】

间接收集客户信息的渠道

间接收集客户信息的渠道一般包括以下几种:

1. 各种媒介

国内外各种权威性报纸、杂志、图书和国内外各大通讯社、互联网、电视台发布的有关信息,这些往往都会涉及客户的信息。

2. 工商行政管理部门及驻外机构

工商行政管理部门一般掌握客户的注册情况、资金情况、经营范围、经营历史等,是可靠的信息来源。对国外客户,可委托我国驻各国大使馆、领事馆的商务参赞帮助了解,另外,也可以通过我国一些大公司的驻外业务机构帮助了解客户的资信情况、经营范围、经营能力等。

3. 国内外金融机构及其分支机构

一般来说,客户均与各种金融机构有业务往来,通过金融机构调查客户的信息,尤其是资金状况是比较准确的。

4. 国内外咨询公司及市场研究公司

国内外咨询公司及市场研究公司具有业务范围较广、速度较快、信息准确的优势,可以充分利用这个渠道对指定的客户进行全面调查,从而获取客户的相关信息。

5. 从已建立客户数据库的公司租用或购买

小公司由于实力有限或其他因素的限制,无力自己去收集客户信息,对此可通过向已经建立客户数据库的公司租用或者购买来获取客户的信息,这往往要比自己去收集客户信息的费用要低得多。

6. 其他渠道

例如,从战略合作伙伴或者老客户,以及行业协会、商会等也可以获取相关的客户信息。另外,还可以与同行业的一个不具有竞争威胁的企业交换客户信息。

总之,客户信息的收集有许多途径,在具体运用时要根据实际情况灵活选择,有时也可以把不同的途径结合在一起综合使用。

相对来说,银行、保险、电信、医院、教育机构、旅游、航空运输等服务业最容易在企业内部收集客户信息,因为这些行业在与客户交易的过程中已经产生了很多客户信息,只要进行稍微的加工整理就可应用。但目前,在我国,这些行业因具有一定的垄断经营性质而不重视甚至无视客户信息的重要性。

12.2　运用客户数据库管理客户信息

客户数据库是运用数据库技术,全面收集关于现有客户、潜在客户或目标客户的综合数据资料,追踪和掌握现有客户、潜在客户和目标客户的情况、需求和偏好,并且进行深入的统计、分析和数据挖掘,从而使企业的营销工作更有针对性。客户数据库是企业维护客户关系、获取竞争优势的重要手段和有效工具。

⊏➢【案例 12-1】

金日集团依靠信息调整营销策略

香港金日集团在东南亚素有"西洋参之王"的美称。在推出护心健脑功能性保健品——金日心源素的三个月后,金日集团的客户服务部在收到了来自全国各地 900 多封来信的基础上建立了金日心源素的客户数据库,结果发现真实情况与原来的主观判断存在较大偏差。

在这些反馈信中,20～30 岁这个年龄段的客户最多(占总数的 20%),其次是 40～50 岁(占总数的 13%),50～60 岁(占总教的 12.9%),而且实际服用人群的性别区分不明显,男女比例均衡——这与公司事前把金日心源素定位为"40 岁以上男人"的保健品出现了分歧。

此外,客户症状最多的是头晕、失眠、记忆力减退,而金日心源素对头晕、失眠、胸闷、记忆力减退、头痛、嗜睡等症状效果明显,但是客户对"耐缺氧"、"抗氧化"的宣传不知所云。

为此,金日集团调整了市场定位——淡化了目标消费群的性别区分,将其定位为"中老年人"的保健品;增加了"延缓衰老"的功效诉求;停止宣传"耐缺氧"、"抗氧化",集中诉求对"胸闷、心悸、头晕、失眠、心慌、气喘、疲劳、体虚"八大症状的疗效。

经过调整,金日心源素上市几年就取得了骄人的业绩,成为心脑保健领域的领导品牌。

(资料来源:乔辉.战胜对手的秘密武器:数据库营销.上海商业,2003(6))

12.2.1　认识客户数据库的重要性

客户数据库为企业深入分析客户提供帮助,并指导客户关系的努力方向。你的客户有多少?你的客户是谁?你的重要客户是谁?主要客户又是谁?他们买多少?每隔多长时间购买一次?他们怎样购买?他们去哪里购买?他们通过什么途径了解你的企业?他们对你的产品或者服务有什么意见或建议?他们想要你提供什么样的产品或服务?

要回答这些问题,企业需要花费大量的时间、精力和财力去做调查,而获得的结果往往不尽如人意。因为只通过一两次调查,即使调查方式是科学的,也带有很强的主观性和随意性,往往会出现这样或那样的偏差。

客户数据库则是企业经过长时间对客户信息(客户的基本资料和历史交易行为)的积累和跟踪才建立起来的,剔除了一些偶然因素,因此依靠客户数据库对客户进行判断也就更加准确、客观、全面。

美国直接营销专家鲍勃·斯通(Bob Stone)提出客户数据库中的最近一次消费、消费频率、消费金额三个要素是分析客户的最好指标,可以帮助企业识别最有价值的客户、忠诚客户和即将流失的客户。

(1)最近一次消费

最近一次消费是指客户上一次购买的时间,它是维系客户的一个重要指标,可以反映客户的忠诚度——一般来说,上一次消费时间越近是越理想的,因为最近才购买本企业的产品或服务的客户是最有可能再次购买的客户。要吸引一位几个月前购买本企业的产品或服务的客户,比吸引一位几年前购买的客户要容易得多。

如果最近一次消费时间离现在很远,说明客户长期没有光顾,就要调查客户是否已经离我们而去。最近一次消费还可监督企业目前业务的进展情况——如果最近消费的客户人数增加,则表示企业发展稳健;如果最近一次消费的客户人数减少,则表明企业的业绩可能滑坡。

(2)消费频率

消费频率是指客户在限定的时间内购买本企业的产品或服务的次数。一般来说,最常、最频繁购买的客户,可能是满意度最高、忠诚度最高的客户,也可能是最有价值的客户。

(3)消费金额

消费金额是客户购买本企业的产品或服务金额的多少。通过比较客户在一定期限内购买本企业的产品或服务的数量,可以知道客户购买态度的变化,如果购买量下降,则要引起足够的重视。

- 综合分析最近一次消费、消费频率、消费金额的变化,可以推测客户消费的异动状况。
- 将最近一次消费、消费频率结合起来分析,可判断客户下一次交易的时间距离现在还有多久。
- 将消费频率、消费金额结合起来分析,可计算出在一段时间内客户为企业创造的利润,从而帮助企业明确谁才是自己最有价值的客户。
- 当客户最近一次消费离现在很远、而消费频率或消费金额出现显著萎缩时,可以提示这些客户很可能即将流失或者已经流失,从而促使企业做出相应的对策,如对其重点拜访或联系等。

(4)客户数据库的其他指标

- 客户每次的平均消费额——可说明客户结构,从而帮助企业认清目前客户的规模以及市场是否足够大。
- 客户的地域分布——企业应当重点吸引附近区域的客户,他们应是企业的主要客户,因为远的客户变数大,如果不能很好地吸引附近区域的客户,则存在一定的危机。
- 客户所处的行业、职业及住所——可对客户群进行细分,有针对性地开展广告、促销等。

Marcus用消费频率与平均消费金额构造了客户价值矩阵,如图12-1所示。

- 对于"最好的客户",企业要全力保留他们,因为他们是企业利润的基础。

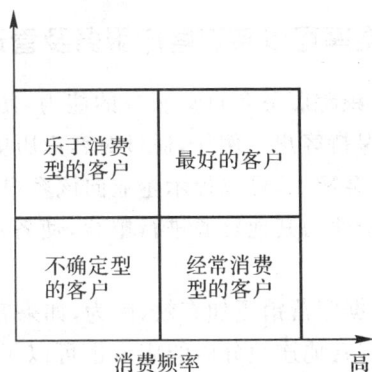

图 12-1 客户价值矩阵图

- 对于"乐于消费型客户"和"经常消费型客户",他们是企业发展壮大的保证,企业应该想办法提高"乐于消费型客户"的购买频率,通过交叉购买和增量购买来提高"经常消费型客户"的平均消费金额。
- 对于"不确定型客户",企业需要找出有价值的客户,并促使其向另外三类客户转化。

12.2.2 更好地运用客户数据库

- 运用客户数据库可以对客户开展一对一的营销

客户数据库是企业内部最容易收集到的营销信息,稍微对这些数据进行加工,就可以使这些数据成为营销决策最有价值的信息来源。因此,有营销专家说:没有数据库,就像在沙漠中迷失了方向一样会付出惨痛的代价。

运用客户数据库的企业可以了解和掌握客户的需求及其变化,还可知道哪些客户何时应该更换产品。例如,美国通用电器公司通过建立详尽的客户数据库,清楚地知道哪些客户何时应该更换电器,并时常赠送一些礼品以吸引他们继续购买公司的产品。

客户过去的购买行为和习惯是未来购买模式的最好指示器。客户数据库可以帮助企业通过了解客户过去的消费习惯来推测其未来的消费行为,帮助企业预测客户有多大的可能来购买多大量的产品。通过客户数据库对客户过去的购买和习惯进行分析,企业还可以了解到客户是被产品所吸引还是被服务所吸引,或是被价格所吸引,从而有根据、有针对性地开发新产品,或者向客户推荐相应的服务,或者调整价格。因此,成功的企业大多拥有自己的客户信息管理系统或客户数据库。

例如,饭店通过数据库建立详细的客户档案,包括客户的消费时间、消费频率以及偏好等一系列特征,如客户喜欢什么样的房间和床铺、喜爱哪种品牌的香皂,是否吸烟,有什么特殊的服务要求等。通过这个客户数据库,饭店可使每一位客户都得到满意的服务,从而提高营销效率,并降低营销成本。

运用客户数据库,还可使企业之间的竞争变得更加隐秘。因为企业运用客户数据库可以直接针对目标客户进行一对一的营销,而无需借助大众宣传的方式,从而减少了竞争对手的注意度,有效地避免"促销战"、"价格战"等公开的对抗行为,也比较容易达到预期的促销效果。因此,运用数据库技术进行客户关系管理,已成为企业获取竞争优势的重要手段和有效工具。

12.2.3　运用客户数据库可以实现客户服务及管理的自动化

客户数据库还能强化企业跟踪服务和自动服务的能力,使客户得到更快捷和更周到的服务,从而有利于企业更好地保持客户。例如,通过对客户历史交易行为的监控、分析,当某一客户购买价值累计达到一定金额后,可以提示企业向该客户提供优惠或个性化服务。

同时,客户数据库还可与企业的其他资源进行整合,使各业务部门根据其职能、权限实施信息查询和更新功能。

连锁经营公司运用客户数据库营销更加有效,因为,如果客户在某一连锁分店购买商品或服务时表现出某些需求特点,其他连锁分店的店员也可以了解到并在客户光临时主动给予满足。

【分项任务小结】　完成本分项任务后,请进行自我测试:你是否对如何满足客户个性化生产和服务有了全面了解。

⮕【任务小结】

在这个任务中,我们分两步走。首先我们要求学生掌握客户资料对于客户关系管理的重要性,其次是学会如何运用数据库更好地管理客户信息资料。

本任务以任务先行开始,以分项任务小结结束,希望读者在完成分项任务之后,能够及时进行自我的过程性评价。

本任务能力目标:完成任务后,学生应该能够了解数据库营销的相关知识。

⮕【核心技能】

资料收集　资料分析

⮕【课堂讨论】

1. 企业需要客户资料的内容一般包括哪些?
2. 你认为不同的企业应该怎样实施各自与客户的协作战略?

⮕【案例分析】

建立常旅客信息是航空公司的营销武器

有些航空公司利用常旅客留下的信息建立了"常旅客数据库",为每位常旅客建立了一个档案。在此基础上,航空公司可统计和分析常旅客的构成、流向、流量,分析常旅客出行及消费的趋势,订票、购票的方式与习惯,以及对航空公司市场营销活动的反应等,从而采取相应的措施,如挑选适当的时机定期、主动对常旅客进行回访,变被动推销为主动促销。

例如,某航空公司内存 60 万人的资料,这些人平均每年搭乘航班达 12 次之多,占其总营业额的 63%。因此,公司每次举行的促销宣传活动都以他们为主要对象,极力改进服务,满足他们的需要。当然,该航空公司也获得了丰厚的利润。

(资料来源:苏朝晖.航空公司的市场营销策略.中国市场,2005(6))

⬦【实训操作】

实训一　扮演客户与企业对话

实训二　收集一个特定客户的信息，并运用适当数据库工具进行分析

第四部分 售后客户服务

客户售后服务

● 核心能力

● 任务解析

● 任务导入

【能力目标】

通过完成本任务,你应该能够:

1.办公能力:组织协调、内部沟通、文件管理、信息收集、数据分析;

2.业务能力:来访接待、售后服务、危机处理、岗位分工、任务分配、部门协调;

3.社会能力:职业意识、社交礼仪、责任义务、灵活应变、公共关系。

【核心能力】

1.开展售后服务;

2.处理客户投诉;

3.客户满意度调查;

4.改善客户关系;

5.客户关系的数据挖掘。

⤷【任务解析】▭⟹ 任务 *13*：客户售后服务

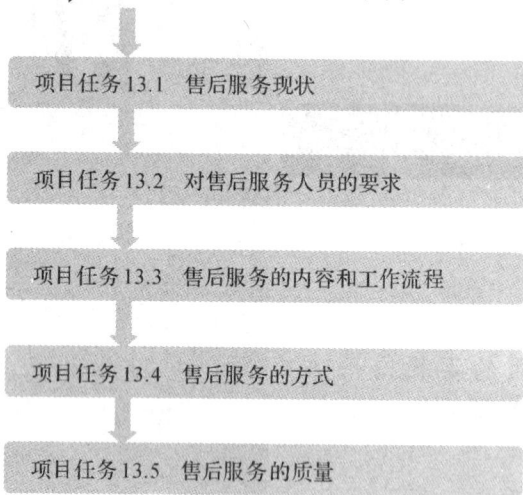

项目任务 13.1　售后服务现状

项目任务 13.2　对售后服务人员的要求

项目任务 13.3　售后服务的内容和工作流程

项目任务 13.4　售后服务的方式

项目任务 13.5　售后服务的质量

⤷【任务导入】

阿玛尼失误改短了一条 9300 元的裤子

2009 年 4 月 24 日，傅女士在西湖边 GIORGIO ARMANI（乔治·阿玛尼）专卖店买了一条裤子，标价 9300 元，还买了一件相同材质的短袖，外加一件夹克，共计花费 2.67 万元。由于裤子要修改，所以当天店员就给她量了身高，对裤子作了修改。

修改后的裤子见图 13-1，你觉得它像九分裤还是七分裤？其实它应该是一条长至鞋跟的裤子，店员修改裤子之前还专门量过尺寸，但改出来之后的样子却是如此。

2009 年 5 月 1 日，傅女士发现修改过的裤子有问题，赶紧和店家联系，店家称要先向公司汇报。直到五一节过后，傅女士才等到回音——让她去店里看一看，如果能改重新修改，不能改可以退货。傅女士要求同时购买的衣服也要退掉，理由是当时这些衣服都是搭配着买的，裤子退了，导致衣服无法匹配。

专卖店朱小姐说，因为五一公司放假，所以到了节后才给顾客回复。朱小姐承认，由于工作失误，裤子被改得太短，可以给顾客办理退货手续。至于衣服，并非是跟裤子成套的，属于单件随意组合销售，而且也没有质量问题，因此不能退货，但可以换货。

图 13-1

傅女士强调，如果店家在第一时间就能办理裤子的退货和换货手续，她也不会这么生气，她特别懊恼的是此前店家在几经交涉之下才同意退掉裤子。为此，傅女士拿出一条手机短信来证明专卖店此前的态度——"裤子给你降低两个折扣，给你重改一下，公司还是想你成为我们的 VIP，多下来的钱退到你卡里，衣服公司不退，没有质量问题，而且都是单买的，不是套装，不好意思。"短信的发信人是当时为她服务的员

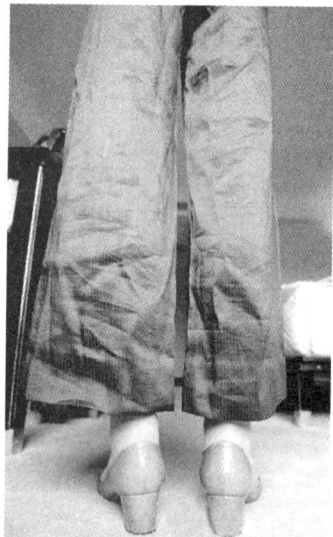

工彼特。

朱小姐对短信的内容没有疑义,她的解释是公司从一开始就同意换货,可能在沟通上跟顾客存在误会,才会有这样的不愉快。最后,朱小姐向领导请示后回复傅女士——裤子退货处理,钱直接打到顾客的卡上,衣服的退款则是制作成一张现金卡,顾客可在 ARMANI 旗下任何一家专卖店使用这张卡。

在维权过程中,傅女士提出了两个问题:一、裤子问题明显存在,为何不能马上解决;二、裤子退了,同买的衣服无法匹配,为何不能同时退?

尊敬的读者,你也有可能碰到与傅女士类似的售后服务低下、懊恼的场面。如果你碰到,你会如何处理?如果你是售后服务人员,是否要考虑避免此类不愉快的事情发生?这不仅关系到企业的成本、利润,还关系到顾客是否满意和企业形象。

通过"客户服务"的项目任务学习,你能够:

一、开展售后服务;

二、处理客户投诉;

三、客户满意度调查;

四、改善客户关系;

五、客户关系的数据挖掘。

13.1 售后服务现状

【任务提示】 本分项任务将引领你开展客户端售后服务。

【任务先行】 该任务从售后服务现状出发,提出对售后服务人员的要求,让读者熟悉售后服务的内容和工作流程,并能选择售后服务的方式,并对售后服务进行质量管理。

阅读与思考 13-1

针对《阿玛尼失误改短了一条 9300 元的裤子》案例,进行企业应如何进行售后服务的讨论。

尽管绝大多数企业认为自己已经能满足顾客的需要,奉行"以顾客为核心"的指导思想,但在实际中很多顾客对企业的售后服务并不满意,不管是什么行业,售后服务都存在这样那样的问题。例如一顾客于 2009 年 3 月在杭州安琪儿公司经营部买了一辆安琪儿自行车,在四个月时间内连去安琪儿公司经营部 8 趟,修了 7 次自行车,如此的质量和售后服务,让人不敢恭维。

据统计,2008 年浙江省消费投诉案件中,商品类消费投诉案件 64560 件,占投诉总量的 70.08%;服务类消费投诉案件 26553 件,占投诉总量的 29.92%。按性质分析,因质量问题引起的投诉案件为 46875 件,占投诉总量的 51.45%;因售后服务引起的投诉案件为 13167 件,占投诉总量的 14.45%;因价格引起的投诉案件为 2677 件,占投诉总量的 2.93%。统计显示,重点行业消费投诉中,服装、鞋帽类一直是投诉热点;食品投诉急剧上升,尤其是"问题奶粉"；手机等通信器材投诉仍然居高；汽车投诉高烧不退，质量仍是焦点。

来自浙江省消保委的统计数据显示，2003年到2008年这6年间，全省的汽车消费投诉分别为440件、485件、558件、622件、837件、1007件，增幅分别为10.2%、15.1%、11.5%、34.6%和20.3%，年平均增长率达到18.34%，居各主要消费品前列。其中2007年投诉数量更是激增，单年投诉增长34.6%，远远高于当年汽车销售量的增长幅度。

可见，企业如何进一步加强客户服务、特别是加强售后服务，已成为急需解决的一个问题。

企业在开展售后服务过程中，一般先建立售后服务系统，制定相应的制度，那么实施这些，制度的关键因素就是人，售后服务人员是服务行为的提供者，他们的素质、知识、性格等等都会影响到服务的质量，提供服务的过程是一个需要知识和技能的互动过程，对服务人员的综合素质要求非常高，尤其是那些在企业专职做售后服务的员工，对他们的高超服务技能要求很高，并非一般闲杂人等能做得了的，目前各行各业的不少企业都重视售后服务，也实施售后服务工作，但由于企业员工对这份工作认识不够，至使从事此工作的人员他们所具有的技能与正常人要求有较大的差距，目前售后服务人员常常表现为以下几类。

（1）单纯为技术人员，仅仅能做技术咨询、质量投诉处理等工作，纯粹为技术服务，不能达到全面的真正售后服务要求。

（2）由业务员兼职，企业内无专职人员，指定一两个工作出色的业务员兼职，他们产品知识贫乏，有些本身素养不足，没有整体工作观念，只考虑自己的事情，不是自己的客户就不积极服务，使服务工作不完善、不全面，有偏颇。

（3）由闲杂人员从事，在企业内总有一些"过剩"而难以淘汰的人员，如领导亲戚或其他企业的关系人物等，他们在企业中没有合适的位置便将之"赏"到服务位置。此类人员对企业产品知识不了解，没有销售能力，也没市场营销技巧，本身素养差，对问题用户甚至出现恐吓、打骂等不良现象，此类售后服务人员是最差人选。

（4）由其他部门人员兼职，如企业负责订货或调度人员，或企业内部文员等，他们的工作也仅限于听听电话，传递一下公司客户的问题信息，根本无法面对面地为客户进行服务。

非正规服务人员的不尽如人意服务表现，常常使企业无法从售后服务工作中收益，而且还会因其处理不当，伤害了客户，损害了公司的利益。那么，哪些人员才适合做售后服务呢？售后服务对员工的要求有多高呢？如果企业暂时找不到此类高手，又如何去培训内部较优秀的员工去从事售后服务呢？这都是许多企业需要迫切去思考与实现的。

13.2　对售后服务人员的要求

售后服务工作是一个综合技能要求相当高的工作，因此对售后服务人员的要求也相当高，从事或者能够胜任此工作的人员，必须具备以下条件：

（1）在相关行业中从事工作至少有五年以上经验，最好是从事技术工作或销售工作，知道市场现状，了解客户需求，而且了解一些企业运作和服务途径。

（2）个人修养较好，有较高的知识水平，如本科以上学历，对行业产品知识熟悉。

（3）个人交际能力好，口头表达能力好，对人有礼貌，知道何时何地面对何种情况适合用何种语言表达，懂得一定的关系处理，或处理经验丰富，具有一定的人格魅力，第一印象好能给客户信任。

（4）头脑灵活，现场应变能力好，能够到现场利用现场条件立时解决问题。

（5）外表整洁大方，言行举止得体，有企业形象大使和产品代言人的风度，不一定是要长得英俊、漂亮，但至少要对得起观众，别一出场就歪鼻扭嘴、吹胡子瞪眼睛的，有损企业的形象。

（6）工作态度良好，热情，积极主动，能及时为客户服务，不计较个人得失，有奉献精神。

也许有些人看了会摇头，这么完美的人，除了电脑合成之外，哪里有？即使有，也非常稀少，珍贵动物一般，这个企业几个、那个企业几个肯定供不应求，或者说很难求得。

在每一个行业中，各种各样的人才比比皆是，但如此全面的售后服务人员，却真的难求。比如说科班出身的技术人员，如某院校的教授、某某高院的专家，他们可能拿了专利、拿了国家奖项，他们的专业知识在国内是数一数二的，但他们做售后服务并不适应，他们不经历市场的浪打，不知道生意场上复杂的人际关系和客户心理，不了解企业运作途径，整个是"专才"，不够灵活，可以谈技术，却无法了解用户潜台词后面的含意，如何去应付客户？还有他们知识面过于专业，而仅熟悉产品知识，不了解产品相关知识。解释处理不了诸如使用故障之类的问题，还有就是优秀销售精英，他们在市场上滚打多年十分老练，但由于缺乏相关的专业知识，同样服务过程中对客户难以有说服力，既然全才的人很少，也难找，那么这么多企业售后服务又如何去开展工作呢？目前不少企业采用有机结合的方法，如企业售后服务可以由产品专家、营销大师或企业管理家组成。

如果企业内部缺乏售后服务工作人选，或者他们的能力并不全面，这没关系，还可以通过培训去加强他们的工作能力，提高他们的工作素质，培训可以请人到企业进行，也可以将员工输送到企业外培训，必须培训的项目有技术培训、交际能力培训、了解顾客方面的培训，给员工充了电，工作起来当然更理想啦。

既然售后服务工作对服务人员要求甚高，那反过来企业对从事此项工作的人员的待遇，自然不能三五百元就打发掉，国外大品牌之所以在中国市场纵横驰骋，场无敌手，是因为他们的售后服务人员是行业精英，企业给他们的待遇是行业内其他职位最高的，良好的薪酬和良好的激励机制，又有谁能抵挡利益的诱惑而不去做好此项工作呢？

13.3 售后服务的内容和工作流程

售后服务，是现代企业服务的重要组成部分。做好售后服务，不仅关系到本公司产品的质量、完整性，更关系到客户能否得到真正的、完全的满意。

在确定企业的售后服务流程时，最简洁明了的办法就是设计出本公司的售后服务流程图，以便售后服务人员更好地开展售后服务工作。典型的售后服务流程图见图13-1。

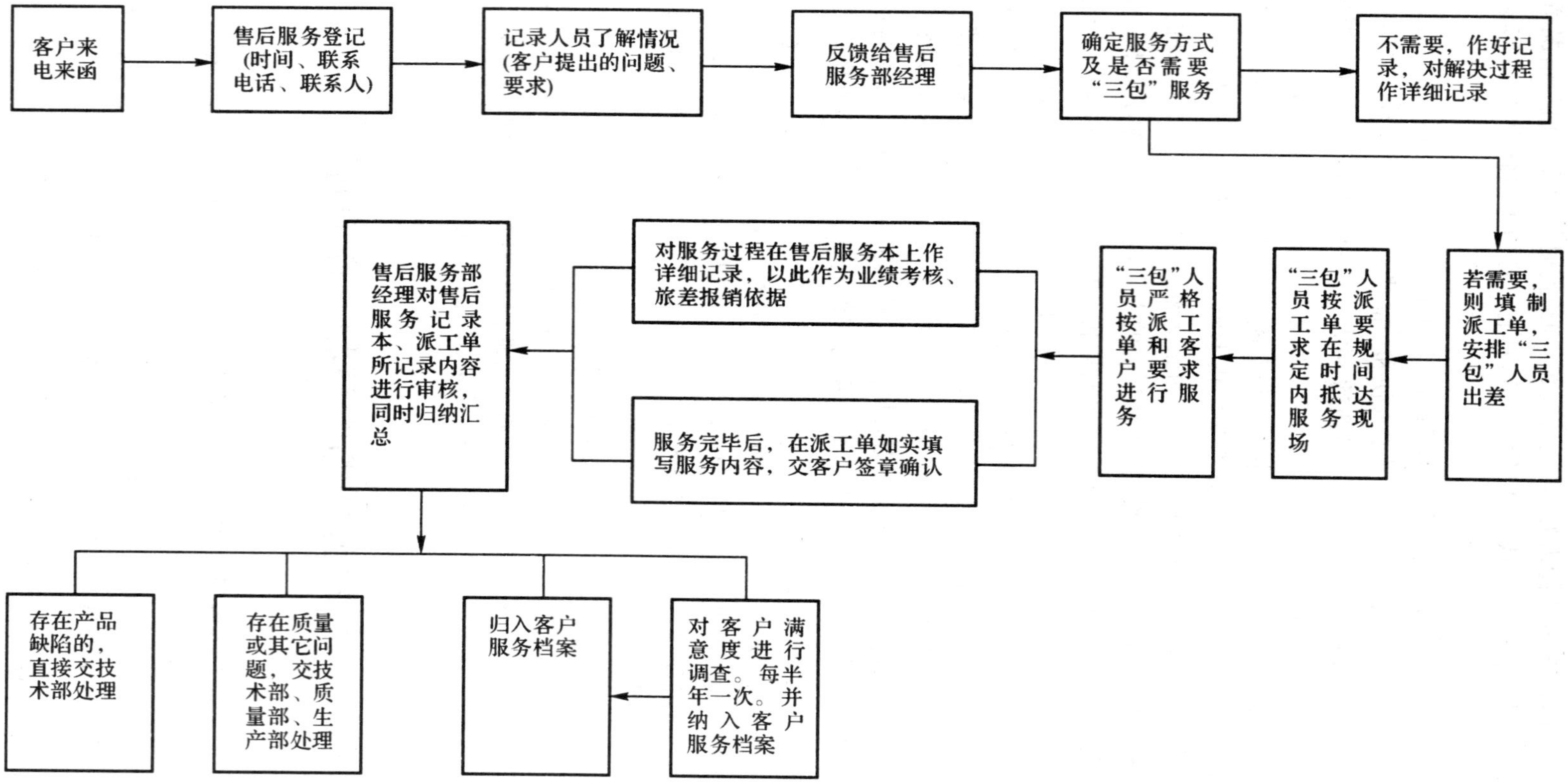

客户来电来函 → 售后服务登记（时间、联系人、电话、联系人、要求） → 记录人员了解情况（客户提出的问题、要求） → 反馈给售后服务部经理 → 确定服务方式及是否需要"三包"服务 → 不需要，作好记录，对解决过程作详细记录

确定服务方式及是否需要"三包"服务 → 若需要，则派工单，安排"三包"人员出差

若需要，则派工单，安排"三包"人员出差 → "三包"人员按派工单要求在规定时间内抵达现场服务 → "三包"人员按派工单要求严格利客户进行服务

对服务过程在售后服务本上作详细记录，以此作为业绩考核、旅差报销依据

服务完毕后，在派工单如实填写服务内容，交客户签章确认

售后服务部经理对售后服务记录本、派工单所记录内容进行审核，同时归纳汇总

存在产品缺陷的，直接交技术部、生产部处理

存在质量或其它问题，交技术部、质量部、生产部处理

归入客户服务档案

对客户满意度进行调查。每半年一次，并纳入客户服务档案

图 13-1　售后服务流程图

注：售后服务所需的资料有：1. 来电来函记录；2. 出差派遣单；3. 售后服务卡；4. 客户满意度调查表；5. 客户服务档案。

企业开展售后服务工作的内容包括：

（1）整理客户资料、建立客户档案

客户送产品进客户服务部维修养护或来公司咨询、商洽有关产品服务项目，在办完有关手续或商谈完后，客户服务部应在规定时间内将客户有关情况整理制表并建立档案，装入档案袋。客户有关情况包括：客户名称、地址、电话、送修或来访日期，送修产品的型号、规格、维修养护项目，保养周期、下一次保养期，客户希望得到的服务，在本公司维修、保养记录。

产品售后服务登记表可以参照表 13-1。

表 13-1 服装类产品售后服务登记表

_____年_____月_____日

客户地址：_____   姓　名：_____

电　话：_____   展厅签名：_____

您对服装的评价	款式：非常时尚□　　时尚□　　普通□　　很普通□ 做工：非　常　好□　　好　□　　普通□　　很普通□ 面料：很　　好□　　好　□　　普通□　　很普通□ 颜色：非常亮丽丰富□　亮丽丰富□　普通□　　很普通□
对我们服务的满意程度	1.前台服务：很热情□　　热情□　　不热情□　　很冷淡□ 2.招商部服务：很满意□　　满意□　　不满意□　　很不满□ 3.展厅服务：很热情□　　热情□　　不热情□　　很冷淡□
您的意见与建议： 客户签名：	
部门经理对问题的回执： 	
总经理阅后意见： 	

请您将反馈信息电邮至：jabgtr@yahoo.com.cn 或者发传真给我们。

（2）根据客户档案资料，研究客户的需求

客户服务人员根据客户档案资料，研究客户对产品维修保养及其相关方面的服务需求，找出"下一次"服务的内容，如通知客户按期保养、通知客户参与本公司联谊活动、告知本公司优惠活动、通知客户按时进公司维修部门进行维修或免费检测，等等。

（3）与客户进行电话、信函联系，开展跟踪服务

客户服务人员通过电话联系，让客户得到以下服务：

①询问客户产品的使用情况和对本公司服务有何意见；

②询问客户近期有无新的服务需求需本公司效劳；

③告知相关的产品使用知识和注意事项；

④介绍本公司近期为客户提供的各种服务、特别是新的服务内容；

⑤介绍本公司近期为客户安排的各类优惠联谊活动，如免费检测周，优惠服务月，产品新技术介绍晚会等，内容、日期、地址要告知清楚；

⑥咨询服务；

⑦走访客户。

13.4　售后服务的方式

售后服务工作有这些特点，有这么多不确定性和难以捉摸性，那么如何去开展才能做好，才能让顾客满意呢？让顾客满意的服务方式有哪些呢？

1. 上门服务

对于机电产品生产企业或代理商采用此方式较好，上门为客户提供培训，现场使用指导或处理使用故障，或处理客户投诉等，如果在家守株待兔，肯定没有回头客，送上门同样也为上门服务的一种。

2. 定点服务

机电产品制造企业、分销商或专卖店等采取此方式较多，在某处设立售后服务中心，专门为顾客提供全方位的服务内容。

3. 委托服务

中小型企业常常这样做服务，委托代理商为客户服务，或委托某运输公司为客户送货等，一般委托服务都要付费的。

4. 咨询服务

现代不少产品是高新科技产品，人们对之了解不多或根本不了解，如何去营销，如何去使用，如何去保管，许多用户都不知道，一般企业都开通服务热线，免费为用户提供技术咨询服务或业务咨询服务。

5. 促销服务

不少制造型企业常常会协助经销商、代理商搞好市场促销，此时有必要促使相关的服务，如帮助代理商进行市场调研，策划促销活动，布置促销活动场所，派员参与促销活动等，而且还辅助硬件配套设施：如海报、企业画册、宣传画、证明书、产品小册子，礼品：如钥匙扣、

毛巾、纸巾、太阳伞、T 恤衫、工作服等等。

6.市场调研服务

这是一般企业与经销商、代理商有合作合同后进行的,由于经销商、代理商对该企业产品特性及市场不了解,需企业提供此服务,派员协助经销商、代理商进行市场调研,从而开展以后的销售工作。

7.技术指导服务

指导客户随不同的季节、不同的细分市场进行配货,指导用户使用等等,这包括推出一些技术性小册子。这方面壳牌公司做得比较好,该公司经常推出一些《卡车司机手册》《爱车手册》等等,为客户提供技术指导服务。

8.货运服务

有条件的企业自己配备送货车辆,客户随时要货随时送货上门,或者帮助客户进行产品托运等等。

9.货款服务

企业提供合理的货款结算服务,目前不少企业都是现金现货或定期结算或滚动结算,客户出示订单后,必须在财务上尽快落实货款问题,尽快给客户发货,如企业开户行一定要服务快捷,收款财务一定要时刻熟知公司货款流向等。

10.订货服务

有了现代高科技的协助,订货方式越来越简便,由原来的写信到电话、传真再发展到互联网的电子商务,都方便了客户与企业沟通。这方面的服务必须设施齐备。现在不少企业开始大量采用网络订单。

11.沟通服务

企业内部部门变更、人员变更、产品价格变更、联系方式变更等等,这些信息要及时流通到客户处,而且客户的订货、意见反馈、投诉等,须有专人负责登记并处理,这些沟通服务需要企业以文字传真、电子邮件、电话、面对面等方式进行。

12.接待服务

客户来企业考察拜访,要热情接待,车接车送,并有专门的会议室供洽谈业务,有专门的休息室供客户休息,客户过夜的要为其安排妥善的住宿,使客户有宾至如归的感受,促进彼此之间感情联系,这些接待服务必不可少。

13.检测服务

免费为客户提供产品检测服务,如产品什么时候更换、保养,产品在使用过程中出现使用问题时帮助客户通过分析产品的运行状态来寻找原因,或对客户产品实行跟踪检测,定期抽检服务。

14.访谈服务

企业高层领导定期到客户那里进行面对面访谈、电话访谈、信件沟通等等,以此收集信息了解顾客的需求,对症下药向顾客提供合适的服务。

13.5　售后服务的质量

服务工作开展了,也着实去做了,你如果服务的质量不好,同样难以使顾客满意,比如某企业可以送货上门服务,但因车况不好,运货车开开停停,停停修修,难以及时将货送到客户那里,客户同样不满意,这样的售后服务属质量不过关,那么如何使售后服务保证质量,并提高服务质量呢?

不少产品是有形的,它的质量是可通过具体的标准来判断的,如产品标准,一般以国家标准、行业标准等来判断是否达标,而售后服务则不同,它是无形的,它的质量只有通过客户感知之后才反映出来,体现在客户是否感到满意的程度上,有形产品质量强调其技术质量及实际使用质量,而售后服务却强调其过程质量,也就是说售后服务人员如何去提供服务的整个过程,会影响到客户对服务质量的评估以及对服务的满意程度。

一般而言,服务方法有很大的相关性,售后服务过程是服务人员与客户之间的互动过程,因此,不但服务人员本身的修养、性情知识、行为、表达能力、交际能力等等影响服务质量,而且客户的性情、知识、行为背景也会影响服务的质量。

售后服务的质量不似产品的质量那么好把握,产品质量都有具体的指标、数值去衡量,售后服务的质量则不能,它那么不好捉摸,是否很难保证售后服务质量呢?其实不然,售后服务虽然很难捉摸,但它同样可以与产品一样,制定相关的指标去衡量。也就是售后服务要保证质量,前提是必须得制定服务质量标准,那么这些标准又是什么呢?售后服务的基础标准是什么呢?以下标准可作参考。

售后服务质量的基础标准

(1)企业领导重视售后服务,制定相关的服务制度及激励机制,一旦售后服务人员达到标准要求或偏高标准,要体现在对员工的奖罚上,这是所有售后服务工作的最基本的前提条件。

(2)售后服务人员的标准:在本行业内从事销售、管理或技术生产工作五年以上,知识水平高,有大专以上学历,本身修养好,有较强的自学能力和自我提升要求。

(3)售后服务工作的评估原则:服务人员每一次为顾客服务完之后,都要做工作记录,并一个月一次向领导汇报,对未能按要求完成服务工作而受到客户投诉的,要进行处罚。

(4)设立服务热线,最好是800、400的免费电话(因为没有客户愿意掏腰包打长途的),24小时服务,对顾客的问题,要求在4小时给予答复。

(5)对产品送货上门的,根据路途远近与顾客约定货到时间,不得超过顾客要求的时间到达,如非客观原因耽误送货的,耽误一天即给予金钱补偿。

(6)客户款到就发货,一般情况下不超过两天发货,如因特殊原因耽误的,要当即与客户沟通。

(7)客户来访专人接待,整个过程服务于客户直至客户离开中途不得冷落、怠慢客户,服务工作包括安排客户住宿、协助客户办事、帮客户联络约定工作人员、帮客户订购回程票等,因接待不周受到客户投诉的,要体现金钱惩罚。

（8）服务人员要有计划拜访客户，一般高层服务人员半年拜访一次，普通服务人员或业务员一个月一次。

（9）免费为客户提供各种技巧培训，如技术培训、销售技巧培训等，在客户提出此要求后一个月内落实。

（10）免费为客户检测产品，收到产品后立即进行检测，在规定时间内将检测结果告知客户。

（11）协助客户处理市场上的质量投诉及其他问题，保证接投诉后24小时内答复，一个月内处理完。

（12）与客户确立代理关系后，按预定时间依合同为客户发货并提供诸如门面装修、市场促销等服务产品说明书、画册、海报等物品。

（13）协助客户策划市场推广、促销活动等，要求在客户提出要求后在规定时间内完成。

（14）如果客户本身直接为产品的使用者，可与客户确立直销关系后，要求在规定时间内为客户提供使用指导服务，并在客户使用过程中进行使用跟踪，每一季度向领导汇报一次情况。

（15）如果服务人员因言语、行为、服务态度、服务方式不当受到客户投诉，损害公司利益并查实如此的，第一次发出警告，第二次进行处罚，第三次进行解雇。

☞【实战模拟】

以笔记本电脑为例，进行售后服务的实战模拟。

☞【重要知识 13-1】

售后服务工作细则

1. 目的

为迅速处理客户投诉，维护公司信誉，促进质量改善与售后服务水平，制定本细则。

2. 范围

包括公司产品、备件及服务等客户投诉的受理，原因调查，质量问题的处理，产品、备件的修复、退还，追踪改善和信息反馈的项目。

3. 责任

销售分公司经理负责售后服务工作，综合管理部售后服务管理人员负责流程和信息传递，售后服务人员、各驻外机构、业务部和制造部负责协调、处理售后服务具体工作。

4. 处理程序

本公司售后服务流程按本公司售后服务流程图所示执行。

5. 售后服务工作分类及处理办法

5.1　由于公司产品质量问题导致的客户投诉，由售后服务管理人员填写"客户意见处理表"后，按照公司制定的售后服务执行程序进行。售后服务管理人员应编写客户投诉编号并登记于"客户投诉登记追踪表"，并负责将最终处理结果落实、反馈到有关领导、部门。

5.2　非质量原因导致的客户投诉，由客户产品所属业务部门配合售后服务人员对人为因素造成的损坏进行问题分析、解释，弥补、修复损坏部位，对客户操作人员进行操作指导和培训,其他配合部门要按照流程,按产品质量问题同等对待、处理。其间发生费用由业务部门与客户商谈、追讨。

6. 售后服务工作的相关工作部门

在处理售后服务工作过程中,制造部生产科和技术科负责分析问题原因并拟定处理对策,然后与销售分公司业务部门协商处理办法,特别异常问题要会同技术开发科进行分析,最终确定处理方案。制造部质检科负责追查问题产生原因并判定责任归属部门和个人,做出处理决定。公司财务部负责审核售后服务工作发生费用及落实摊销部门。

7. 售后服务工作一般原则

7.1 销售分公司每名员工对客户投诉均应积极应对,礼貌接待。销售分公司经理具有最终决定是否受理、如何处理的权力。

7.2 接到客户投诉,在公司内严格执行流程,迅速处理,尽快解决,在第一时间答复客户。

7.3 遇有争议,按合同有关条款由专人负责协调。

8. 售后服务人员的管理

8.1 销售分公司的售后服务工作,由分公司经理统筹安排,需要由公司相关部门配合的,按规定程序执行。驻外办事处的售后服务工作,由驻外办事处经理负责。

8.2 公司其他售后服务工作,由销售分公司经理负责组织协调,售后服务人员由制造部负责安排。

9. 售后服务费用

9.1 销售分公司所属售后服务人员的差旅费、宿费、补助费等费用,由销售分公司负责;非销售分公司所属售后服务人员的费用由沈重华扬机械公司负责;

9.2 属于产品维修、换件、运输、包装等发生的费用,计入制造成本。

处理客户投诉

⇨ **项目任务**
   14.1 客户投诉

● 核心能力

● 任务解析

● 任务导入

【能力目标】

通过完成本任务,你应该能够:

　　1. 理解客户投诉产生原因和处理原则;

　　2. 熟悉客户投诉处理程序;

　　3. 灵活运用客户投诉处理技巧和方法;

　　4. 能应对媒体的质疑危机、曝光危机。

【核心能力】

　　1. 熟悉客户投诉处理程序;

　　2. 灵活运用客户投诉处理技巧和方法。

⮕【任务解析】▥◻⟹ 任务 **14**：处理客户投诉

> 项目任务14.1　客户投诉

⮕【任务导入】

冷柜修了两次没修好　维修公司玩起"躲猫猫"?

"收据上写着保修三个月，没两天又坏了。现在打电话过去都不接了。"马先生的冷柜坏了之后，让杭州旺旺家政综合服务公司连修了两次都没修好，现在连"保修三个月"的承诺也不兑现了。

2009年2月份，杭州马先生家的"爱雪"牌双层冷柜不制冷了，但冷柜买来已经三年多了，厂家已经不保修了。3月23日，马先生从邮箱里发现了一张杭州旺旺家政综合服务公司的传单，上面印着上门维修空调等服务。

3月24日上午旺旺家政工作人员徐峰检查了说冷柜不制冷是因为压缩机坏了，并为马先生修好了压缩机，为冷柜加了氟利昂，共收费330元。

"当时，我问他300元能不能修好，如果修不好就不要修了，我宁可换台新的。他答应了，并在收据上签了'保修三个月'的字。"马先生说。

没想到，马先生的冷柜到了晚上又坏了，不再制冷。3月26日，马先生再次电话呼叫旺旺家政上门维修。

"这次坏得更快了，他们修好后走掉不到半个小时，冷柜又不制冷了。"马先生感到纳闷。维修公司玩起"躲猫猫"?

随后，马先生多次拨打杭州旺旺家政综合服务公司电话，始终没人来解决。

马先生说："他们收了我300元，明确承诺保修三个月的，现在才修了两次就不来了。打电话过去要么没人接，要么无法接通。"

"有一次打过去接通了，他们说会过来维修，但将近一个月过去了还是没人来。"马先生说。杭州市旺旺家政综合服务公司玩起了躲猫猫策略。

杭州市旺旺家政综合服务公司工作人员朱先生说，收据上面写着的"保修三个月"是针对氟利昂的，他们加的氟利昂能至少使用三个月。至于压缩机，马先生当时没肯换，只用了马先生自己另外一台冷柜上的压缩机。

"压缩机不是我们的，不可能给他保修的。如果是我们给他换上新的压缩机，至少可以保修一年。"朱先生推翻了收据上的"保修三个月"的承诺。

马先生没有放弃。2009年4月中旬，马先生按照杭州旺旺家政综合服务公司工作人员徐峰给他的名片，找到了上面的地址：拱墅区大关建华新村3号。

"这地址是有的，就在钱江小商品市场后面，但是是居民房。我到那边的时候，关着铁门。"马先生觉得这家旺旺维修公司存在问题。

另外，马先生发现这家公司使用的名称有三个。"收据上的公章是'杭州市旺旺家政综合服务公司'，名片的正反面却分别印着'杭州市旺旺家政综合服务有限公司'和'杭州旺旺家电维修部'。"究竟哪个是真的，马先生一头雾水。

据杭州市工商局拱墅分局有关负责人介绍,工商注册登记系统中并没有"杭州市旺旺家政综合服务公司"、"杭州旺旺家电维修部"、"杭州市旺旺家政综合服务有限公司"等名称。

【案例讨论】

企业应如何应对客户投诉?

14.1　客户投诉

【任务提示】　本分项任务引领你如何应对客户投诉。

【任务先行】　理解客户投诉产生的原因和处理原则,熟悉客户投诉处理程序以及学习处理客户投诉的技巧。

14.1.1　客户投诉产生原因和处理原则

顾客投诉是企业面临的挑战,同时也是机遇。客户对企业提出抱怨或投诉,表示客户对企业的工作不满意,售后服务工作中最棘手的就是处理此类事情,但最有效的就是处理好此类事情,因为客户投诉与抱怨表明他们对企业仍有期待,希望企业能改进服务水平,他们的投诉与抱怨实际上是企业改进工作、提高客户满意度的机会,如果提出投诉与抱怨的顾客,他们的问题获得圆满的解决,其忠诚度会比从来没有遇到问题的客户来得高,客户的投诉与抱怨并不可怕,可怕的是不能有效地化解抱怨,最终导致客户的失去。

研究表明,遇到问题不投诉的客户再次交易的意向很低,只有9%;而投诉了,即便问题没有得到解决,客户再次交易的意向也会提高到19%;那些投诉后主要问题获得解决的客户再次交易的概率是54%,那些投诉后而且主要问题马上得到解决的客户再次购买的概率提高到了82%。

1.客户投诉产生的原因

客户投诉的原因会有很多,虽然理由千千万,但大致可以分为三个类型:

(1)产品问题

因产品在生产、流通及销售等环节中产生的质量问题或破损是客户投诉最为集中的热点,也是产品最主要的客户投诉类型。

(2)服务问题

因产品在经营或人员在与客户进行沟通之时而产生的对话及行为差异,以及在服务过程中所导致的客户不满而形成的投诉类型。

(3)顾客自身原因

由于顾客自身对产品性质(如汽车外观有划痕等)或服务内容(如促销活动的方法、方式等)产生的误解而导致的客户投诉类型。

以上三种客户投诉原因是我们经常见到的客户投诉种类,有的服务人员会因为客户的怒气而惧怕。客户投诉不仅仅是一个企业和服务人员危机公关处理能力的表现,同时也是提高服务严谨度、对企业及员工教育的一次机会。

2.处理顾客投诉的原则

问题的产生并不可怕,可怕的是因不会解决问题而带来的更大损失。顾客产生投诉之后,往往会有很大的情绪波动,在顾客对产品(或服务)进行投诉之时,服务人员掌握处理顾客投诉的原则进行事情的解决。因为做生意不仅要创造顾客,更要留住顾客。无论处理什么样的抱怨,都必须要以顾客的思维模式寻求解决问题的方法。诉怨处理原则包括:

原则一　正确的服务理念

需要经常不断地提高全体员工的素质和业务能力,树立全心全意为顾客服务的思想、"顾客永远是正确的"的观念。诉怨处理人员面对愤怒的顾客一定要注意克制自己,避免感情用事,始终牢记自己代表的是公司或商场的整体形象。

很多企业客户服务奉行下述经典的客户投诉处理原则:(1)顾客满意第一;(2)顾客永远是对的;(3)如果顾客错了,请思考第一项原则。这完全体现了"顾客永远是正确的"的观念,在实际中要始终坚持这一观念是相当不容易的。

原则二　有章可循

要有专门的制度和人员来管理顾客投诉问题,使各种情况的处理有章可循,保持服务的统一、规范。另外要做好各种预防工作,使顾客投诉防患于未然。

原则三　及时处理

处理抱怨时切记不要拖延时间,推卸责任,各部门应通力合作,迅速做出反应,向顾客"稳重＋清楚"地说明事件的原由,并力争在最短时间里全面解决问题,给顾客一个圆满的结果。否则,拖延或推卸责任,会进一步激怒投诉者,使事情复杂化。

在处理时,要耐心倾听顾客的抱怨,坚决避免与其争辩。只有认真听取顾客抱怨,才能发现其实质原因。一般的投诉客户多数是发泄性的,情绪都不稳定,一旦发生争论,只会火上浇油,适得其反。真正处理客户投诉的原则是,开始时必须耐心倾听客户的抱怨,避免与其发生争辩,先听客户讲。

原则四　分清责任

不仅要分清造成顾客投诉的责任部门和责任人,而且需要明确处理投诉的各部门、各类人员的具体责任与权限以及顾客投诉得不到及时圆满解决的责任。

漠视客户的痛苦是处理客户投诉的大忌。非常忌讳客户服务人员不能站在客户的立场上去思考问题,而需要能站在顾客立场上将心比心,诚心诚意地去表示理解和同情,承认过失。因此,要求所有客户投诉的处理,无论已经被证实还是没有被证实,都不是先分清责任,而是先表示道歉,这才是最重要的。

原则五　留档分析

对每一起顾客投诉及其处理要做详细的记录,包括投诉内容、处理过程、处理结果、顾客满意程度等。通过记录,吸取教训,总结经验,为以后更好地处理顾客投诉提供参考。

14.1.2　客户投诉处理程序

一般企业的客户投诉处理的程序见下:

(1)建立客户意见表(或投诉登记表)之类表格。

接到客户投诉或抱怨的信息,在表格上记录下来并及时将表格传递到售后服务人员手中,负责记录的人要签名确认,如办公室文员、接待员或业务员等。

(2)售后服务人员接到信息后即通过电话、传真或到客户所在地进行面对面的交流沟通,详细了解投诉或抱怨的内容,如问题产品名称规格、生产日期、生产批号、使用情况、问题表现状况,在使用此品牌产品前曾使用何种品牌产品,产品情况如何,等等。

(3)分析这些问题信息,并向客户说明及解释,与客户沟通协商。

(4)将处理情况向领导汇报,服务人员提出自己的处理意见,申请领导批准后,要及时答复客户。

(5)客户确认处理方案后,签下处理协议。

(6)将协议反馈回企业有关部门实施,如需补偿产品的,通知仓管出货,如需送小礼物的,通知市场管理人员发出等。

(7)跟踪处理结果的落实,直到客户答复满意为止。

具体的客户投诉处理可编写成程序文件或作业指导书,便于企业进行客户投诉管理。

⤷【重要知识 14-1】

顾客投诉处理程序

1　目的

规范顾客投诉的处理流程,增强顾客满意。

2　适用范围

适用于本公司顾客投诉的处理。

3　处理过程

3.1　售后服务部人员对顾客投诉的接待做到热情、礼貌周到。对顾客提出的问题,接待人员在"顾客投诉及处理记录表"上做好记录,尽量解决好顾客提出的问题使顾客满意。

——顾客的投诉属非质量问题时,接待人员与顾客协商解决,并得到顾客满意为止。

——顾客投诉属质量问题时,接待人员将顾客反映的情况,填写在"顾客投诉及处理记录表"(见表 14-1)上。对来函、传真、来电的质量投诉也由专人负责将顾客反映情况填写在"顾客投诉及处理记录表"上,并制定出解决投诉的方案。

——凡属产品质量问题,接待人员应在当天将"顾客投诉及处理记录表"和顾客投诉函件等交到质管部。质管部根据投诉内容,会同有关部门对其分析,提出采取措施意见,然后在"顾客投诉及处理记录表"上的"处理意见"栏目中填写处理意见,并将此记录交给被委派的技术人员。

3.2　被委派的技术人员根据此"记录表"上的处理意见,如省内发生的,则于三天内到达现场,进行处理;省外发生的,于一周内到达现场处理;边远地区发生的于十天内到达现场,进行处理。

3.3　被委派的技术人员或检验员应由具备相应专业技术的人担任,以保证服务质量。

3.4　被委派的技术人员和检验员赴现场服务时,要根据"顾客投诉及处理记录表"上的信息进行调查,调查时,必须仔细了解产品质量问题的产生原因。属本公司产品质量问题的给予退换;属顾客使用不当造成质量问题的,要求顾客给予有偿服务。

3.5　服务完毕后,被委派的技术人员和检验员,要在"顾客投诉及处理记录表"上的"处理实施情况"栏目中认真做好记录,并由顾客确认、签名。

3.6　被委派的技术人员和检验员回公司后,及时将"顾客投诉及处理记录表"交到质管部。若属本公司产品质量问题,质管部填写"纠正措施通知单"交给责任部门。责任部门按

《改进控制》采取纠正措施。

3.7　每周周末或每月月底,售后服务部要对本周或本月所发生的顾客投诉进行统计,并记录在"顾客投诉统计记录表"(见表 14-2)上,便于有关部门分析决策,以提高本公司的顾客满意度。

4　公司投诉电话:0000-12345678

5　记录表格

《顾客投诉及处理记录表》

《顾客投诉统计记录表》

6　参考文件

公司《质量管理手册》第 7 章《与顾客有关的过程控制》

表 14-1　顾客投诉及处理记录表

No.＿＿＿＿＿＿＿

日期:＿＿＿＿＿＿＿

顾客姓名			性别	□男 □女	地址			联络电话		
投诉内容					记录＿＿＿＿＿			投诉方法		□电话 □信件 □传真 □面访
投诉资料		□附信件　□附不良样品								
调查	服务部					责任者＿＿＿＿＿＿ 日　期＿＿＿＿＿＿				
	质管部					责任者＿＿＿＿＿＿ 日　期＿＿＿＿＿＿				
处理	服务部					责任者＿＿＿＿＿＿ 日　期＿＿＿＿＿＿				
	质管部					责任者＿＿＿＿＿＿ 日　期＿＿＿＿＿＿				
	顾客意见					责任者＿＿＿＿＿＿ 日　期＿＿＿＿＿＿				
损失估计										

售后服务部:　　　主管:　　　品管:　　　主管:

表 14-2 顾客投诉统计记录表

编号:TS—12—03 A版　　　　　　　　　　　　No:

序号	投诉内容	顾客名称	投诉时间	记录人	回复日期

填表:　　　　　　　　　　审核:

14.1.3 客户投诉处理技巧和方法

处理问题的过程最关键,处理客户投诉与抱怨是一项复杂的系统工程,尤其是需要经验和技巧的支持,妥善处理好此类事情,绝不是一件易事,如何才能处理好客户的投诉与抱怨呢? 它有什么技巧呢?

1.处理顾客投诉与抱怨的技巧

(1)耐心多一点

在实际处理中,要耐心地倾听客户的抱怨,不要轻易打断客户的叙述,不要批评客户的不足,而是鼓励客户倾诉下去,让他们尽情宣泄心中的不满,当耐心地听完了客户的倾诉与抱怨后,当他们得到了发泄的满足之后,就能够比较自然地听得进服务人员解释和道歉了。

(2)态度好一点

客户有抱怨或投诉就是客户对企业的产品及服务不满意。从心理上来说,他们会觉得企业亏待了他,因此,如果在处理过程中态度不友好,会让他们心理感受及情绪很差,会恶化与客户之间关系;反之若服务人员态度诚恳,礼貌热情,会降低客户的抵触情绪。俗话说"怒者不打笑脸人",态度谦和友好,会促使客户平解心绪,理智地与服务人员协商解决问题。

（3）动作快一点

处理投诉和抱怨的动作快,一来可让客户感觉到尊重,二来表示企业解决问题的诚意,三来可以及时防止客户的负面情绪对企业造成更大的伤害,四来可以将损失减至最少。一般接到客户投诉或抱怨的信息,即向客户电话或传真等方式了解具体内容,然后在企业内部协商好处理方案,最好当天给客户答复。

（4）语言得体一点

客户对企业不满,在发泄不满的言语陈述中有可能会言语过激,如果服务人员与之针锋相对,势必恶化彼此关系。在解释问题过程中,措辞要合情合理,得体大方,不要一开口就说"你怎么用油也不会""你懂不懂最基本的技巧"等等伤人自尊的语言,尽量用婉转的语言与客户沟通,即使是客户存在不合理的地方,也不要过于冲动,否则,只会使客户失望并很快离去。

（5）补偿多一点

客户抱怨或投诉,很大程度是因为他们使用该企业的产品后,利益受损。因此,客户抱怨或投诉之后,往往希望得到补偿,这种补偿有可能是物质上的,如更换产品、退货,或赠送礼品等,也可能是精神上的,如道歉等。在补偿时,企业认为有发票进行补偿才能定位客户的,应该尽量补偿多一点,有时是物质及精神补偿同时进行,多一点的补偿金,客户得到额外的收获,他们会理解企业的诚意而对企业再建信心的。

（6）层次高一点

客户提出投诉和抱怨之后都希望自己和问题受到重视,处理这些问题的人员的层次会影响客户期待解决问题的情绪。如果高层次的领导能够亲自到客户处理或亲自打电话慰问,会化解许多客户的怨气和不满,客户比较容易配合服务人员进行问题处理。因此,处理投诉和抱怨时,如果条件许可,应尽可能提高处理问题的服务人员的级别,如本企业领导出面（或服务人员任职为某部门领导）或聘请知名人士协助等。

（7）办法多一点

很多企业处理客户投诉和抱怨的结果,就是给他们慰问、道歉或补偿产品、赠小礼品等,其实解决问题的办法有许多种,除上述手段外,可邀请客户参观成功经营或无此问题出现的客户,或邀请他们参加企业内部讨论会,或者给他们奖励,等等。

2. 处理客户抱怨与投诉的方法

（1）确认问题

认真仔细,耐心地听申诉者说话,并边听边记录,在对方陈述过程中判断问题的起因,抓住关键因素。

尽量了解投诉或抱怨问题发生的全过程,听不清楚的,要用委婉的语气进行详细询问,注意不要用攻击性言辞,如"请你再详细讲一次"或者"请等一下,我有些不清楚……"

把你所了解的问题向客户复述一次,让客户予以确认。

了解完问题之后征求客户的意见,如他们认为如何处理才合适,他们有什么要求等。

（2）分析问题

在自己没有把握的情况下,现场不要下结论,要下判断,也不要轻许承诺。

最好将问题与同行服务人员协商一下,或者向企业领导汇报一下,共同分析问题。

问题的严重性到何种程度?

你掌握的问题达到何种程度？是否有必要再到其他地方作进一步了解？如听了代理商陈述后，是否应到具体用户，如修车店那儿了解一下。

如果客户所提问题不合理，或无事实依据，如何让客户认识到此点？

解决问题时，抱怨者除求得经济补偿外，还有什么要求？如有些代理商会提出促销、开分店帮助等要求。

(3)互相协商

在与同行服务人员或者与公司领导协商之后，得到明确意见之后，由在现场的服务人员负责与客户交涉协商，进行协商之前，要考虑以下问题。

公司与抱怨者之间，是否有长期的交易关系？

当你努力把问题解决之后，客户有无今后再度购买的希望？

争执的结果，可能会造成怎样的善意与非善意口传的影响（即口碑）？

客户的要求是什么？是不是无理要求或过分要求？

公司方面有无过失？过失程度多大？

作为公司意见的代理人，要决定给投诉或抱怨者提供某种补偿时，一定要考虑以上条件，如果属公司过失造成的，对受害者的补偿应更丰厚一些；如果是客户方面要求不合理，且日后不可能有业务来往，你可以大方明确地向对方说："NO。"

与客户协商时同样要注意言词，要表达清楚明确，尽可能听取客户的意见和观察反应，抓住要点，妥善解决。

(4)处理及落实处理方案

协助有了结论后，接下来就要作适当的处置，将结论汇报公司领导并征得领导同意后，要明确直接地通知客户，并且在以后的工作中要跟踪落实结果，处理方案中有涉及公司内部其他部门的，要将相关信息传达到执行的部门中，如应允客户补偿产品的，要通知仓管及发货部门，如客户要求产品特殊包装的或附加其他识别标志的，应通知相应的生产部门，相关部门是否落实这些方案，售后服务 定要进行监督和追踪，直到客户满意为止。

14.1.4　如何应对媒体的质疑危机、曝光危机

当今的社会处于一个注意力经济时代，企业在经营的过程中承受着各类媒体的关注。媒体的报道既可以增加企业的知名度，但同时也可能使企业面临着被质疑的危机。相对于突发的质量、经济等事件引发的危机，媒体质疑危机出现的可能性高、影响面广、产生的危害大。许多企业因为没能很好地处理媒体的质疑危机，使企业的形象受损、市场萎缩，更有的企业因此一蹶不振，最后倒闭。

2006 年 6 月 15 日，《第一财经日报》发表了记者王佑采写的《富士康员工：机器罚你站12 小时》一文，以一名富士康普通员工的口述实录形式，揭示了长期以来该集团在深圳代工厂所雇用的 20 万员工中间，普遍存在的超时加班及公司工资等管理制度存在一定弊端等问题。随后，很多网站把此篇文章和英国《星期日邮报》刊登的《苹果中国代工厂探秘：女工日工作 15 小时月薪 300》一起做了专题，更有网站把富士康称为"血汗工厂"。一时之间，怀疑或质疑富士康的文章不绝于耳。

为了保护企业的声誉，台湾富士康科技集团以新闻报道名誉侵权纠纷为由，将《第一财经日报》的记者和编辑两人告上深圳中级人民法院法庭，并提出总额 3000 万元人民币的索

赔和财产保全请求。随后,深圳中级人民法院查封了两人的房产、汽车和存款。

富士康越过报社直接向记者起诉并通过法院查封记者私有财产的做法激起了公众普遍的反感,舆论一致倒向弱小的记者一方,并逐步深入到抨击外资公司在中国的特权,呼吁加强对劳工权利的保护。

但是两个多星期后,富士康公司的态度却有了一个360度大转弯,主动将索赔额从3000万元降低到1元钱。接着,富士康宣布与两名记者达成和解。这一事件便以这样一个戏剧性的结尾而告结束。

在对这次媒体质疑危机的处理中,富士康公司违背了企业处理危机时的众多原则。首先反应缓慢,在媒体报道半个月之后才采取行动。其次,不肯坦承自己的不足,反而以势欺人,想以诉讼来警告媒体。最后,人们看到是一个前倨后恭的富士康集团,对集团的形象带来了不可弥补的伤害。此次事件对富士康集团的伤害主要是企业形象上的,并未对其市场造成较大的冲击。但是有些媒体对某企业产品质量问题尖锐的披露,会使企业遭受更大的危机,导致市场的大量丧失,甚至导致有的企业倒闭。如南京冠生园、三株口服液、三鹿奶粉等等。而对比国外的著名企业,如Intel公司、可口可乐等,他们也大都经历过类似的危机,但是由于采取了正确的策略,最终使企业转危为安,使品牌长盛不衰。

可见,媒体(含网络媒体)质疑危机是很难避免的,但是当危机出现后,遵循一定的原则,采取相应的步骤,可以最大程度上降低危机带来的损害,使企业平安度过危机。更进一步,巧妙的危机处理还可以转"危"为"机",使度过危机的企业更强健,更有生命力。

首先,企业在处理媒体危机时应秉持以下三个原则:

(1)快速行动。由于现代媒体特有的传播速度快、影响面广、造成的伤害大的特点,使得媒体质疑危机爆发的速度非常快。这就要求企业在应对危机的时候要快速反应、快速行动。否则错过了处理危机的第一时间,企业在处理危机时就会处于被动的地位,无法有效地掌握危机处理的各个过程。

(2)主动沟通。企业在处理危机的过程中,自始至终要保持与媒体、顾客的沟通。企业要将关于此次危机的真实情况,将企业的革新措施告知给媒体和顾客;同时,解答媒体和顾客的疑问,消除媒体和顾客的疑虑,使媒体和顾客重新树立对企业和产品的信心。不要像挤牙膏一样一点一点地披露信息,更不要试图掩盖,以免在信息不透明的情况下引发不必要的猜测和谣传。只有通畅的沟通,才能够澄清谣言、展示真相、取得谅解、得到恢复。

(3)有过则改。媒体在对企业提出质疑之前,一般在前期都要搜集一定的资料。企业要想顺利度过媒体质疑的危机,重新赢得公众和顾客的信任,必须有改正错误的勇气。

但另一方面媒体有时候为了吸引读者,在报道的时候可能会出现不太客观的词句,对企业的形象造成伤害。企业为了澄清视听,往往会对媒体提起诉讼。但是实际上,诉讼费时费力,即使企业赢了官司,也会给公众留下以大欺小的印象,所以企业与媒体的关系,应和为贵。

面对媒体对企业的质疑,企业在处理时也可以遵循一定的步骤来处理。

第一步,组建小组。企业一旦面临危机之后,首先要组成有公司高层参加的危机处理小组。组建小组的好处一方面在于可以有专人来负责处理此次危机事件,可以避免混乱的局面,尽快地拿出措施,进行处理;另一方面可以使危机中企业和外界的沟通始终保持一个声音、一个态度、一个渠道,避免由于多种声音造成信息传播的错漏和矛盾。

第二步,稳定形势。企业在危机出现之初,应该尽可能地控制危机的蔓延,使危机影响的范围不要扩大。通过一定的公关手段，取得媒体的理解和配合，避免墙倒众人推的局面出现。只要危机不继续扩大和加深，就为顺利度过危机提供了可能性。

这就要求企业在还没有完全弄清事实之前，首先采取对顾客负责任的态度，不抵赖，不推诿。在危机发生的第一时间，企业用敢于承担的态度取得顾客的谅解。

第三步，查明真相、公布事实。针对媒体的质疑，企业应尽快地查明真相，并及时与媒体进行沟通。如果是由于企业的过失，那企业要进行召回、退换与赔偿。如果是由于误解，媒体进行了不客观的报道。那企业要和媒体进行沟通，通过媒体将事实公之于众。

第四步，召回、退换与赔偿。如果企业是由于产品出现质量问题而被媒体曝光，那么企业就需要对产品进行退换、召回与赔偿。许多企业都是由于在消费者投诉产品质量问题的初期，没有给予足够的重视，或者给予消费者粗暴的对待，使得产品质量问题随着消费者的投诉而被广为人知。

如恒升笔记本电脑事件。消费者王洪在1997年购买了恒升的笔记本。1998年笔记本出现质量问题后，由于维修问题得不到解决，王洪在网上发布了一些关于恒升的负面消息，在网上引起了很大的反响。最后恒升集团选择状告消费者王洪，在1998年6月至2001年底长达3年的时间里，被各种媒体公开、集中、突出地展示在社会公众和目标消费者面前，状告消费者的行为发生后造成了近2500万的退货，虽然最后恒升集团赢了官司，市场却一直萎靡不振。恒升笔记本事件就是典型的因小失大。由于对消费者初期的投诉不重视，导致恒升在产品和服务中出现不足，而在最后丧失了大量的市场。

第五步，革新与恢复。

在平息危机带来的影响后，企业就需要吸取造成危机的教训，对自己的不足之处进行革新与完善，并采取有力的措施来恢复人们对企业的信任，恢复企业的市场地位。

革新主要是针对自己的不足之处进行完善。目前，企业被媒体曝光的事件主要集中在产品功能和质量、售后服务、劳工关系等各个方面。企业在被媒体质疑之后，如果确实是属于自己的不足，企业应该勇敢地承认，并拿出有效的整改措施。

在采取了有效的革新措施之后，企业还要通过一些营销手段来恢复因为危机而丧失的市场，更重要的是恢复因为危机而丧失的顾客的信任。恢复的措施主要有以下几种：

①广告。广告是企业以付费的方式，通过多种媒体与顾客进行交流的手段。广告具有覆盖面广、强制性的特点，通过反复地播放广告，可以将信息强制性地印到顾客的脑海里。企业想扭转顾客的态度时，广告是经常用于沟通的一种手段。

②权威证实。为了树立本企业的信誉，可以借助相关的权威的力量。这种权威可以是政府部门官员、公司的主要领导、相关领域的专家、行业协会等等。

③促销手段。为了恢复因为危机而丧失的市场，企业可以采用促销手段来恢复。如优惠券、赠品等。但是要注意的是，促销手段的使用必须是在顾客对企业的信心已经恢复的情况下，如果顾客对产品的信心还没有恢复，就匆忙上市，即使有促销手段，也不能达到预期的目的。促销手段就像是足球比赛中的临门一脚，只能起到锦上添花的作用。

企业在恢复顾客的信心时，可以将这几种方式结合起来使用，以达到最好的效果。

⑥▷【实战模拟】

实战模拟企业如何应对媒体曝光客户的投诉。

任务 **15**

衡量顾客满意度

● **核心能力**

● **任务解析**

● **任务导入**

【能力目标】

通过完成本任务,你应该能够:

1. 理解客户满意和衡量指标;

2. 掌握满意度调查的方法和步骤;

3. 客户满意度数据的整理;

4. 区别 CRM 的三种技术类型及要求;

5. 撰写客户满意调查报告。

【核心能力】

1. 调查客户满意度;

2. 撰写客户满意度调查报告及传递。

【任务解析】 ⊑⟹ 任务15: 衡量顾客满意度

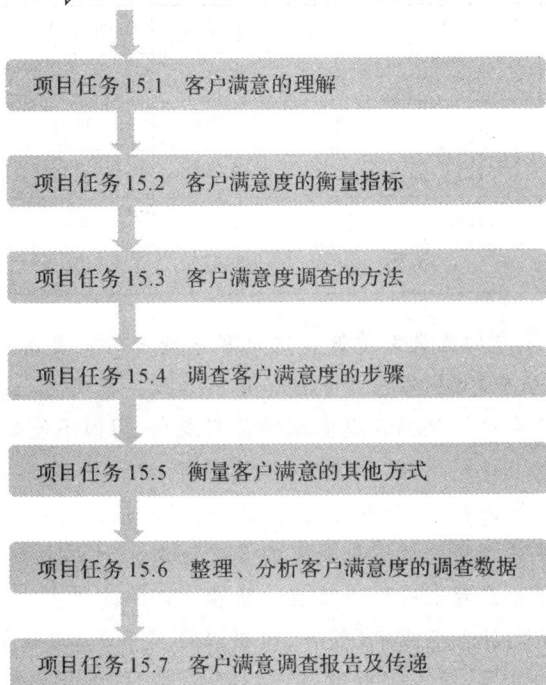

项目任务15.1 客户满意的理解

项目任务15.2 客户满意度的衡量指标

项目任务15.3 客户满意度调查的方法

项目任务15.4 调查客户满意度的步骤

项目任务15.5 衡量客户满意的其他方式

项目任务15.6 整理、分析客户满意度的调查数据

项目任务15.7 客户满意调查报告及传递

【任务导入】

杂志出版商的经济效益分析

美国有一个杂志出版商,其目标是扩大订阅客户群。为了努力评价其经济效益,出版商必须估计其所募集的新订户的长期价值。为此,需要从收到订户第一个美元开始,作概率计算与分析,预知典型订户的长期消费模式。从本质上看,这个出版商希望通过该模型可以勾画出一般新客户的消费路径。

出版商计划以优惠的价格为新客户提供一年期的订阅,期望新客户在今后几年能继续订阅。根据经验,出版商发现,第一年末只有大约60%的客户继续订阅。无论如何,60%的数字并不是固定不变的数据;但是,翻看以前年度的记录,60%的续订率是符合市场预期的。第二年末,65%的客户继续订阅;第三年末,70%的客户继续订阅,如此等等(见表15-1)。

表 15-1　10 年期间 1000 名新客户带来的现金流 （单位:美元）

年份	总订阅数	续订率(%)	订阅人数	可变成本	净利润	净现值(15%)	10 年长期价值
1	1000	60	35900	30000	5900	5900	66.94
2	600	65	45540	18000	27540	23948	118.12
3	390	70	29601	11700	17901	13536	129.15
4	273	75	20271	8190	12531	8239	138.35
5	205	78	15541	6143	9398	5373	143.45
6	160	79	12122	4791	7330	3645	145.45

续表

年份	总订阅数	续订率（％）	订阅人数	可变成本	净利润	净现值（15％）	10年长期价值
7	126	80	9576	3785	5791	2504	146.81
8	101	80	7661	3028	4633	1742	146.81
9	81	80	6129	2422	3706	1212	146.81
10	65	80	4903	1938	2965	843	146.81
合计	大约100000　　接近67000						

　　出版商发现，时间越久，客户的流失率越低。这是客户流失的重要特征，普遍存在于各行各业之中。在简化的例子当中，我们做出了更加清晰的假设。事实上，虽然一些客户总是随机地选择流失，但总体上符合统计规律。我们不能预测未来，因而不能知道某一特定的客户是否流失，但是我们能追踪统计规律，计算流失率。在任何情况下，我们发现，随着时间的推移，整体流失率趋于下降。原因在于，最容易随时离开的客户往往是最先离开的，因此，随着时间的推移，留下的客户往往是由最低流失概率的客户组成。

　　现在，我们试图评估新增客户带来的经济效益。新客户订阅的优惠价格为35.90美元，而老客户的订阅价格为67美元。可变成本（邮寄、印刷以及其他成本）每年为30美元。给定10年时间出版商预期的续订率，假设出版商第1年征订到1000名新客户，10年后只有65名将继续续订，那么，在10年期间，这些客户将每年向出版商贡献利润。为了评估其经济效益，出版商将以15％的折现率对未来收入进行贴现，从而得到未来利润现金流的净现值，详细数据见表15-1。

　　在出版商的评估模型中，第10年是最后的一年，这是因为第10年从第1年新增客户中获得利润的净现值，在总的利润净现值中占比非常小，这不仅是因为折现的影响，而且是因为越来越多的客户流失。在本案例中，表15-1显示，第10年的利润的净现值小于1000美元，而总的利润净现值高达67000美元，只有不到2％的比重。然而，67000美元代表着10年期间利润现金流的净现值，这一净现值来自今天征订的1000名新客户，相当于每名客户提供67美元的利润。

　　值得注意的是，出版商并不试图确定某一特定客户确切的价值，而是尝试估计从某一群客户身上得到的平均收入。但是，出版商将会从上百万普通订户过去的订阅记录中，对客户进行统计分组，划分成许多不同类型的客户群，通过统计分析，以得到更精确的统计预测。

　　在第1年征订的新客户中，出版商预计每名新客户平均的长期价值为67美元。但是，新客户不可能凭空出现，出版商必须发起电视广告宣传活动、直邮服务或其他市场营销活动，才能征订到新的客户。假设整个营销活动的成本是500000美元，出版商能征订到10000名新客户，则每名新客户的平均成本是50美元，从每名新客户平均的长期价值中减掉上述成本，出版商就能从每名客户身上得到17美元。

　　通过运用长期价值模型，如果出版商第1年能够将续订率提高2个百分点，由60％提高到62％，第2年达到67％，如此等等，则新客户的平均长期价值提高7.5个百分点。假设获得每名新客户的成本仍然维持在50美元，则续订率提高2个百分点，将会使得每名新客户的实际价值提高25％，从17美元提高到22美元。在这个简单的例子中，客户的长期价值是获得新客户的成本和客户流失概率的函数。

但是,大多数企业比上述例子要复杂得多。出版商的订阅模型尽管简单,但能充分说明我们的观点。在大多数案例中,评估客户的保留情况是相当困难的,甚至对这一概念进行清晰的定义都很成问题。例如,在汽车制造业,一个客户拥有一家汽车制造商制造的三款车型,但却从银行获得汽车贷款,而不是汽车制造商辖属的汽车金融公司获得汽车融资,那么,这种情况是算客户被保留,还是算流失呢?

即使在简单的杂志订阅模型中,在衡量客户的保留率时也容易出错。不断下降的客户流失率说明,所有客户群的保留率将总是逐年上升。当衡量客户保留率时,我们容易在概念上混淆,因为任何客户群的保留率都是时间的函数,而且这些客户群已经是企业的老客户,他们在过去不同的时间段成为企业的客户,但我们在计算客户群的保留率时却不得不忽略这一事实,而简单地将他们视为同一时间成为企业的客户。因此,企业需要更为精确的市场细分技术,将客户细分成不同的客户群,同一客户群来自同一时间段,比如特定的年份或者某一具体的营销活动。

毫无疑问,这将影响到客户保留率的计算。假设出版商在第1年开业,并逐年记录平均客户保留率,积极提升客户的长期忠诚度。同时,我们还假设出版商在头5年每年成功地征订1000名新客户,每批客户的流失率也相同,第1年的保留率为60%,第2年的保留率为65%,如此等等。我们将每批客户视为一个客户群,并用他们首次订阅杂志的年份进行命名,同时对不同的客户群采用不同的营销策略。例如,将直销获得的新客户视为一个客户群,并给予相同的标记和命名。

表 15-2 客户保留率的变化情况

年份	客户群1	客户群2	客户群3	客户群4	客户群5	全部客户	每年平均保留率(%)
1	1000					1000	
2	600	1000				1600	60
3	390	600	1000			1990	61.9
4	273	390	600	1000		2263	63.5
5	205	273	390	600	1000	2468	64.9
6	160	205	273	390	600	1628	66.0
7	126	160	205	273	390	1154	70.9
8	101	126	160	205	273	865	75.0
9	81	101	126	160	205	673	77.8
10	65	81	101	126	160	533	79.2

表15-2显示,通过逐年计算客户保留率,出版商的客户忠诚计划看来表现良好。在开业的头5年,保留率稳步上升,从第一年末的60%上升到第6年的66%。这是因为,随着时间的推移,老客户的比重越来越高,订阅时间越长的老客户,流失的可能性越低。

而且,当出版商在第5年之后停止征订新客户时,全部客户的保留率开始戏剧性地急升。这一情况表明,由于所有的客户群随着时间的推移而变得越来越对企业忠诚,企业每年的平均客户保留率更多的是新老客户比重的函数,而不是可靠的衡量客户忠诚计划或关系维护计划是否成功的指标。因此,衡量客户保留率必须选择在正确的时点上进行。与其每年衡量全部客户的平均保留率,不如选择某一时点衡量某一特定客户群的保留率。例如,我们可以衡量并比较第1客户群、第2客户群和第3客户群从第2年到第3年的保留率,这种衡量和比较将非常有意义。

【案例讨论】

企业应该不断地开拓新客户,还是不断地让老客户满意成为企业的忠实顾客?

怎样才能使顾客成为本企业的忠实顾客?

顾客满意,是指顾客对某一事项已满足其需求和期望的程度的意见,也是顾客在消费后感受到满足的一种心理体验,或者说顾客满意是指顾客认为供应商已达到或超过他的预期的一种感受。理解这个定义的关键词是感受。顾客满意在顾客心里,可以和实际情况相符,也可以不和实际情况相符。

我们知道人们形成一种看法很快,而改变一种看法却很慢,罗弗公司花了多少年时间才改变从英国莱兰汽车公司那里继承来的质量差的名声?在顾客普遍意识到它的汽车质量过硬,值得信赖时,罗弗其实在多年前就已经大幅度提高产品质量了。所以,顾客可能会对你的产品质量或服务做出错误的判断,但每天却有成百上千的购买决定,正是基于这样的不可信的判断做出的。

15.1 客户满意的理解

企业既想提高客户忠诚度,也想提高顾客满意度(或者叫"客户满意度")。

在前面,我们讨论过客户忠诚度:一是态度忠诚;二是行为忠诚。许多企业将客户忠诚度和客户满意度视为相同的概念,所以即使我们在其他地方以"客户满意"为讨论的话题,但在这里我们实际上是要讨论衡量客户满意度的方法。企业既想提高客户忠诚度,也想提高客户满意度,同时希望能分别准确地衡量这两项指标。事实上,从行为角度看,不是所有满意的客户都会成为忠诚的客户。一些视为满意的客户经常会放弃企业给予的特权,去跟企业的竞争对手做业务,这或许因为他们对竞争对手也感到同样的满意;或许因为竞争对手给予其他优惠(例如价格)让他们感到更加满意。

实际情况是,企业不可能使客户忠诚就能让客户满意;也不可能简单地通过取悦客户就能让客户忠诚。对于客户满意度及其相关的忠诚度,我们可以从不同的角度给予定义。一般情况下,企业可能使客户满意,但客户不一定忠诚;但如果客户不满意,就不可能有忠诚。定义客户满意度和客户忠诚度,必须考虑四个相互独立的因素,这些因素有助于说明客户满意度和客户忠诚度。

- 品牌:企业的形象、价值和其一致性;
- 质量:企业产品的质量和服务的专业性;
- 相互关系:相对于竞争者而言,客户需求满足程度、使用的数量、依赖程度和方便性;
- 履行:售后服务、产品的可靠性和反馈次数。

其他一些专家认为,客户满意度是指客户对企业满足其需求程度的感觉,这是相对于从其他企业购买产品和服务所感受的满意程度而言。

作为一般的假设,客户满意显然是任何一家企业想实现的有价值的目标。但是,**客户满意与客户忠诚并不是相同的概念**。在实际生活中,有很多例子表明,一些企业经常使得行为上并不忠诚的客户满意;另一些企业经常使得行为忠诚的客户不满意。从客户的角度看,这并不难理解。追求私利的客户经常探讨这样的问题:我有没有别的选择?我转向其他企业有多大的难度?特别是,如果我认为其他人不会做得更好,尽管对现状不是很满意,但仍然会按照原来的模式做生意。

不过,大多数企业乐意衡量客户满意度,因为客户满意测量能让企业迅速把握顾客的期望和心理感受,并迅速做出反应。

在 ISO9001:2008《质量管理体系要求》标准"8.2.1 顾客满意"条款中,明确确定要对顾客满意进行测量,其内容为:"作为对质量管理体系业绩的一种表现,组织应监视顾客有关组织是否满足其要求的感受的有关信息,并确定获取和利用这种信息的方法。"

客户满意测量就是要测知客户(顾客)如何判断你作为一个供应商的表现。

这就解释了为什么不能单纯以内部产生的信息为指导来满足顾客。你的质量检验部门也许忠实地报告次品数为零,仓储经理百分之百按时发货,但顾客的感受却不一定与你经营措施的改善步调一致。调查研究表明,内部表现测量常常高估顾客满意的程度。这也说明了为什么许多组织的顾客调查表明他们需要更多交流来提高顾客对其表现的认知,而非单纯只需要改善措施本身。

⇨【重要知识 15-1】

为了让客户忠诚,客户满意是必要条件,但不是充分条件

在许多行业里,较高的客户满意度实际上已经成为竞争的最低要求,但不是竞争优势所在,客户满意并不能确保客户忠诚。当较高的产品和服务质量标准成为行业规范,就需要企业通过提供更高质量的产品和服务,拉开与竞争对手的差距,做到鹤立鸡群。从客户的角度看,在任何情况下,对客户的让利似乎越来越缺乏诱惑性。

弗雷德里克·瑞奇赫德(Frederick Reichheld)在其著作《忠诚规则:现代领导人如何建立长久关系》中研究指出,只有 30%～70%的满意客户通常是忠诚的。实际上,客户忠诚是最高标准,是指超过竞争对手提供的明显利益和可感知的企业关系价值。雷蒙德·科尔多凡(Raymond Korduples·h)在 20 世纪 90 年代在美国电报电话公司担任客户关系管理主任,对电讯企业的客户满意度曾做过深入的研究。在与罗兰·诺斯特和安东尼·扎合热克(Anthony Zahonk)一起研究的时候,他发现美国电报电话公司设置很多指标,以计算市场份额和成本效率,但是客户满意度却与市场份额、增长率和利润没有明显的关系。

例如,美国电报电话公司一种产品的客户满意度在宾夕法尼亚州为 97%,而在纽约却只有 78%。然而,这种产品在宾夕法尼亚州的市场份额在下降,而在纽约却在上升。而且,在所有美国各地区中,宾夕法尼亚州的客户满意度最高,而纽约却最低。这意味着美国电报电话公司正在失去他的客户,尽管客户很满意。这是许多企业都普遍存在的问题。由于不能将客户满意度的变化和市场业绩紧密联系在一起,许多企业对实施客户满意计划是否真

正物有所值倍感疑惑。

科尔多凡在他的研究中得出三点结论:一是上述客户满意度的标准过于理想;二是当价格影响价值评估时,许多其他因素,从服务质量到售后反馈,都将影响到客户满意度。出售高质量的产品使客户满意是非常可能的,尽管以较高的价格出售;三是只有将客户满意度与竞争对手相比较,才能解释市场业绩。科尔多凡研究表明,当衡量相对的客户满意度时,客户满意和市场业绩的联动关系就较为紧密。以美国电报电话公司商务电话安装率为例,在相对客户满意度上升的 4 个月以后,市场份额也随之增长。相对于宽容的宾夕法尼亚人而言,纽约人对任何企业的满意度都较低,这是因为纽约人倾向于对卖方提出更高、更严的要求。因此,即使纽约的客户满意度比宾夕法尼亚州低,但关键在于客户相对满意度如何。如果纽约人对美国电报电话公司竞争对手的满意度低于美国电报电话公司,则市场份额的增长就会发生。

15.2　客户满意度的衡量指标

顾客满意指标,是指用以测量顾客满意程度的一组项目因素。

要评价顾客满意的程度,必须建立一组与产品或服务有关的、能反映顾客对产品或服务满意程度的产品满意项目。由于顾客对产品或服务需求结构的强度要求不同,而产品或服务又由许多部分组成,每个组成部分又有许多属性;如果产品或服务的某个部分或属性不符合顾客要求时,他们都会作出否定的评价,产生不满意感。因此,企业应根据顾客需求结构及产品或服务的特点,选择那些既能全面反映顾客满意状况又有代表性的项目,作为顾客满意度的评价指标。全面就是指评价项目的设定应既包括产品的核心项目,又包括无形的和外延的产品项目。否则,就不能全面了解顾客的满意程度,也不利于提升顾客满意水平。另外,由于影响顾客满意或不满意的因素很多,企业不能都一一用作测量指标,因而应该选择那些具有代表性的主要因素作为评价项目。

1. 顾客满意指标

一般情况下,企业对本企业的顾客满意度进行测量时,可测量包括产品特性和服务特性的下列 15 项指标:(1)外观质量;(2)包装质量;(3)稳定性;(4)安全性;(5)易操作性;(6)易维修性;(7)技术咨询及资料提供;(8)产品交付及时性;(9)安装调试服务态度;(10)配件提供;(11)配件质量;(12)售后服务及时性;(13)售后服务质量;(14)培训提供;(15)环境卫生。企业在调查时可根据具体情况加以选择和细化。

例如,西式快餐业顾客满意度调查的指标设计。西式快餐业依产品类别可分为"汉堡类"、"炸鸡类"与"比萨类"三种,麦当劳是"汉堡类"西式快餐业,食品以汉堡、炸鸡为主,另有薯条、汽水、点心及饮料,供客人自由点选;肯德基是"炸鸡类"西式快餐业,提供的食品以炸鸡、汉堡为主,另有薯条、点心及饮料等;必胜客是"比萨类"西式快餐业,食品以比萨为主,另有点心及饮料等。

对西式快餐业有关"顾客满意度"的调查,基于服务品质构面和顾客满意构面,剔除信度不佳的项目后,归纳为"产品品质"、"价格"、"通路位置"、"推广促销"、"设备装潢"、"人员服务"、"体贴服务"、"清洁卫生"和"企业形象"等九方面,最终完成西式快餐业影响"顾客满意度"服务品质的各个量表,见表15-2。

表 15-2　西式快餐店"顾客满意度"各构面及问卷细项

服务品质的构面	顾客满意的构面	各问卷细项
关怀性(empathy)	1."产品品质"	好吃 烹调后餐点的嫩度 烹调后餐点的色泽 餐点的热度 餐点的新鲜程度 冷、热食(饮)的温度 油炸品的酥脆度、多汁性 餐点的分量(冰淇淋、薯条分量不足) 餐点搭配美观且吸引人
确实性(assurance)	2."价格"	餐点定价公道 合理价格令您感到经济实惠 售价比其他快餐店更具竞争力
确实性(assurance)	3."通路位置"	地点便利 店数多
关怀性(empathy)	4."推广促销"	提供各项折扣优惠 经常举办促销活动 重视顾客的利益 使顾客感觉特殊
有形性(tangibles)	5."设备装潢"	足够的结账柜台 餐厅的外观 内部的装潢及设施 座位舒适 空调状况 用餐区/桌椅干净 洗手间干净 员工穿着整齐
可靠性(reliability)	6."人员服务"	服务人员结账速度快 服务人员处理顾客要求的速度快 点餐后快速获得所点的食物 等候超过1分钟 服务人员结账正确 未错放/漏放食物 符合个人特质 吸管/调味料/餐纸均有放置 调味酱包数量足够 提供正确的账单

续表

服务品质的构面	顾客满意的构面	各问卷细项
反应性（responsiveness）	7."体贴服务"	服务人员的服务态度好又热忱 服务人员会适时地提供服务 服务人员亲切有礼 服务的速度 员工帮助顾客的意愿 忙碌时有效处理顾客的需求
关怀性（empathy）	8."清洁卫生"	餐点干净卫生 店内、店外环境干净 用餐环境干净 柜台、点餐区干净 营业时间符合需求 儿童游乐区干净 垃圾箱经常清理 服务人员的服务过程合乎卫生标准 餐点的包装干净
关怀性（empathy）	9."企业形象"	企业知名度高 积极参与公益活动 顾客至上 落实环保观念 服务周到 信誉保证 形象良好

2. 顾客满意级度

顾客满意级度指顾客在消费相应的产品或服务之后，所产生的满足状态等次。

前面所述，顾客满意度是一种心理状态，是一种自我体验。对这种心理状态也要进行界定，否则就无法对顾客满意度进行评价。心理学家认为情感体验可以按梯级理论进行划分若干层次，相应可以把顾客满意程度分成七个级度或五个级度，也可以按十级量表的方法进行评价。

七个级度为：很不满意、不满意、不太满意、一般、较满意、满意和很满意。

五个级度为：很不满意、不满意、一般、满意和很满意。

十级量表：在商业服务业满意度测评问卷设计中，问题的答案均采用十级量表，即请顾客用 1 分－10 分来显示自己的满意度水平，1 分表示非常不满意，10 分表示非常满意，5 分表示一般偏下，6 分表示一般偏上。十级量表标准为受访者所熟悉，并且为相似的满意程度提供了足够的量表余地，便于统计分析和对结果的描述。

管理专家根据心理学的梯级理论对七梯级给出了如下参考指标：

（1）很不满意

指征：愤慨、恼怒、投诉、反宣传

分述：很不满意状态是指顾客在消费了某种商品或服务之后感到愤慨、恼羞成怒，难以容忍，不仅企图找机会投诉，而且还会利用一切机会进行反宣传以发泄心中的不快。

（2）不满意

指征：气愤、烦恼

分述：不满意状态是指顾客在购买或消费某种商品或服务后所产生的气愤、烦恼状态。在这种状态下，顾客尚可勉强忍受，希望通过一定方式进行弥补，在适当的时候，也会进行反宣传，提醒自己的亲朋不要去购买同样的商品或服务。

（3）不太满意

指征：抱怨、遗憾

分述：不太满意状态是指顾客在购买或消费某种商品或服务后所产生的抱怨、遗憾状态。在这种状态下，顾客虽心存不满，但想到现实就这个样子，别要求过高吧，于是认了。

（4）一般

指征：无明显正、负情绪

分述：一般状态是指顾客在消费某种商品或服务过程中所形成的没有明显情绪的状态。也就是对此既说不上好，也说不上差，还算过得去。

（5）较满意

指征：好感、肯定、赞许

分述：较满意状态是指顾客在消费某种商品或服务时所形成的好感、肯定和赞许状态。在这种状态下，顾客内心还算满意，但按更高要求还差之甚远，而与一些更差的情况相比，又令人安慰。

（6）满意

指征：称心、赞扬、愉快

分述：满意状态是指顾客在消费了某种商品或服务时产生的称心、赞扬和愉快状态。在这种状态下，顾客不仅对自己的选择予以肯定，还会乐于向亲朋推荐，自己的期望与现实基本相符，找不出大的遗憾所在。

（7）很满意

指征：激动、满足、感谢

分述：很满意状态是指顾客在消费某种商品或服务之后形成的激动、满足、感谢状态。在这种状态下，顾客的期望不仅完全达到，没有任何遗憾，而且可能还大大超出了自己的期望。这时顾客不仅为自己的选择而自豪，还会利用一切机会向亲朋宣传、介绍、推荐，希望他人都来消费。

五个级度的参考指标类同。

顾客满意级度的界定是相对的，因为满意虽有层次之分，但毕竟界限模糊，从一个层次到另一个层次并没有明显的界限。之所以进行顾客满意级度的划分，目的是供企业进行顾客满意程度的评价之用。

3. 顾客满意度的分值与加权

为了能定量地评价顾客满意程度，可对顾客满意七个级度，给出每个级度得分值，并根据每项指标对顾客满意度影响的重要程度确定不同的加权值，这样即可对顾客满意度进行综合评价。

例如,某企业对其产品的质量、功能、价格、服务、包装、品位进行顾客满意度调查,按七个级度,从很不满意到很满意的分值分配如表 15-3 所示:

表 15-3

级值	很不满意	不满意	不太满意	一般	较满意	满意	很满意
分值	-60	-40	-20	0	20	40	60

最高分是 60 分,最低分是 -60 分。调查结果如表 15-4 所示:

表 15-4

产品属性	质量	功能	价格	服务	包装	品位
满意级别	满意	较满意	很满意	满意	不太满意	一般
分值	40	20	60	40	(-20)	0
综合分值	$\sum X/N = 40 + 20 + 60 + 40 + (-20) + 0/6 = 23.3$					

从计算结果可以看出,该产品的顾客满意度得分是 23.3,属于"较满意"的产品。

但是,由于顾客对每个属性的要求程度不同,因此,应根据顾客对评价指标的重要程度进行分值加权,则更能科学地反映出顾客的满意程度。同例,该企业对质量、功能、价格、服务、包装、品位,根据其对顾客满意的影响程度确定的加权值分别为 0.3、0.1、0.35、0.15、0.05、0.05。

则其满意度为 $\sum x_i \times k_i$,见表 15-5:

表 15-5

产品属性	质量	功能	价格	服务	包装	品位	总计
权值	0.3	0.1	0.35	0.15	0.05	0.05	1
分值	40	20	60	40	(-20)	0	140/6
综合值	12	2	21	6	-1	0	40

显然以上两种方法计算的结果是不同的,加权法为 40,处于满意水平,而简单分值法仅为 23.3,处于较满意水平。而实质上,顾客对产品的总体感受应是满意水平。所以利用加权法更能准确地反映顾客的满意状态。加权法的加权值,企业可以根据经验、专家评定或调查等方法进行确定。

15.3 客户满意度调查的方法

1. 设立投诉与建议系统

以顾客为中心的企业应当能方便顾客传递他们的建议和投诉,设立投诉与建议系统可以收集到顾客的意见和建议。例如,很多餐厅和旅馆都为客人提供表格以反映他们的意见。

医院可以在走廊上设置建议箱,为住院病人提供意见卡,以及聘请一位病人专门收集病人的意见。一些以顾客为中心的企业,像宝洁、松下等企业都建立了一种称为"顾客热线"的免费电话,从而最大程度地方便顾客咨询、建议或者投诉。这些信息流有助于企业更迅速地解决问题,并为这些企业提供了很多开发新产品的创意,如3M企业声称它的产品改进主意有2/3是来自顾客的意见。

2.顾客满意度量表调查

作为一个企业,不要以为建立了投诉与建议系统,就能全面了解顾客的满意和不满意。一项在新加坡商场中所作的调查表明,当顾客对劣质服务不满意时,会有以下反应:70%的购物者将到别处购买;39%的人认为去投诉太麻烦;24%的人会告诉其他人不要到提供劣质服务的商店购物;17%的人将对劣质服务写信投诉;9%的会因为劣质服务责备销售人员。上述结果说明并不是所有不满意的顾客都会去投诉,因此,企业不能用投诉程度来衡量顾客满意程度,应该通过开展周期性的调查,获得有关顾客满意的直接衡量指标。

企业可以通过电话或者信件等方式向购买者询问他们的满意度是多少。在这些询问顾客满意度的测试中,调查问卷或测试量表一般从以下两方面进行设计:一是列出所有可能影响顾客满意的因素,然后按照重要程度由最重要到最不重要排列,最后选出企业最关心的几个因素,让受访者帮助判断这些因素的重要程度;二是就所选要评价的重要因素的满意度让受访者做出评价,一般以五项量表等级的居多,如高度满意、一般满意、无意见、有些不满意、极不满意。这是发现顾客满意与不满意的主要方法,企业将利用这些信息来改进它下一阶段的工作。

3.伴装购物法

另一种了解顾客满意度的有效方法是,雇用一些人员装作潜在购买者,以报告他们在购买企业和竞争者产品的过程中所发现的优点和缺陷。这些伴装购物者甚至可以故意找些麻烦以考察企业的销售人员能否将事情处理好。企业不仅应该雇用伴装购物者,而且管理者本人也应该不时地离开办公室,微服出访,到企业和竞争者那儿从事购物活动,亲自体验一下被当做顾客的经历。对于管理者来说,还有一种不同寻常的方法是:以顾客的身份向自己的企业打电话提出各种问题和抱怨,看看企业职员是如何处理这些问题的。如,太康保险企业就经常打电话给顾客,询问自己的职员有没有对顾客进行劝诱式销售或代顾客签字。

4.失去顾客分析

企业应当同停止购买或转向其他供应商的顾客进行接触,了解为什么会发生这种情况。IBM企业每当失去一个顾客时,就会竭尽全力探讨分析失败的原因:是价格太高,服务有缺陷,还是产品不可靠,等等。从事"退出调查"和控制"顾客损失率"是十分重要的。因为顾客损失率上升,就表明企业在使顾客满意方面不尽如人意。

上述顾客满意程度的调查方法说到底是搜集有关信息,为此,企业必须花代价、精心设计自己的信息系统。一般来讲,取得信息的渠道有正式和非正式两种,正式渠道主要是公开、程序化的渠道,如顾客投诉系统、顾客满意度调查即属此类;非正式信息渠道是非公开的、隐蔽的信息渠道,如伴装购物法、微服出访、在顾客中安排"眼线""卧底"等即属此类。正式信息渠道的优点是程序化;弱点是太慢,另外由于面子、情感等因素的作用,顾客有些不满不便表达。非正式渠道的优点是快速,能得到来自顾客的最隐秘的信息;弱点是非程序化,存在将个别顾客意见普遍化倾向。营销经理要灵活驾驭这两条渠道,以非正式渠道弥补正式渠道的不足。

15.4　调查客户满意度的步骤

就像一次圆满的旅行需要一张好的地图一样,一项成功的顾客满意项目需要有一个好的过程。顾客满意度调查是承担与顾客(组织的最宝贵财富)进行对话的持续过程,关键在于决定何时测量、测量什么以及如何测量。

第一步　确定调查的内容

开展顾客满意度调查研究,必须首先识别顾客和顾客的需求结构,明确开展顾客满意度调查的内容。不同的企业、不同的产品拥有不同的顾客。不同群体的顾客,其需求结构的侧重点是不相同的,有的侧重于价格,有的侧重于服务,有的侧重于性能和功能等。一般来说,调查的内容主要包括以下几个方面:产品内在质量,包括产品技术性能、可靠性、可维护性、安全性等;产品功能需求,包括使用功能、辅助功能(舒适性等);产品服务需求,包括售前和售后服务需求;产品外延需求,包括零备件供应、产品介绍料、培训支持等;产品外观、包装、防护需求;产品价格需求等。

第二步　量化和权重顾客满意度指标

顾客满意度调查的本质是一个定量分析的过程,即用数字去反映顾客对测量对象的属性的态度,因此需要对调查项目指标进行量化。顾客满意度调查了解的是顾客对产品、服务或企业的态度,即满足状态等级,一般采用七级态度等级:很满意、满意、较满意、一般、不太满意、不满意和很不满意,相应赋值为 7、6、5、4、3、2、1。

对不同的产品与服务而言,相同的指标对顾客满意度的影响程度是不同的。例如,售后服务对耐用消费品行业而言是一个非常重要的因素,但是对于快速消费品行业则恰恰相反。因此,相同的指标在不同指标体系中的权重是完全不同的,只有赋予不同的因素以适当的权重,才能客观真实地反映出顾客满意度。权重的确定笔者建议采用台尔斐法,邀请一定数量的有关专家分别对调查的每一项内容进行权重,并请他们将各自的权重结果发送给调查者,调查者将综合后的结果再返还给专家,他们利用这一信息进行新一轮的权重,如此往返几次,一直到取得稳定的权重结果(1~3 级)。最终,各项顾客满意度指标得分结果的计算公式为:得分＝∑权重×评分值。

第三步　明确调查的方法

目前通常采用的方法主要包括三种:

(1)问卷调查。这是一种最常用的顾客满意度数据收集方式。问卷中包含很多问题,需要被调查者根据预设的表格选择该问题的相应答案,顾客从自身利益出发来评估企业的服务质量、顾客服务工作和顾客满意水平,同时也允许被调查者以开放的方式回答问题,从而能够更详细地掌握他们的想法。

(2)二手资料收集。二手资料大都通过公开发行刊物、网络、调查公司获得,在资料的详细程度和资料的有用程度方面可能存在缺陷,但是它毕竟可以作为我们深度调查前的一种重要的参考。特别是进行问卷设计的时候,二手资料能为我们提供行业的大致轮廓,有助于设计人员对拟调查问题的把握。

（3）访谈研究。包括内部访谈、深度访谈和焦点访谈。内部访谈是对二手资料的确认和对二手资料的重要补充。通过内部访谈,可以了解企业经营者对所要进行的项目的大致想法,同时内部访谈也是发现企业问题的最佳途径。深度访谈是为了弥补问卷调查存在的不足,有必要时实施的典型用户深度访谈。深度访谈是针对某一论点进行一对一的交谈,在交谈过程中提出一系列探究性问题,用以探知被访问者对某事的看法,或做出某种行为的原因。一般在实施访谈之前应设计好一个详细的讨论提纲,讨论的问题要具有普遍性。焦点访谈是为了更周全地设计问卷或者为了配合深度访谈,可以采用焦点访谈的方式获取信息。焦点访谈就是一名经过企业训练过的访谈员引导8～12人(顾客)对某一主题或观念进行深入的讨论。焦点访谈通常避免采用直截了当的问题,而是以间接的提问激发与会者自发的讨论,可以激发与会者的灵感,让其在一个"感觉安全"的环境下畅所欲言,从中发现重要的信息。

一手数据和二手数据各有利弊,如表15-6所示。一般说来,使用现成的二手数据,是考虑了成本的节省。

表 15-6　定性研究与定量研究方法的比较

定性研究		定量研究
形成见解 了解顾客的期望范围	目的	定量化,并测量是多少
采用定性方法: 　观察 　深度访谈 　焦点问题小组	如何实施	采用定量方法: 　用结构化的问卷进行调查
否——原假设还没有被设定	是否用原始假设引导	是——目的是检验和量化设定的假设(理解)
数量较小,一般不超过 50	所涉及的顾客数目	数量较大,至少要多于 35
采用方便的方法召集,任何符合条件的和(或)愿意配合的顾客	如何识别(招募)参与的顾客	按照统计上的随机程序抽取
就人均成本 CPI 来说较贵;一个顾客接一个的方式比较耗时	涉及的费用/时间	得益于规模经济;访问的顾客越多,人均成本 CPI 就越低
深度访谈对访问员的技巧很敏感;焦点小组的参与者经常相互影响	结果/意见相互作用、相互影响的可能性	产生偏差性结果的机会很小,但在要求上以及访问员的偏差仍然存在
否——只有包括了全部顾客的研究才能代表总体,另外还要注意污染效应	结果是否可以推广?(推广到那些没有参与研究的顾客)	是——结果可以推广到整个顾客库(依据统计的置信区间)
不容易——研究的结论本身通常还是定性的,即对适当的或不适当的业绩或服务所作的揭示、描述	报告结果的难易程度/形式	非常容易——数量化的水平可以帮助显示随时间的增长,或不同组织间的比较

第四步　选择调查的对象

有些企业在确定调查的对象时往往只找那些自己熟悉的老顾客（忠诚顾客），排斥那些可能对自己不满意的顾客。有时候，一些企业只是在召开产品产销会、订货会时进行顾客满意度调查，来者往往有求于企业，也只好多说好话少说坏话。而且，由于这样的座谈会往往局限于经销商，而参加产销会、订货会的往往又只是经销商的采购人员，他们不是产品的最终使用者，甚至没有直接接触过产品的购买者或最终使用者。

如果顾客较少，应该进行全体调查。但对于大多数企业来说，要进行顾客的全体调查是非常困难的，也是不必要的，应该进行科学的随机抽样调查。在抽样方法的选择上，为保证样本具有一定的代表性，可以按照顾客的种类：各级经销商和最终使用者、顾客的区域范围（华东、华南、华北、华西）分类进行随机抽样。在样本的大小确定上，为获得较完整的信息，必须要保证样本足够大，但同时兼顾到调查的费用和时间的限制。

第五步　顾客满意度数据的收集

顾客满意度数据的收集可以是书面或口头的问卷、电话或面对面的访谈，若有网站，也可以进行网上顾客满意调查。企业应根据信息收集的目的、信息的性质和资金等来确定收集信息的最佳方法。调查中通常包含很多问题或陈述，需要被调查者根据预设的表格选择问题后面的相应答案，有时候调查时让被调查者以开放的方式回答，从而能够获取更详细的资料。能够掌握关于顾客满意水平的有价值信息。调查法使顾客从自身利益出发来评估企业的服务质量、顾客服务工作和顾客满意水平。

收集顾客满意信息的渠道有 7 个方面：

（1）顾客投诉；

（2）与顾客的直接沟通；

（3）问卷和调查；

（4）密切关注的团体；

（5）消费者组织的报告；

（6）各种媒体的报告；

（7）行业研究的结果。

企业应对顾客满意信息的收集进行策划，确定责任部门，对收集方式、频次、分析、对策及跟踪验证等作出规定。收集顾客满意信息的目的是针对顾客不满意的因素寻找改进措施，进一步提高产品和服务质量。因此，对收集到的顾客满意度信息进行分析整理，找出不满意的主要因素，确定纠正措施并付诸实施，以达到预期的改进目标。

在收集和分析顾客满意信息时，必须注意两点：

（1）顾客有时是根据自己在消费商品或服务之后所产生的主观感觉来评定满意或不满意。因此，往往会由于某种偏见、情绪障碍和关系障碍，顾客心中完全满意的产品或服务他们可能说很不满意。此时的判定也不能仅靠顾客主观感觉的报告，同时也应考虑是否符合客观标准的评价。

（2）顾客对产品或服务消费后，遇到不满意时，也不一定都会提出投诉或意见。因此，企业应针对这一部分顾客的心理状态，利用更亲情的方法，以获得这部分顾客的意见。

第六步　科学分析

现在许多企业进行顾客满意度调查后，只简单地根据自己公司制定的测量和计算方法，计算一下均值比较即结束了。其实如果我们进一步选用合适的分析工具和方法,顾客满意度测量结果可以给我们提供许多有用的信息。针对顾客满意度调查结果分析,常用的方法有:方差分析法、休哈特控制图、双样本 T 检验、过程能力直方图和 Pareto 图等。因此为了客观地反映顾客满意度,企业必须确定、收集和分析适当的顾客满意度数据并运用科学有效的统计分析方法,以证实质量管理体系的适宜性和有效性,并评价在何处可以持续改进。顾客满意度数据的分析将提供以下有关方面的信息:

(1)顾客满意;

(2)与服务要求的符合性;

(3)过程和服务的特性及趋势,包括采取预防措施的机会;

(4)持续改进和提高产品或服务的过程与结果;

(5)不断识别顾客,分析顾客需求变化情况。

企业应建立健全分析系统,将更多的顾客资料输入到数据库中,不断采集顾客的有关信息,并验证和更新顾客信息,删除过时信息。同时,还要运用科学的方法,分析顾客发生变化的状况和趋势。研究顾客消费行为有何变化,寻找其变化的规律,为提高顾客满意度和忠诚度打好基础。

第七步　改进计划和执行

在对收集的顾客满意度信息进行科学分析后,企业就应该立刻检查自身的工作流程,在"以顾客为关注焦点"的原则下开展自查和自纠,找出不符合顾客满意管理的流程,制定企业的改进方案,并组织企业员工实行,以达到顾客的满意。

⇨【小材料】

顾客满意度问卷调查表

【问卷表1】　硬件制造商

感谢您有兴趣来帮助＿＿＿＿＿＿＿(公司名称)更好地了解您(我公司的顾客)对我公司所表现出质量的看法。

总体状况

1.从总体上看,您对＿＿＿＿＿＿＿(公司名称)的满意程度如何? 请在下表圈出一个数字表示您的满意程度。

完全不满意　　　　　　　　　　　　　　　完全满意
　0　　1　　2　　3　　4　　5　　6　　7　　8　　9　　10

2.请用您自己的话描述一下为什么对问题1给出这样的评价(尽可能具体),以帮助我们理解。

_____

_____

_____

3.您将来有多大可能再次购买我们的产品(指在您对同类产品的需求中我们所能占大致相同或更大比例的情况)? 请在下表中圈出一个数字表示您的可能性。

绝对不再购买　　　　　　　　　　　　　　一定再次购买
　0　　1　　2　　3　　4　　5　　6　　7　　8　　9　　10

4.如果您组织内的同事问起,您是否会把_____(公司名称)作为提供高质量产品的供方进行推荐? 请在下表中圈出一个数字表示您的意向。

　　绝对不推荐　　　　　　　　　　　　　　　　一定会推荐
　　　0　　1　　2　　3　　4　　5　　6　　7　　8　　9　　10

5.您对"_____(公司名称)的产品体现了很好的性价比"这种评论是否同意? 请在下表中圈出一个数字表明您的同意程度。

　　完全不同意　　　　　　　　　　　　　　　　完全同意
　　　0　　1　　2　　3　　4　　5　　6　　7　　8　　9　　10

6.您认为作为顾客是否很容易接近我们(能见到我们的人员或通过电子媒体)? 请在下表中圈出一个数字指出您认为的可接近性。

　　完全不能接近　　　　　　　　　　　　　　　极好接近
　　　0　　1　　2　　3　　4　　5　　6　　7　　8　　9　　10

7.如果与我们接触过,您认为我们对您要求的反应如何(及时解决您的问题)? 请在下表中圈出一个数字指出我们的反应能力。

　　完全没有反应　　　　　　　　　　　　　　　极好的反应
　　　0　　1　　2　　3　　4　　5　　6　　7　　8　　9　　10

对一些特定过程的评价

请就下面每个问题,对我们的产品在相应的量表中圈出一个数字表示您的满意程度。如果对产品的这个问题没有经历,请在最后边的"未经历"栏中作出√标记。

8.我们产品的基本功能

　　完全不满意　　　　　　　　　　　　　　　完全满意　未经历
　　　0　　1　　2　　3　　4　　5　　6　　7　　8　　9　　10　　[　]

9.产品特性

　　完全不满意　　　　　　　　　　　　　　　完全满意　未经历
　　　0　　1　　2　　3　　4　　5　　6　　7　　8　　9　　10　　[　]

10.产品/设备的可靠性

　　完全不满意　　　　　　　　　　　　　　　完全满意　未经历
　　　0　　1　　2　　3　　4　　5　　6　　7　　8　　9　　10　　[　]

11.符合性(满足您的规范要求)

　　完全不满意　　　　　　　　　　　　　　　完全满意　未经历
　　　0　　1　　2　　3　　4　　5　　6　　7　　8　　9　　10　　[　]

12.耐久性

　　完全不满意　　　　　　　　　　　　　　　完全满意　未经历
　　　0　　1　　2　　3　　4　　5　　6　　7　　8　　9　　10　　[　]

13.服务

　　完全不满意　　　　　　　　　　　　　　　完全满意　未经历
　　　0　　1　　2　　3　　4　　5　　6　　7　　8　　9　　10　　[　]

14.文件

　　完全不满意　　　　　　　　　　　　　　　完全满意　未经历

　　　　0　　1　　2　　3　　4　　5　　6　　7　　8　　9　　10　　　[　]

最后的想法

15.请对我们产品交付的评分。请圈出下面一个数表示您的满意程度。

完全不满意　　　　　　　　　　　　　　　　　　　　完全满意　未经历

　　　　0　　1　　2　　3　　4　　5　　6　　7　　8　　9　　10　　　[　]

16.请对我们的安装评分。请圈出下面一个数表示您的满意程度。

完全不满意　　　　　　　　　　　　　　　　　　　　完全满意　未经历

　　　　0　　1　　2　　3　　4　　5　　6　　7　　8　　9　　10　　　[　]

17.请对我们的资格(如果有)评分。请圈出下面一个数表示您的满意程度。

完全不满意　　　　　　　　　　　　　　　　　　　　完全满意　未经历

　　　　0　　1　　2　　3　　4　　5　　6　　7　　8　　9　　10　　　[　]

18.请对受到我们提供的总体服务评分。请圈出下面一个数表示您的满意程度。

完全不满意　　　　　　　　　　　　　　　　　　　　完全满意　未经历

　　　　0　　1　　2　　3　　4　　5　　6　　7　　8　　9　　10　　　[　]

19.您是否还有我们这里没有提到的要求没有得到满足?

_____

_____

20.您是否还有对我们的评价、抱怨、补充或想法?

_____

_____

　　21.除非您在此处画√,否则我们将把您的评分和评价告诉我们的部门经理或上级。
[　]请不要把我个人的评价告诉我们的经理或上级。

　　非常感谢您花时间向我们提供信息。我们期望能使您获得最大程度的满意。

【问卷表2】 软件制造者

　　感谢您有兴趣来帮助_____(公司名称)更好地了解您(我公司的顾客)对我公司所表现出质量的看法。

总体状况

　　1.从总体上看,您对_____(公司名称)的满意程度如何? 请在下面圈出一个数字表示您的满意程度。

完全不满意　　　　　　　　　　　　　　　　完全满意

　　　　0　　1　　2　　3　　4　　5　　6　　7　　8　　9　　10

　　2.请用您自己的话描述一下为什么对问题1给出这样的评价(尽可能具体),以帮助我们理解。

_____

_____

　　3.您将来有多大可能再次购买我们的产品(指在您对本类服务的需求中我们所能占大致相同或更大比例的情况)? 请在下面圈出一个数字表示您的可能性。

绝对不再购买　　　　　　　　　　　　　　　一定再次购买

0   1   2   3   4   5   6   7   8   9   10

4.如果您组织内的同事问起,您是否会把 _____（公司名称）作为提供高质量软件的供方进行推荐? 请在下表中圈出一个数字表示您的意向。

绝对不推荐   一定会推荐

0   1   2   3   4   5   6   7   8   9   10

5.您对"_____（公司名称）的软件体现了很好的性价比"这种评论是否同意? 请在下表中圈出一个数字表明您的同意程度。

完全不同意   完全同意

0   1   2   3   4   5   6   7   8   9   10

6.您认为作为顾客是否很容易接近我们(能见到我们的人员或通过电子媒体)? 请在下表中圈出一个数字指出您认为的可接近性。

完全不能接近   极好接近

0   1   2   3   4   5   6   7   8   9   10

7.如果与我们接触过,您认为我们对您要求的反应如何(及时解决您的问题)? 请在下表中圈出一个数字指出我们的反应能力。

完全没有反应   极好的反应

0   1   2   3   4   5   6   7   8   9   10

对一些特定过程的评价

请就下面每个问题,对我们的软件在相应的量表中圈出一个数字表示您的满意程度。如果对产品的这个问题没有经历,请在最右边的"未经历"栏中作出√标记。

8.我们软件的基本功能

完全不满意   完全满意   未经历

0   1   2   3   4   5   6   7   8   9   10   [   ]

9.所具备的特性

完全不满意   完全满意   未经历

0   1   2   3   4   5   6   7   8   9   10   [   ]

10.软件的可靠性

完全不满意   完全满意   未经历

0   1   2   3   4   5   6   7   8   9   10   [   ]

11.符合性(满足您的规范要求)

完全不满意   完全满意   未经历

0   1   2   3   4   5   6   7   8   9   10   [   ]

12.耐久性

完全不满意   完全满意   未经历

0   1   2   3   4   5   6   7   8   9   10   [   ]

13.服务

完全不满意   完全满意   未经历

0   1   2   3   4   5   6   7   8   9   10   [   ]

14.文件

完全不满意　　　　　　　　　　　　　　　　完全满意　未经历

　　0　1　2　3　4　5　6　7　8　9　10　　[　]

最后的想法

15.请对我们的交付评分。请圈出下面一个数表示您的满意程度。

完全不满意　　　　　　　　　　　　　　　　完全满意　未经历

　　0　1　2　3　4　5　6　7　8　9　10　　[　]

16.请对我们的安装(如果有)评分。请圈出下面一个数表示您的满意程度。

完全不满意　　　　　　　　　　　　　　　　完全满意　未经历

　　0　1　2　3　4　5　6　7　8　9　10　　[　]

17.请对我们的资格(如果有)评分。请圈出下面一个数表示您的满意程度。

完全不满意　　　　　　　　　　　　　　　　完全满意　未经历

　　0　1　2　3　4　5　6　7　8　9　10　　[　]

18.请对受到我们提供的总体服务评分。请圈出下面一个数表示您的满意程度。

完全不满意　　　　　　　　　　　　　　　　完全满意　未经历

　　0　1　2　3　4　5　6　7　8　9　10　　[　]

19.您是否还有我们这里没有提到的要求没有得到满足?

_____

_____

20.您是否还有对我们的评价、抱怨、补充或想法?

_____

_____

　21.除非您在此处画√,否则我们将把您的评分和评价告诉我们的部门经理或上级。
[　]请不要把我个人的评价告诉我们的经理或上级。

　　非常感谢您花时间向我们提供信息。我们期望能使您获得最大程度的满意。

【问卷表3】　服务提供者

　　感谢您有兴趣来帮助_____(公司名称)更好地了解您(我公司的顾客)对我公司所表现出质量的看法。

总体状况

　　1.从总体上看,您对_____(公司名称)的满意程度如何?请在下表圈出一个数字表示您的满意程度。

完全不满意　　　　　　　　　　　　　　　　完全满意

　　0　1　2　3　4　5　6　7　8　9　10

　　2.请用您自己的话描述一下为什么对问题1给出这样的评价(尽可能具体),以帮助我们理解。

_____

_____

　　3.您将来有多大可能再次购买我们的产品(指在您对本类的需求中我们所能占大致相同或更大比例的情况)?请在下表中圈出一个数字表示您的可能性。

　绝对不再购买　　　　　　　　　　　　　　　　　　　一定再次购买

　　　0　　1　　2　　3　　4　　5　　6　　7　　8　　9　　10

4.如果您组织内的同事问起,您是否会把　　(公司名称)　　作为提供高质量服务的供方进行推荐?请在下表中圈出一个数字表示您的意向。

　绝对不推荐　　　　　　　　　　　　　　　　　　　一定会推荐

　　　0　　1　　2　　3　　4　　5　　6　　7　　8　　9　　10

5.您对"　　　　(公司名称)的服务体现了很好的性价比"这种评论是否同意?请在下表中圈出一个数字表明您的同意程度。

　完全不同意　　　　　　　　　　　　　　　　　　　完全同意

　　　0　　1　　2　　3　　4　　5　　6　　7　　8　　9　　10

6.您认为作为顾客是否很容易接近我们(能见到我们的人员或通过电子媒体)?请在下表中圈出一个数字指出您认为的可接近性。

　不能接近　　　　　　　　　　　　　　　　　　　极好接近

　　　0　　1　　2　　3　　4　　5　　6　　7　　8　　9　　10

7.如果与我们接触过,您认为我们对您要求的反应如何(及时解决您的问题)?请在下表中圈出一个数字指出我们的反应能力。

对一些特定过程的评价

　　请就下面每个问题,对我们的软件在相应的量表中圈出一个数字表示您的满意程度。如果对产品的这个问题没有经历,请在最右边的"未经历"栏中作出√标记。

8.我们服务的可靠性

　完全不满意　　　　　　　　　　　　　　　　　完全满意　未经历

　　　0　　1　　2　　3　　4　　5　　6　　7　　8　　9　　10　　[　]

9.我们员工的能力

　完全不满意　　　　　　　　　　　　　　　　　完全满意　未经历

　　　0　　1　　2　　3　　4　　5　　6　　7　　8　　9　　10　　[　]

10.我们工作时对您的礼貌

　完全不满意　　　　　　　　　　　　　　　　　完全满意　未经历

　　　0　　1　　2　　3　　4　　5　　6　　7　　8　　9　　10　　[　]

11.我们的信誉

　完全不满意　　　　　　　　　　　　　　　　　完全满意　未经历

　　　0　　1　　2　　3　　4　　5　　6　　7　　8　　9　　10　　[　]

12.工作中的安全性

　完全不满意　　　　　　　　　　　　　　　　　完全满意　未经历

　　　0　　1　　2　　3　　4　　5　　6　　7　　8　　9　　10　　[　]

13.我们对您的要求的投入

　完全不满意　　　　　　　　　　　　　　　　　完全满意　未经历

　　　0　　1　　2　　3　　4　　5　　6　　7　　8　　9　　10　　[　]

14.我们的沟通技巧

　完全不满意　　　　　　　　　　　　　　　　　完全满意　未经历

0　1　2　3　4　5　6　7　8　9　10　　［　］

最后想法

15. 请对我们的交付评分。请圈出下面一个数表示您的满意程度。

完全不满意　　　　　　　　　　　　　　　　完全满意　未经历

0　1　2　3　4　5　6　7　8　9　10　　［　］

16. 请对我们的结构和调整(如果有)评分。请圈出下面一个数表示您的满意程度。

完全不满意　　　　　　　　　　　　　　　　完全满意　未经历

0　1　2　3　4　5　6　7　8　9　10　　［　］

17. 请对我们的资格(如果有)评分。请圈出下面一个数表示您的满意程度。

完全不满意　　　　　　　　　　　　　　　　完全满意　未经历

0　1　2　3　4　5　6　7　8　9　10　　［　］

18. 请对从我们　(公司名称)　获得的总体服务评分。请圈出下面一个数表示您的满意程度。

完全不满意　　　　　　　　　　　　　　　　完全满意　未经历

0　1　2　3　4　5　6　7　8　9　10　　［　］

19. 您是否还有我们这里没有提到的要求没有得到满足?

_____

_____

20. 您是否还有对我们的评价、抱怨、补充或想法?

_____

_____

21. 除非您在此处画√,否则我们将把您的评分和评价告诉我们的部门经理或上级。

［　］请不要把我个人的评价告诉我们的经理或上级。

非常感谢您花时间向我们提供信息。我们期望能使您获得最大程度的满意。

【问卷表4】 工程机械产品提供者

工程机械产品客户满意度调查表(供参考)

用户单位名称			电话		
通讯地址			邮编		
	产品名称				
	型号			出厂日期	
					年　月
	数量		(台) 使用时间		(天)
项目/结果	很满意	满意	一般	不满意	很不满意
外观造型					
使用性能					
可靠性					
操作舒适性					

售后服务

包装、运输、交货

配件供应

咨询培训

对该产品的其他意见和建议

评价说明：每张表只评价一种产品；用户在所定栏目内打"√"即可。

用户签章：　　　　　　　　　　　年　　　月　　　日

15.5　衡量客户满意的其他方式

对一般企业而言，除了发《顾客满意程度调查表》进行顾客满意度调查外，还可以从以下方面进行顾客满意测量，并且有些方法的效果有时比发《顾客满意程度调查表》进行顾客满意度调查更好。

1.客户流失减少量

通过一系列旨在建立客户关系的措施，客户忠诚度可以得到提升。企业可以准确地衡量客户流失率，并制定策略使之降低。在衡量客户保留率（客户流失率的反面）指标时，企业需要把其客户视作与其生命周期相同的一批人。

2.购买及其他交易处理周期缩短程度

为客户带来便利，往往意味着订单处理周期的缩短。一些企业会测量存续期（即客户仍然作为客户存在的时间）、路径（即购买的模式，例如，有的客户喜欢储备物品，而有的喜欢小额频繁购物，其分期付款方式给商家带来20%的收益）。

3.客户纠纷（或投诉、抱怨）的增加或减少

4.老客户订单的增加（或减少）情况

毫无疑问，老客户订单的增加能表明顾客满意度的提高；而老客户订单的减少，就要进行具体分析、进一步了解情况，若属企业产品、服务质量下降的原因，就要引起重视，这说明顾客满意度在下降；若顾客所属行业在不断发展，而企业对该顾客的销售量却变化不大，这也应引起重视。在企业的所有顾客中，老客户订单减少或增加不大的现象比较普遍，企业就更应高度重视。

5.客户响应率

客户的响应率是指客户发起的互动或响应占企业签订合约总数的比例。客户响应率反映了企业和客户之间的地位强弱。对客户响应率进行分析，我们可以发现客户对互动渠道和接触的偏好与客户方合作的意愿。

6.老客户带来新客户（或者讲某个新客户是从本公司的老客户那边了解到公司情况）的数量

不容置疑，这是顾客满意的表现，也说明企业在增强顾客满意方面的措施还是比较有效

的。而且,老客户带来的新客户数量越多,表明顾客越满意,企业在增强老客户方面的工作就做得比过去更好,企业在开拓新客户方面的成本也低,更能实现企业贯彻、实施ISO 9001:2000标准的目的。

7. 产品的维修、退货、换货等情况统计

产品故障维修率的高低,将直接反映企业产品的质量,也将反映出顾客的满意与否,特别是与竞争对手的对比,更能体现顾客对企业的产品、服务质量的满意程度。所以企业对产品维修的真实记录及当时顾客的评价或态度,可以作为顾客满意程度的一项测量指标。同样,企业产品的退货、换货情况也能有效反映顾客满意的程度。

8. 访问顾客、技术服务发现的问题、赞扬的多少

在访问顾客、技术服务中,往往能发现企业在营销、产品质量、服务等方面存在的问题,往往能听到不少顾客的建议,也能听到顾客最真诚的赞扬,而这些建议、所发现的问题和赞扬却是企业持续改进质量管理体系、提高客户满意度必不可少的信息来源,特别是赞扬,可用来验证或确认提高客户满意措施的有效性。

9. 顾客或经销商对竞争对手的抱怨情况

顾客或经销商对竞争对手的抱怨,一方面说明本企业比竞争对手的顾客满意度高,另一方面也给企业持续改进质量管理体系、增强顾客满意提供依据、机会,而且对企业而言也是进一步扩展市场的良机。对企业而言,顾客或经销商对竞争对手的抱怨,意味着彼消我长,间接反映了本企业的顾客满意程度。

15.6　整理、分析客户满意度的调查数据

在你实施了客户满意调查或访问后,就掌握了丰富的信息。但原始信息还要进行解释和组织,需要你对埋藏在信息中的金矿进行开采。要提醒的是——应对研究活动进行组织并尽可能创造性地去思考这些信息。你越是用不同的方式去观察它们,就越可能有新的发现。

当企业收集了顾客满意调查的信息后,就要进行整理、统计、比较,进行定性或定量分析,以确定客户满意程度,为企业提高客户满意度、改善服务水平、提高产品质量提供决策依据。在实际中,企业可采用下述四种方法进行顾客满意分析:

1. 与目标(计划)进行对比分析

在没有以往完整的统计资料可以比较、分析,特别是首次实施客户满意测量时,企业可通过事先制定客户满意度的目标(或计划),在期末将结果与目标(或计划)进行对比分析,看目标(或计划)的完成情况。然后将实施结果与目标进行对比,来分析客户服务的有效性,进而提出改进机会。这也是比较普遍的方法。

2. 与过去进行对比分析(同比分析)

将当前期的顾客满意程度的定量或定性分析结果与过去同期的顾客满意程度进行对比分析,看一看顾客满意程度是增加还是减少,以判断企业是否增强了顾客满意。如产品的维修情况分析,可将当年度销售的产品维修情况(如维修率)与上年度销售的产品当年的维修

情况进行对比,就可以得出产品维修情况同比变动情况,可以反映顾客满意程度。又如老客户销售额的变动情况也可进行同比分析。

3.与竞争对手对比分析

将顾客满意的信息进行整理、统计后,与竞争对手当年或过去的顾客满意情况进行对比,看企业在这些方面与竞争对手相比,是不是比竞争对手更让顾客满意。例如过去与自己旗鼓相当或比自己弱的竞争对手,现在反而超越自己,这就说明竞争对手的顾客满意程度要比本企业高。运用此方法进行分析时,有一个前提条件,也就是说企业要掌握竞争对手这方面的资料,否则无法进行对比分析。

4.与行业领袖或最好(不一定是同行)对比分析

此方法和与竞争对手对比分析的方法相同,可以说是标杆管理在顾客满意方面管理的应用,对企业增强顾客满意和持续改进质量管理体系方面更能提供有益的信息,也为企业超越别人提供有益的信息。

在前面《调查客户满意度的步骤》的第六步科学分析中,已经阐述了统计分析方法,在此不再一一赘述。

15.7　客户满意调查报告及传递

进行调查只是顾客满意测量(CSM)的一部分。除非企业中各个层次(执行经理、管理人员、车间或操作人员、销售和服务人员)都能听到你在整个过程中获得的客户满意测量业绩报告,否则,改进就不会产生,客户满意度就不会提高,企业经营业绩就不会改善。ISO9001：2008标准把实施和沟通也作为监视过程的一个整体部分。

盲人摸象的故事清楚地说明,凭个人感觉轻易地报告结果会使结果不完全、产生误导或偏差。在把结果进行了列表、解释并准备发布时,你所面临的挑战是要尽可能准确地和有说服力地传递情况。这并不容易。我们都会把事先的想法带进解释中。你的工作就是要抛开偏见,从调查数据中发现"故事",然后建立可以传递这些发现的有说服力的图形。对于那些你想把调查发现传递给他们,而他们却不能达到与你同样理解水平的人,你可能要用到各种图形。你的图形既要非常吸引人,又要非常易于理解。

这一小节主要关注如何在报告中经济并有效地讨论你的调查结果。在前面我们讨论了如何适当地分析数据。但是在数据整理、统计、分析中产生的图表和统计,它们虽是理解客户调查信息的基础,却是很难引起人们注意的。现在的任务就是对你的发现作出一个有吸引力的描述,这是你能够解释你所观察到的现象和推动改进举措的工具。

1.编写客户满意调查报告的基础

能把客户满意程度调查报告写得可读的和有用的技巧是很难得的。我们大部分人都不具备作家的水平。我们很害怕报告阶段。但写得清楚、有效并不是不可能达到的目标。比起乐于写作,改进写作技巧还是相对容易的事。在考虑把你的报告写得更为有效时有五个原则:

- 完整。你的报告在以读者能够理解的语言提供所有信息时应该是完整的。

● 准确。对数据输入和分析绝对需要准确,只要有一次不准确,就可能会在将来永远失去信誉。你要认真地检查所有作出的分析。

● 清晰。清晰是明确和符合逻辑的思考以及准确的表达方式的结果,可以用各种方式,尽量避免使用行话。

● 简明。报告需要完整,但要防止过分繁琐,内容要有选择。只需要告诉读者那些使他们理解和采取行动所必需的内容。

● 组织。提供给读者大量标识以帮助他们能跟上你的思路和想法。经常性的标题、章节小结和结论表——所有这些写作习惯能帮助确保最大程度的沟通。

书面沟通在大部分满意度项目中是最后一个阶段。报告有两个目的:把项目的目标和过程形成文件并转化为你的关键发现。

编写满意度报告可以采取三种不同形式:

● 完整报告形式。

● 备忘录式报告(缩写版)。

● 发表用的卡片组。

这些形式都有其支持者,其中某一种可能是你的组织所喜欢的沟通方法。这里对每种形式进行简要的讨论。

(1)完整报告形式

完整报告形式是对你的过程、调查发现、对结果所作的分析、发现的重要度和对结论进行非常全面的讨论。典型的完整形式的报告将包括以下部分:

①标题页。

②满意程度改进的实施总结(结论)。这部分,即结论部分(在详细讨论之前),应引起组织的注意。当一个高层经理读到这一部分时,应对组织改进顾客满意程度需要做什么有一个准确的理解。最理想的是把每项计划或举措布置到具体工作区域或部门。这一部分还应使读者想知道报告的更多内容——这是你抓住报告潜在读者的一个机会。

③内容表。有逻辑地和尽可能简单地组织你的内容,使问题容易被发现。

④目标陈述。我们应非常细致准确地陈述你在调查中所要实现的目标,将这些目标与读者分享。此外,帮助读者理解你在获取和分析信息前所受的限制。

⑤关键的趋势。管理者会关心某些持续的测量,显然,其中总体满意程度是其中之一,同时还有一些每个组织和行业中特有的其他测量。要确保这些测量以适当的描述方式明确地表现出其趋势,并对每种趋势的各方面进行讨论。

⑥对调查结果的讨论。调查报告的读者有些希望检查你是如何得出结论的,详细的讨论将对你的分析提供完整的解释。

⑦对你所采用方法的评审。别忘了准确地说明你所会见的顾客、如何选择他们、何时访问他们以及如何从他们那里收集数据。你对所采用过程越开放,就越容易获得信任。读者对你所用的过程越理解,就越容易收到对每次测量之间所作改进的建设性建议。

⑧抽样和现场调查的细节。如果你的继任者要接替你的工作,能够对你做了什么和怎么做提供熟练的描述。

⑨附录。报告中那些有时可能会问起,但放在其中会妨碍可执行部分的多余细节,附录是放置它们最适宜的地方。

完整形式的报告很可能会有许多表格来展示你的总结资料,还可包括你在何处进行的重要试验。可能会有一些形象化的展示:用图形或图表来说明主要观点。总之,完整形式的报告对你的过程和发现提供了一种完整的文件。

(2)备忘录形式的报告

备忘录形式的报告是试图使完整形式变得更适合和更能吸引本组织内时间紧张的管理者。你可以用一个很短的篇幅取代在长篇完整报告中的许多部分,备忘录形式的报告将成为一个精简的要点。在这个文件中目标是高效,只讲出听众所要了解的要点。消除所有的"含糊面"。这种报告经常被做成头条新闻形式的报告,因为它只是关注于最重要的观点(头条新闻可能意味着还要有一个附加的完整报告,所以采用这种形式时应该小心)。

对这种类型的报告,可能只有下面三个部分:

①实施总结(改进的结论)。

②主要趋势。

③目标(现场活动总结)。

(3)发表型的报告

越来越多的企业倾向于采用可视化的发表。通常用 Freelance、Power—Point 或 Corel Draw 等软件做成计算机图形程序。它们有许多"散点"式陈述而不是完整的句子。可视化、图表、图形和流程图被用来强调关键的信息。

【小提示】

把结果放在最前面以突出在项目中所发现的问题会使报告接受者受益。不要把结果藏在枯燥的所用技术和抽样设计说明之后。

2.客户满意调查结果的沟通

询问实施 ISO9001 标准公司的管理者代表,他们公司是否作了顾客满意测量,"我们当然做了,"他回答,"这些是我们最近几年值得研究的报告。"他骄傲地指着高高的书架上的一些装订文件。相当多的顾客满意测量活动都有相似的结局——这些报告像装饰物一样放在公司管理者的书架上,他们授权进行这项工作但不知道获得了这些信息应该做什么或应该如何处置顾客所表达的意见和建议。

如果这些信息(及其潜在优势)的存在没有得到广泛了解和理解,这可能就是为什么会让这类研究结果放在管理者书架上没有人理会的原因。如果不能把测量结果充分地沟通并成为激励改进的积极推动者,那么既不能从你的项目中有所收获,也得不到任何改进。

有人认为:"没有测量就不能管理。"这种观点认为测量是一种无价的活动。但是光有测量本身并不充分。同样有道理的是:"测量本身并不能确保改进!"

(1)拥有和传播你的信息

最好有一个员工专门负责客户满意调查的过程。尽量让他参与讨论对项目所收集信息的传递、解释和应采取的措施的看法。企业管理者会在某种程度受制于他对满意调查的成见(或过去经验),但不管怎样你可以朝着积极的方向去引导他。

有两类或三类听众应听取你的结果:

● 管理层;

● 员工;

- 顾客。

你可以选择如下几种不同的方式与他们进行沟通：

- 书面报告或备忘录；
- 陈述（口头讨论你的发现）；
- 可视化（图形和表格）。

尽管你可以选择这些方法中的一种或全部，但组织可能会有最喜欢的一种内部传递和沟通方式。

书面文件可以使这些人对测量的过程和发现感兴趣，但是没有什么会比一个或两个图表更能推动他们采取措施。"一图值千字"这句格言虽是老生常谈，但是从传播满意程度的信息和引起改进的兴趣角度来讲是绝对正确的。作者亲自参与的一些满意程度调查活动通常把结果画成图贴在每个人都可以看见的地方。

- 劳斯莱斯和宾利汽车公司。这家位于英格兰克利尔的工厂每月都要把一些相关部门的关键信息张贴出来以向部门成员、相邻部门的成员甚至是工厂的参观者传递"顾客的心声"。这些文字不仅有助于识别出好的领域和差的领域，而且还提醒员工他们的产品是要使产品的所有者欣喜！

- 摩托罗拉公司。位于伊利诺伊州阿林顿·海茨的摩托罗拉 GTSS 工厂咖啡厅外面设有一个名为"顾客满意过程调查"的告示板。张贴的表格采用纵向法，每月更新。因为摩托罗拉这个机构在世界各地都有员工，所以它的内部网络允许具有安全许可的浏览者浏览累积的调查结果和实时查看调查问卷。

与别人沟通你的调查结果首先需要你能充分理解这个结果；能解释你的组织获得如此评价的原因；能够把对这个结果的理解传递给别人。这并非一个微不足道的规则。除了与别人沟通信息，你还需要推动必要的改进和变革。

（2）你的三类受众

至少有三种受众值得听取你关于调查结果的报告：

- 管理层；
- 员工；
- 顾客。

所有这三类对象都是 ISO 9001：2000 标准所承认的。除非这三类对象都得到某些有关满意调查结果的报告，否则很容易产生分歧，该报告将不能被充分利用并可能最终失去意义。支持向各类受众进行反馈的理由有：

显然，管理层为你的项目提供了资助，而主管的管理者要批准并实施针对你所识别出的问题所必须采取的改进措施。

因为必须由员工来实施你识别出的变革，所以他们应当得到反馈。如果没有关于调查结果的报告，他们就不能理解为什么对产品和过程进行变革是必须的。而没有这种理解，他们可能会抵制甚至是破坏改进的努力。

顾客需要得到反馈是为了向他们确保你的项目是合理的，是值得他们参与的。即使改进的效果非常明显，向参与的顾客表示感谢仍很有好处，这能使他们相信正是他们的意见和需求引发了改进。

另外要树立对顾客满意测量信息的尊重和信任。由于顾客满意数据是主观性的，所以对你的同事来说顾客满意数据没有其他相对有形的信息(如销售量、退货率、保修量等)更有力。你应尽快树立顾客满意信息的影响力。最有效的办法是确认满意程度数据与实际的顾客行为有什么关联。

顾客满意确实能引起顾客将来的(意向的、潜在的)购买行为,不过满意程度和未来的购买行为的关系非常复杂,高的满意程度并不能保证每个顾客一定再次购买。可以通过观察随着时间的推移总的顾客满意程度与总的获利性的变化趋势来明确满意程度数据与实际顾客行为的关联,也可以通过在一个时间点上研究来自许多顾客的获利性与满意程度的对照。

(3)向管理层和员工报告

与管理层和员工适当的沟通还是必要的。所谓适当的沟通是指应该让你的听众知道你应该告诉他们什么;然后告诉他们具体内容,最后再提醒他们你所讲述过的内容。最重要的是,不要试图说得太多。你应该战略性地选择改进目标并进行优先排序,不要勉强去做。有时候过多的信息反而会适得其反。

不仅必须与管理层沟通调查结果,而且还要推动他们作出适当的反应。下面一般是他们(在组织中)的权限:

①修改产品设计或制造上的缺陷。

②修改出现严重问题的体系和过程。

有时我们会认为:"只要管理层知道什么出了问题,那么这个问题就会得到解决。"事实远非如此,知道问题是一回事,而了解问题是如何引起的和如何解决它们是很困难的事。推动在出现问题领域工作的人员或引起过程故障的人员,修正他们的活动和行为实现改进或减轻问题是非常困难的事。我们总是喜欢按习惯做事而不愿意改变方式。由于自我保护意识而不愿意被别人指出问题所在。逃避或拒绝大大降低了许多改造项目的成功率。不能期望人们能够理解他们的不足并因此立即欢迎变革。

如果员工不能充分理解你对过程所收集的信息以及准确掌握所发现的结果,那么他们自然不情愿接受你的建议。另一方面,如果他们理解你的过程并感觉到正参与其中,那么他们就不可避免地会支持你的改进举措。这就是要与员工进行沟通的原因。它促进了理解,形成了参与和支持。

(4)向顾客报告

很多参与过满意项目的人对调查中希望他们的建议得到公司同样的关注。当顾客认真地填写完问卷或进行了15分钟电话访问后,他们希望真正有人注意他们,他们期望被提升并急切地希望发生变革、改进或修正以解决我们所识别出来的问题。问题是大多数顾客满意测量研究仅仅被当成信息收集程序。对顾客满意测量可能是由进行调查研究或进行收集意见培训的人管理。这些人会认为告诉每个参与者,项目负责人已了解了他们的身份以及所遇到的麻烦,是不必要的甚至是不合乎道理的。所以他们没能认可顾客的参与和遇到的问题,没能识别出组织也许应当考虑解决的问题。更糟糕的是,要么因为建议没有被理会,或是因为所作的改进需要一段时间才能被注意到,这样我们作为顾客就会感觉到被忽视和失去价值了。

经历了多次不被重视后,参与过满意项目的顾客当中的大多数人对再花时间和精力填满意调查表就没有兴趣了。他们开始对所有满意测量项目冷嘲热讽。这种情绪的积累会极大地影响对所有满意调查的合作率和应答率。令人遗憾的是,即使公司对公司的调查能够比较好地回应参与者,但这种消极情绪仍来自行业和专业协会对最终顾客调查的经历。

①对参与的感谢

最适度(和最小)的结束方式是感谢参与调查的顾客,告知已经收到了他们的问卷或访问结果,感激他们在数据收集上所花费的时间,你正评审他们的建议并且将提出过程改进和相应的行动计划。

表示感谢会增加一些实际成本,可以用很多方式完成:

- 用简单的明信片承认顾客的参与比根本没有回应好很多。
- 可以由调查过程负责人或组织的其他官员发出感谢顾客参与的较正式的信。这些信可以是通用格式的,但是应带有真实签名。如果再附有一个特定的行动安排时间表就更能让顾客满意了。
- 发送感谢信的更负责的方法是让每一封信都更个性化。你可以提及顾客所提出的特定内容,或对顾客所关心的问题作出回答。当然,这样的感谢方式将使用大量的人力,但是有些人认为这样能最大限度地保证顾客的参与。

②关于采纳顾客建议的报告

一种结合了上述要素的回应机制是写简讯或满意调查过程报告。这种报告可以包括对调查发现的简要总结以向顾客表明你们确实已经听到了他们的建议(你或许希望在公开感谢中进行一些选择;那么应识别出一些是你已经受控的问题)。正式和广泛地发布简讯或公告可以使人相信组织很诚恳地希望得到顾客的意见并努力考虑他们的想法。有这样的文件,你就必须为实施改进建立一个正式的时间表。

一位顾客按汽车制造商的要求接受了顾客满意度调查。除了回答所有要求回答的问题以外,他还写了一次他所遇到的故障的紧急通报。尽管他提了要求,但没有人与他接触。在下一次调查他又提了同样求助的要求——又一次地没有答复。他最终得出结论:尽管制造商呈递了调查问卷,并且是善意的,但是缺少评审个别顾客建议和要求的机制。随着把评分数据录入完后,未被读过的信息便被忽略了。今后估计他不会再接受顾客满意度调查。

③示警报告

大多数顾客满意调查项目中缺少一份迅速、直接的回应。

在公司的满意调查项目中,应当对每一个需要接触的特定顾客提交示警报告。其目的是把特定顾客的问题转到现场或营销人员那里,他们可以根据顾客的希望采取后续措施以解决问题。示警报告应包括顾客对报告涉及特定问题所提供的全部信息的概要。在处理大量调查问卷时,你应建立发出示警报告的自动决策规则:

- 低于临界值的总体满意评分(你可以决定跟踪调查非常不满意的顾客,他在0~10的量表中打了3分甚至更低的分数)。
- 低于分类临界值的对一个或几个重要业绩(要求)的问题评分。
- 在问卷中表达的求助请求。
- 对开放型问题的显得很痛苦或很危险的回答,应识别该顾客是否确实需要帮助或沟通。

随着示警过程的建立,尤其是你有大量顾客时(超过本人所知道的数量),你会受到许多

顾客的赞扬和来自所接触顾客的补充。你会听到他们如下的反应:

- 我没有想到你真的关心!
- 最后,我非常感谢你们能听取我的建议!
- 我以为没人会看这些问卷!我非常高兴花时间填了它!我很相信你们。

在你收回顾客答复的问卷(或完成对顾客的访问)之后应尽快发表示警报告与顾客进行接触,力争在一个合理的时间范围内进行(平均 24 至 72 小时内)。

示警报告或接触判断报告通常被建成顾客调查问卷的电子概要,这个表格的格式是为了方便以电子邮件的形式向正确的员工传播而设计的。

⏩ **【实战模拟】**

针对事先设定的一个产品,实战模拟设计顾客满意调查表,并以同学为对象进行顾客满意度调查。

⏩ **【重要知识 15-1】**

沟通客户满意调查结果的要点

1. 向要求你承担顾客满意项目的上级或管理层讲明组织中谁是所收集信息的"责任者",以及他们调查这些信息实际上如何进行传递。还要在对你报告结果的过程上取得一致。

2. 能证实顾客满意测量(CSM)这种主观信息的价值会很有用。你可以用主观数据(这些数据表明较低的业绩评价与较低的购买、推荐的可能性相关)或是把主观数据和实际购买行为结合起来进行证实。

3. 你当然应向管理层报告你的发现。但是同样重要的是把对顾客的问题和需求的理解传递给组织的员工,即在各个过程工作和生产当前产品的人员。如果员工们支持应该进行变革,只要理解变革的原因,那么他们会很愉快地进行。向员工报告部分或全部测量中的发现是改进活动的关键。

4. 一件经常想不到的事是在后续实施满意程度调查时向顾客提供反馈。这项工作的反馈在 ISO9001:2008 标准中作了规定。反馈可以是简单的"感谢你的参与"一句,或是一种战略性回应和对顾客所建议或要求的特定活动的行动计划。

5. 为了真正地运用你的信息,需要建立一个任务团队负责向执行部门或领域传递你的发现。没有这样的团队,信息的价值就到写出报告为止了。你或者具有充分的权限,或者可以依靠管理层的权限。

6. 应意识到顾客会识别出两类问题:①实际问题;②显然是由于组织没有能力把你们的活动和进展充分地告知顾客而造成的感觉上的问题。不要认为所有问题都是实际问题。

7. 在改进任务团队(组)的适当帮助下,你应把顾客对问题的感觉与对这些问题最有影响力的组织内的部门或领域结合起来。这个过程叫做质量功能展开(CWO)。

任务 **16**

改善客户关系

【能力目标】

通过完成本任务,你应该能够:

1. 成立改进客户关系措施的
组织;

2.掌握解释顾客的评价;

3.从产品中心型企业向客户
导向型企业的转型;

4.转变到客户管理;

5. 掌握 PDCA 循环方法。

【核心能力】

1. 成立改进客户关系措施的
组织;

2. 客户管理;

3. PDCA 循环方法。

【任务解析】 ⇒ **任务16**：改善客户关系

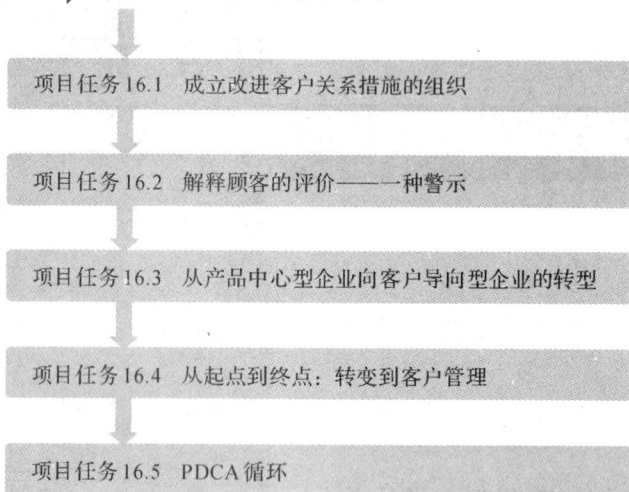

| 项目任务16.1　成立改进客户关系措施的组织 |

| 项目任务16.2　解释顾客的评价——一种警示 |

| 项目任务16.3　从产品中心型企业向客户导向型企业的转型 |

| 项目任务16.4　从起点到终点：转变到客户管理 |

| 项目任务16.5　PDCA循环 |

【任务导入】

在客户满意调查的发现得到广泛传播的情况下，你就有了更好的机会来推动组织采取行动按顾客的要求实施改进。测量绝不应成为顾客满意项目的核心，不以改进为关注焦点，测量只能是浪费精力和资源。你的方案里应含有支持和监督进行变革的工具。持续改进是ISO9001：2008标准的目标之一，也是企业的客户服务目标之一。

16.1　成立改进客户关系措施的组织

顾客满意调查是一件持续改进企业工作的活动，其结果实质上与组织中每个部门和领域直接相关。由于所识别出的问题带有普遍性，而由某个单独的部门负责实施纠正就不太情愿。有必要对要采取的措施建立一个正式的程序。没有这样的过程，你的调查结果就有可能不能得到广泛应用。因为没有一个部门能负责满意调查报告所有的发现（或应采取的措施）。没有合适的实施过程，一个缺乏经验的组织（仅调查了顾客）会发现自己被调查结果所淹没。因为它涉及了太多不同的部门，太多不同的过程要改变或受到影响。甚至你的满意调查报告直接送到了组织的首席运行官那里，制定改进计划和分派职责也是非常困难的。

但是对于在进行顾客调查之前就已经考虑过实施过程的组织来说，调查结果就不会如此不可控。你应该考虑建立或鼓励特别任务组或质量团队来接受你的调查结果并采取措施。这个团队应包括每个需要改进的组织内多个部门或过程的代表。每个代表有责任把信息带回自己的领域并促使其采取提高整体满意程度的补救措施。

具有一个实施安排的优点是可以连续不断地关注为顾客满意调查过程所建立的特别任务组。顾客满意过程不应是一年只被关心一次然后就"束之高阁"的项目，而应是一个持续的活动。

【小提问】

目前你们是否拥有由跨部门成员组成的质量改进团队，它能帮助你对调查结果作出积极的反应吗？如果没有，你能否建立这样一支团队或从你的管理者那里获取支持以组成这样一支团队？

16.2　解释顾客的评价——一种警示

显然，顾客的评价并非总是非常准确，但无论如何他们的感觉却控制着他们的决策。因此你对顾客意见所作的战略性反应要经过深思熟虑。当你准备对顾客的判断作出反应时，你首先将面对图16-1表明的情况。这里，描写了顾客感觉的两种状态：一种是顾客感觉是问题，另一种是顾客感觉不是问题。与这两种看法相对应的是你们企业的两种状态：你们有问题，你们没有问题。了解你是否确有产品（过程）上的问题或是沟通上的问题对有效地解决麻烦是很关键的。产品问题需要对产品或程序进行重要的改变。处理沟通上的问题可以更为直接——通过“证据管理”的方式。

		真实情况	
		我们没有问题	我们确有问题
顾客的感觉	组织没有问题	没有必要采取措施　A	B　一颗“定时炸弹”
	组织确有问题	C　一个沟通上的问题	D　产品(过程)的问题

图16-1　决定需要解决的问题类型

16.3　从产品中心型企业向客户导向型企业的转型

企业要让客户不断对企业的产品和服务满意，并持续增强其满意度，就应真正确立“以顾客为中心”的理念，实施从产品中心型企业向客户导向型企业的转型。

从长期看，企业在设计衡量利润的指标时，也不得不评估企业今后的发展前景，尽管这些指标提供了衡量骄人业绩的方法，但是，如果没有正确的定义或准确的含义，最终也将无济于事。企业要衡量向客户导向型企业转型的进程，特别是要衡量客户满意。

从产品中心型企业向客户导向型企业的转型，需要漫长的过程。向客户导向型企业转型并不是目的,而是漫长的征途。这将持续地促进企业改善业务实践。成功并不是一夜之间就能顺利实现的,企业的每一个人都必须参与其中,而且,当企业开始接触新的信息、新的技术和新的组织架构时,企业的许多业务流程都需要彻底再造。

从产品中心型企业向客户导向型企业转型,需要较长的时间,花费较高的成本,同时需要企业全体员工都积极参与。企业需要采用一些新的绩效考核指标,来确保客户导向战略的实施。在转型的过程中,企业经营者经常面临着控制成本的压力。通过有效衡量客户管理转型的成效,企业经营者就能够评估客户管理的成本效益。但这些都建立在对顾客满意度衡量的基础上。

为了衡量客户关系管理的成效,企业应该控制转型的进程。从产品中心型模式向客户价值建设型模式转型,在企业内部需要系列精心设计的变革,包括许多基本的业务流程再造。有效的流程管理是保证企业成功的必要条件。这种转型需要企业管理层及员工的通力合作和密切配合,以保证业务的平稳过渡。通过调整业务流程和信息系统,企业将能促进转型。正如表 16-1 所示,在转型的不同阶段,将要求企业领导人发挥不同的作用,并要求员工也相应地做出适当的调整。

表 16-1　实施客户关系战略

要素	战略实施阶段			
	识别	分类	互动	定制
组织	对客户的持续识别	理解客户的区别	客户技术、培训和方法	向每位客户解释
流程	保密政策,隐私保密的保证和承诺	价值模型和研究方法	从全企业的所有接触点保存客户数据	交叉的系统功能流动
信息	客户身份的普通代码系统	定义分类代码	捕捉价值和需求的主机系统	充分的定制信息
技术	共享客户数据库	强大的数据分析工具	从所有接触点捕捉数据	前后台信息的整合

虽然转型经常相当困难,并有失败的可能性,但是企业可以对某些关键领域进行重点突破,以减少转型的阻力。在转型过程中,经常存在着四个方面的基本问题,包括:

(1)组织。企业要探讨员工、文化和组织架构的调整和配合问题。

(2)流程。对于新客户,关键在于区别对待,而这需要企业采用独特的新业务流程。

(3)信息。企业将比以前更需要信息的支持,通过将客户数据转变成知识,以促进市场营销。这将需要新的方法存储信息,分析信息,最后在企业内部传播信息。

(4)技术。新技术投资是转型的必然结果,企业员工要对新软件进行熟悉和适应,新软件必须有助于实施客户关系管理。

通过集中解决这些核心问题,企业将能逐步改善内部运作,弥补管理差距。

在互动时代的第一波冲击里,企业学会建立数据仓库,以存储各种各样的客户信息;紧接着,企业将考虑如何将这些数据转化成有用的知识,转换成企业的价值。

16.4 从起点到终点:转变到客户管理

从产品中心型企业向客户导向型企业的转型中,需要说明公司不能简单地在现有架构上搭一个客户管理组织结构。况且,以成功标准、管理功能和责任而言,它所要求的公司能力是深远的。实事求是地说,转移实际上永远都没有结束的时候,因为公司总能采取更多的步骤来改善与客户的关系。然而,当作为一个加满了油的、营销产品的组织,实施向客户管理迈进的第一个尝试性步骤要求有完善的计划。在转向客户中心模型期间,公司经常低估业务所有层面受变化影响的程度,以及实现整个商业利益所要求的持续努力。

向客户管理的组织和文化转化,代表公司真正的革命,但当组织内部演化时更可能成功。我们将讨论加速这个演化过程的三个途径,公司可以采用其中任何一个或全部的策略:

(1)领航项目和持续变化;

(2)尖桩篱栅策略(picket fence strategy);

(3)分块管理。

1.领航项目和持续变化

绝大部分公司以一系列领航项目启动其客户创新。如果采取特定客户观点,有太多的事情要做,以至于把大量包含自我的客户创新剪贴进公司现有的运作方法,往往都是相对简单的程序。长期而言,目标是要积累大量的小改进。

为了启动领航项目或进行持续变化,解决客户管制问题不是必需的。IDIC(识别、区分、互动、定制)实施程序本身,是构思并执行持续变化的理想工具。例如,用包含客户信息的现有数据库,一个小变化就可以涉及获得、联系和分组更多的客户,或者它涉及建立一个对客户(现在确定为对公司有更高长期价值或更高增长潜力)的优先服务程度。很多增加的变化创新也可能涉及更加有效的客户的互动程序,以便砍掉重复努力或解决有冲突的交流。

特别对大而复杂的公司而言,整个公司面向广泛转化的最直接、最便捷的路径是实施一系列持续变化,一次一个小步骤,这通常是事实。例如,几年前惠普(HP)试图让其公司文化离开对产品的简单崇拜,启动项目来为公司建立更好的平衡,使得客户成长和优秀产品同样能够得到奖励。

根据雷恩·麦克尔(Lane Michel)(当时是惠普的咨询管理经理)的记忆,继续集中于增加收益的做法帮助惠普接受所有的项目。麦克尔说,他们尽力避免全局波动,还有立即展示结果也很重要,那些早期的成功给你赢得了采取更大行动的能力。

这种继续增加收益的步骤的一个例子是,由惠普消费者产品集团的巴斯隆拉部门所开发的客户互动程序,在生产其他产品的同时,还生产了品牌为"DesignJet"的高速打印机。为了使其同客户的持续对话成为可,该部门专门建立了一个名为"HP DesignJet Online"的网站,作为与客户互动和交流的渠道及建立友好感情的纽带。这个用设置密码来保护的网站为 DesignJet 的用户提供了一种通过区分属性而进行自我连接的工具,它能每个季度定期发送情况简报,还可以反映用户的反馈意见、新产品报告以及升级计划。该部门持续地利用这个网站来增加市场份额,增强客户的忠诚度,并定期稳定地提供关于市场知识的来源。

惠普采取的另一个不断增加但也是很重要的步骤，是开发电子客户登记系统，以及用来储存信息的问题主集合和数据库。这一创新来自几个公司小组和分支机构产生的想法与反馈，新系统取代了纸面登记(已证明这是收集可使用客户数据的不好的方法)。

随着时间的推移，像这样的小步骤就会累积成大跨步。到1999年，惠普在全球不同地方增加了大约100个应用方面的加速创新，它们将其变成一对一的"野营篝火晚会"(one-to-one campfires)。用整个惠普公司在内部网上的特定关系营销区可获得的信息，每个客户都被集中跟踪和关注。而且，几乎每个创新都容易根据所代表的IDIC实施程序的几个方面来分类。维持程序运行要求改革的冠军和领导者，在惠普，这些领导者有诸如管理营销经理、客户支持经理和忠诚经理等头衔。

大量的加速变化可累积成大变化。另外，一个主要的变化项目本身，可以作为在这个分部或公司实施特定想法或战略的引导。领航项目是很多公司用来作为转向客户战略型公司需要的常用方法。但领航项目多少不同于其他形式的持续变化。从根本上看，领航项目是一种可行性研究，通常代表实验一种新政策或战略的测试床(test bed)，如果成功，就在更大的范围内实施。因此，单个领航项目成功的衡量方法，主要是与评估领航项目代表的想法是否有益(如果在更广泛的机构中实施)相联系而与其单个项目的盈利性或商业成功的联系较少。而且在得到衡量方法时，领航项目也有固有优势。因为根据其性质，它们通常只涉及公司的所选择部分，更容易衡量领航项目对控制组的表现——在本质上，同通常做业务的公司其他部分没有区别。

很少有公司通过持续变化项目来解决关系管制问题。实际上，集中于IDIC程序实施方法的关键点之一是：不必着手处理这个非常棘手的问题，仍能取得很大进步。然而，在某一点上，想要单个参与客户实际关系的任何公司，必须处理关系管制问题，而且至少需要两种方法处理增加或转移的基础。

2.尖桩篱栅策略

把一个公司逐步转型为客户管理组织的正确做法，不是一个产品一个产品或一个分部一个分部地做，而是一个客户一个客户地做。而且开始这种转型的一个方法，是把几个客户置于管理之下，然后增加几个，再增加几个(见图16-2和图16-3)。为使这种转型成功，必须认识到公司将在管理下的客户而不是其他客户的不同规则下运作。本质上，公司管理下的客户会被隔离，并且会处理不同于客户基础的其余部分。随着转移推进，这个尖桩篱栅后面的客户数量会增加。随着尖桩篱栅后面的客户基础比例持续变大，公司就会实施向客户管理组织的逐步转移。

如果公司按客户价值进行排序，并以这样的方式优先进行转移：把更有价值的客户置于尖桩篱栅后面。当客户处于管理之下时，含义是公司的客户经理会单独为每个客户设定目标和策略。为任何特定客户设定的目标和策略，应该反映整个公司与客户的关系，至少就尖桩篱栅后面的客户而言，客户经理不仅有对那些客户的公司供应和互动的综合看法，而且他们必须有权代表公司制定政策和实施程序。

尖桩篱栅转移战略对已经在业务的形成过程中单个确定其客户的公司显得特别紧迫。这包括银行和金融服务公司、电信公司、个人服务业务、一些零售商和有内部销售组织的绝大部分B2B公司。像很多这样的公司的最高价值客户，已经被特别关注而分离出来。例如，如果零售商已经确定谁值得特别处理，有可能它们是商店的很高交易量的重复购买者。

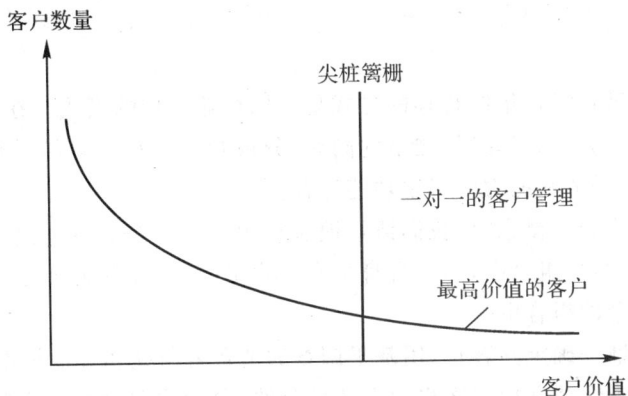

图 16-2　建立尖桩篱栅

图 16-3　如何处理尖桩篱栅后面的客户

特别处理可以很容易指定某个人或关系经理来关注这个客户的利益,因为在这样的公司已经有尖桩篱栅战略,公司的目标应该是进一步扩展其战略并使其自动化,对正在应用的业务规则进行编码,并确保对其有合适的衡量方法。

　　记住,客户经理应该掌握其客户接收到的所有交流的业务规则。这意味着,如果没有负责那个客户的客户经理发起或批准,公司的直接邮寄资料不会到达尖桩篱栅后面的客户。客户经理应该针对尖桩篱栅后面的每个客户设定特别目标和战略。实际上,基于一次一个客户的方式,来为每个客户设定目标,客户经理自身会因为拥有这种能力而获得奖励。随时间推移,技术处理使客户信息更好和更有效、更节省地使用,而且在这个过程中获得更多知识和自信,这就能够扩展尖桩篱栅和把更多的人置于其后。

　　尽管转移涉及扩大尖桩篱栅后面的领域——即把越来越多的客户置于管理之下——实际上公司可能永远不会把所有客户置于尖桩篱栅之后。例如,一些客户不会参与任何类型的关系。况且,不管公司如何有效节省成本地建立自动化程序,总有一些不愿意参与关系建设的客户存在。

3.分块管理

另一个开始向客户管理组织转移的方式是采用行业经理的模式。在尖桩篱栅转移是把日益增加的单个客户置于管理过程之下的同时,分块管理转移则是给予行业经理就其行业而言的、日益增加的任务和能力的特定功能过程。

记得在介绍客户管理概念时,我们慎重地选择组合而不是分块。这样做的主要原因是想表达这种思想:在客户组合中,客户自身是惟一确定的,并且不能被复制,没有客户会在一个时候处于超过一个的组合中。

但即使公司不惟一确定其客户,用基于调查的消费者研究和其他根据,也能大致区分他们。即使公司不能确定地把特定客户归入某种分块,分块本身也代表着需求和价值不同于其他分块客户的不同类型。

因此,分块管理组织可以被视作产品管理和客户管理之间的过渡状态。在分块管理运作中丢失的最关键要素,可能是确定单个客户并跟踪其与公司长期的互动能力。在公司能够增加这种能力之前,它不能从分块管理移向真正的客户组合管理。但即使没有管理特定客户的能力,对于开始区别处理不同客户的公司、建立最终到来的关系价值比例,分块管理组织仍是有用的工具。

4.客户组合经理

客户管理思想的核心是客户经理负责独立、单独可确定客户的组合(通过其对公司的价值加以区分、通过需求进行分组)。正是这些客户经理负责管理客户的盈利性,这是客户管理组织的核心结构,其中,每个客户的价值和保留,是公司内某一个人的直接责任。经理能各自负责大量客户或客户组合,但对任何单个客户的责任,要指配给一个客户经理,或者经常在B2B情形下是客户管理小组。该客户经理负责其组合中每个客户的公司客户份额、提高每个客户对公司的长期价值和潜在价值。

客户经理的责任可来自营销部门、销售管理、产品开发甚至偶尔也会来自储存客户数据的信息技术部门。然而,不管组织位于哪里,公司必须有清晰的声音,并有充分的力量进行决策和影响公司的其他领域。这个小组的一个困难是,公司可以试图让他们负责提高客户价值,但不给予他们就这些客户采取适当行动的权利。在客户价值建设型的公司,客户战略应该成为组织的统一主题,应该使公司其他领域理解,其自身部门的目标如何与客户管理小组形成的客户战略相关,而且这些其他部门应该对执行战略负责。

16.5　PDCA 循环

PDCA循环,或称戴明循环,它是一个质量持续改进模型,它包括持续改进与不断学习的四个循环反复的步骤,即计划(Plan)、执行(Do)、检查(Check)、处理(Act)。戴明循环有时也被称为戴明轮(Deming Wheel)或持续改进螺旋(Continuous Improvement Spiral)。PDCA循环不但适用于质量管理,而且也适用于客户关系管理,用于改善客户关系,很适合改善顾客服务水平。它是质量改进活动的一般的方法或程序,也是其他管理活动所遵循的一种基本方法和程序。

1. PDCA 循环的四个阶段和八个步骤

PDCA 循环的四个阶段就是计划(Plan)、执行(Do)、检查(Check)、处理(Act),具体表述如下:

P(Plan)——计划,确定方针和目标,确定活动计划;

D(Do)——执行,实地去做,实现计划中的内容;

C(Check)——检查,总结执行计划的结果,注意效果,找出问题;

A(Act)——行动,对总结检查的结果进行处理,成功的经验加以肯定并适当推广、标准化;失败的教训加以总结,以免重现,未解决的问题放到下一个 PDCA 循环。

PDCA 循环的八个步骤见表 16-2。

表 16-2　PDCA 循环的四个阶段和八个步骤

阶段	步骤	主要办法
P	1. 分析现状,找出问题	排列图、直方图、控制图
	2. 分析各种影响因素或原因	因果图
	3. 找出主要影响因素	排列图,相关图
	4. 针对主要原因,制定措施计划	回答"5W1H" 为什么制定该措施(Why)? 达到什么目标(What)? 在何处执行(Where)? 由谁负责完成(Who)? 什么时间完成(When)? 如何完成(How)?
D	5. 执行、实施计划	
C	6. 检查计划执行结果	排列图、直方图、控制图
A	7. 总结成功经验,制定相应标准	制定或修改工作规程、检查规程及其他有关规章制度
	8. 把未解决或新出现问题转入下一个 PDCA 循环	

2. PDCA 循环有如下三个特点:

(1)大环带小环。如果把整个企业的工作作为一个大的戴明循环,那么各个部门、小组还有各自小的戴明循环,就像一个行星轮系一样,大环带动小环,一级带一级,有机地构成一个运转的体系。

(2)阶梯式上升。戴明循环不是在同一水平上循环,每循环一次,就解决一部分问题,取得一部分成果,工作就前进一步,水平就提高一步。到了下一次循环,又有了新的目标和内容,更上一层楼。图 16-4 表示了这个阶梯式上升的过程。

(3)在 PDCA 循环中,A 是一个循环的关键。

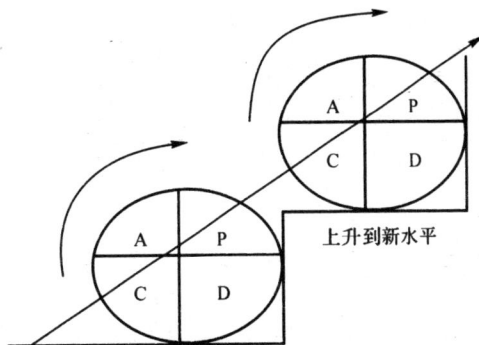

图 16-4　PDCA 循环阶梯式上升的过程

基于数据挖掘技术的客户关系管理

⇨ **项目任务**

17.1 基于数据挖掘技术的客户行为分析与重点客户发现

17.2 基于数据挖掘技术的客户关系管理系统的结构

- 核心能力
- 任务解析
- 任务导入
- 任务小结
- 课后自测
- 案例分析

【能力目标】

通过完成本任务,你应该能够:

1. 进行基于数据挖掘技术的客户行为分析与重点客户发现;

2. 建立基于数据挖掘技术的客户关系管理系统的结构。

【核心能力】

1. 进行基于数据挖掘技术的客户行为分析与重点客户发现;

2. 建立基于数据挖掘技术的客户关系管理系统的结构。

▷【任务解析】▷ **任务17**：基于数据挖掘技术的客户关系管理

> 项目任务17.1 基于数据挖掘技术的客户行为分析与重点客户发现

> 项目任务17.2 基于数据挖掘技术的客户关系管理系统的结构

▷【任务导入】

在以客户为中心的竞争环境中，如何既能够拥有正确的信息，又能够拥有分析信息的工具，这就是商业智能（Business Intelligence）。商业智能系统通过数据仓库、数据挖掘和高级数据分析为企业提供全方位的客户分析决策支持和客户关系管理，其中最为关键的技术就是数据挖掘技术。数据挖掘技术是从大量数据中提取或挖掘知识，数据挖掘工具进行数据分析，可以发现重要的数据模式，为解决商务决策中"数据丰富，知识贫乏"作出了巨大的贡献。

从电话中心变成了联络中心（Contact center）或"互动中心"（Interaction center）；市场营销工具可以采用 E-mail、IP 语音、共享化浏览（Shared browsing）、文字聊天和多种电子文字交流，以及客户与企业的整体关系成为企业迫切需要解决的问题。CRM 通过管理企业与客户间的关系、优化供应链、减少销售环节，降低销售成本，挖掘潜在客户，发现新市场和渠道，提高客户价值、客户满意度、客户利润贡献度和忠诚度，实现企业最终销售管理、营销管理、客户服务与支持等方面效果的提高。

然而 CRM 失败率（国外 55%～75%）也很高，这是由于 CRM 的实施中会遇到高度集成，企业文化，设计技术如 XML 基于组件等，个性化服务与自动化矛盾，基础网络设施，可扩展性等问题。CRM 起源于 20 世纪 80 年代中期，20 世纪 90 年代得到企业广泛重视，进入新世纪人们更加重视吸引和发现潜在的客户和留住最有价值的客户。统计表明，现代企业的销售额是来自 12% 的重要客户，而其余 88% 中的大部分客户对企业是微利甚至是无利可图，开发一个新客户的成本是留住一个老客户的 5 倍，而流失一个老客户的损失，需要争取到 10 个新客户才能弥补，因而 CRM 成为企业研究和应用的热点。如何成功地应用客户关系系统呢？利用数据挖掘技术来分析客户的数据，找出客户的购买模式，不断地满足客户的需求，把客户当做企业最重要的资产进行管理，是成功地应用 CRM 搞好企业的经营管理工作关键技术。

17.1 基于数据挖掘技术的客户行为分析与重点客户发现

目前许多企业在为客户的服务过程中积累了大量的数据，通过这些数据可以分析企业的发展历程、竞争态势、发展趋势及客户资源，这些资源是企业普遍关注的重要资源，而对客户的分析是赢得竞争优势的重要方法。销售自动化（SPA）提供了记录和跟踪客户的信息，提供了销售人员与潜在客户交流要点，以便有效地管理自己的时间，安排与客户交流和沟通。而在电子商务环境下,接触客户不仅是销售人员,通过 Internet 把获取客户信息进一步扩展到企业所有部门,能与客户接触的所有人员,包括各种销售渠道(直销、网上购买、从零售处购买等)的人员。通过与客户的各种"接触点"(客户支持中心、市场营销活动、销售代表的联系等)对客户 360 度的认识。

美国艾克通过长期以来总结的经验认为,CRM 应让客户更方便(Convenient)、对客户更亲切(Care)、个性化(Personaliled)和立即反应(Real-time),才能更好地维持客户关系。凡是成功的企业 CRM 一定是"以人为本,以客户为中心"去分工,实现企业内部"一对一客户观念"的确认。企业内部与客户相关的部门应该保持不同部门与客户之间作业的连贯;实现各种管理信息与知识的共享,建立较为详细的客户联系库,共同遵守的互动规则(Contact rule)。利用客户智能——通过分析来自营销、销售、服务和商务的信息,制定统一的关于客户需求服务的规则,以增加客户的满意程度和减少客户背离程度。数据挖掘成为识别好的客户,完成市场划分以及改进直销活动效果的关键工具。

增加市场占有率有两种常用方法:以客户为基础的产品促销活动和交叉销售,数据挖掘技术能够实现哪些客户最有可能购买新产品以及哪些产品能够被一起购买,这样销售人员就能够将更多的精力放在这些重点客户上。

17.2　基于数据挖掘技术的客户关系管理系统的结构

1. 数据挖掘技术

数据挖掘是从存放在数据库、数据仓库或其他信息库中的大量数据中挖掘有用知识的过程。典型的数据挖掘系统具有以下部分:数据库、数据仓库或其他信息库,可以在数据上进行清理和集成。数据库或数据仓库服务器,根据用户的数据挖掘请求,在服务器负责提取相关数据。知识库,用于搜索或评估结果模式的兴趣度。

数据挖掘引擎,用于特征化、关联、分类、聚类分析、离群数据分析、演变和偏差分析,即:特征化是指目标数据的一般特征或特性的汇总;关联是指通过关联分析发现关联规则;分类是找出描述并区分数据类或概念的模型,以便使用模型预测类标记未知的对象类,常用的导出模式有:分类(IF-THEN)规则、判定树、神经网络;聚类是指分析数据对象而不考虑已知类标记,对象根据最大化类内的相似性和最小化类间的相似性的原则进行聚类或分组;离群数据分析用于分析固有数据变异性;演变分析描述行为随时间变化对象的规律或趋势。模式评估,用于兴趣度度量,将搜索聚焦在有趣的模式上。图形用户界面,用户和挖掘系统交换与通信。

数据挖掘任务一般可以分为两类:描述和预测,即刻划数据库中的一般特性的描述性挖掘和在当前数据中进行推断的预测挖掘。

2. 客户数据挖掘

通过数据挖掘达到识别客户的购买行为,发现顾客购买模式和趋势及改进服务的目的,同时通过数据挖掘技术可以设计更好地进行商品的配送和分销策略提高客户的满意度,提高销售率和市场占有率,减少商业成本;最主要的是能够进行客户个性分析,建立非常准确的客户模型,较好地识别用户的需求,如进行连带销售、提高销售额、一对一促销、产品吸引力、一揽子购买和客户保持。

要挖掘的数据应当是那些可能与业务问题有关,并且如果进行了有效地分析可能会带来一些商业认知的数据。这些数据多是交易数据,常常是在销售的过程中收集得来的。通常,公司只能及时捕获并保存下来一部分可用数据。公司通常并不收集消极响应数据,但这些数据实际上同样重要。完整的数据内容应包括如何与之取得联系以及客户概况等,可以在交易过程中收集。或者,更多的产品来源也能让公司对客户行为、客户与公司关系和以前的客户有更深入的认识。另外,还可以采用外购数据的形式。

3.营销管理与内部信息管理

营销管理主要内容是营销策略、计划管理、市场规划、竞争管理、产品管理,它是对直接市场营销活动加以计划、执行、监视和分析;内部信息管理主要是记功管理与各种人员的考核与激励。

4.销售管理

销售记录与统计、预测管理、报价管理、订单管理、退货管理是其主要内容,它可以提高销售过程的自动化和销售效果。

5.知识管理

DM 是获取企业知识的重要工具,客户关系管理系统中信息分析与共享是非常重要的。信息分析除了按照主题,抽取不同粒度的信息加入数据仓库中外,还包括对存储在数据库中各种数据的分析和基于数据挖掘的知识发现。只有共享信息和知识,即使业务员发生了变化,企业才不可能丢失了重要的资源——客户信息,所以销售信息是一类非常敏感的信息。智能代理系统能够快速地获取知识,特别是外部的知识。

在 WEB 上搜索引擎是一种最为常见的信息检索系统,利用 ROBOT 来遍历 WEB,将 WEB 上分布的信息下载到本地文档库,对内容进行自动分析并建立索引,对用户的请求找出匹配的文档返给用户;元搜索引擎是对用户的请求进行预处理,向各个搜索引擎发送请求要求,待各返回结果进行整理向用户返回组合和处理后的检索结果,但这些不能根据用户的兴趣需求来定制检索结果,而 Agent 具有可适应性、主动性、协作性、移动性。KM 能够在市场全球化、组织扁平化、竞争激烈化的竞争中成功实施营销策略、途径和技能,能使人们共享信息处理资源,包括数据库、文档、知识库、专家意见、员工的经验,提高企业的应变能力,从技术角度看有知识库、智能代理、数据挖掘、文档管理、搜索引擎、企业外、内部网等。KM 是集体智慧的结晶,能提高应变能力、能增加团队精神、能提升整体的协调统一,获取、评价和修整然后共享企业的信息资源,这些资源包括数据库、文档、政策、程序、当前未成文的专家意见和个别员工的经验;KM 包括充分利用各种智力资本在激烈的社会竞争中取得成功的各种管理策略、途径和技能。

6.客户支持管理

客户的服务、合同、客户关怀、移动现场服务和呼叫中心是其主要内容。一方面企业的服务网站通过知识共享解决客户的服务与支持;另一方面 Call Center(CC)在客户支持管理中有较重要的作用。114、160 等信息类的呼叫中心,信息服务类的 800 免费电话和客户服务热线,这些应用是 CC 的早期表现形式,它是一种基于共用电话交换网(PSTN)的呼叫中心。现代 CC 是一种基于 CTI 技术的通信网,采用计算机网集成技术。它利用通信网

PSTN 和 Internet 为基础提供信息服务，支持电话、WEB、E-mail、Voip、Wap 系统，需要交换机、自动呼叫分配器（ACD）自动语音应合系统，CTI 系统涉及呼叫管理系统、业务代表席和终端、数据库、Internet 技术和 LAN 网络技术等主要技术。中小企业可用基于板卡的方案；大中型企业可用基于交换机方案如 Dialogic CT Connect 平台中心件与高中低交换机接口、Web center 对电子邮件、网上文本交谈，回呼请求，网页表单处理。跟踪用户在企业网站上的所有活动。

7. 知识共享基础设施

建立 Internet 时代的知识共享基础设施是搞好客户关系管理的重要基础。首先必须建立共享与共有知识的基础体系结构，如企业共享知识的方法与工具；其次还需要如下条件：网络基础、公共电子商品导购平台、各种信息交换的标准体系、企业级电子商务体系、安全认证体系、安全支付结算体系、协同作业体系、法律体系。企业建立 CRM 需要的三级网络企业内联网（Intranet）、企业外联网（Extranet）、国际互联网（Internet）。企业可分步实施，如建立电子商务环境下支持各办事处、分公司等部门的集成销售管理系统，办公自动处理系统，有必要建立企业在 Internet 环境下，包括：适合实际情况的硬件平台和网络平台（包括数据库服务器、Web 服务器、邮件服务器选择方案）；需要进行主机托管与自己设立 Web 服务器性能对比分析。

数据挖掘有助于识别顾客购买行为，发现顾客购买模式和趋势，提高客户服务质量，取得顾客的忠诚度和满意程度，利用数据挖掘建立客户关系管理系统将极大地提升企业的竞争优势，提高企业的营销水平。本文的探讨将有利于企业建立有效的客户关系管理系统。

▷【小知识】

数据挖掘

数据挖掘（Data Mining），就是从大量数据中获取有效的、新颖的、潜在有用的、最终可理解的模式的非平凡过程。数据挖掘的广义观点：数据挖掘就是从存放在数据库、数据仓库或其他信息库中的大量的数据中"挖掘"有趣知识的过程。数据挖掘，又称为数据库中知识发现（Knowledge Discovery in Database，KDD），也有人把数据挖掘视为数据库中知识发现过程的一个基本步骤。知识发现过程由以下步骤组成：(1)数据清理，(2)数据集成，(3)数据选择，(4)数据变换，(5)数据挖掘，(6)模式评估，(7)知识表示。数据挖掘可以与用户或知识库交互。

并非所有的信息发现任务都被视为数据挖掘。例如，使用数据库管理系统查找个别的记录，或通过因特网的搜索引擎查找特定的 Web 页面，则是信息检索（information retrieval）领域的任务。虽然这些任务是重要的，可能涉及使用复杂的算法和数据结构，但是它们主要依赖传统的计算机科学技术和数据的明显特征来创建索引结构，从而有效地组织和检索信息。尽管如此，数据挖掘技术已用来增强信息检索系统的能力。

▷【任务小结】

根据客户关系管理业务活动的顺序，本任务属于客户关系管理中的售后服务过程（任务）。任何一个企业都要开展售后服务工作，开展顾客满意调查。只有开展了良好的售后服务工作,才会使顾客满意,才会进一步提高顾客的回头率,成为企业的忠实顾客。企业通过顾客满意调查,就能切实掌握顾客的真实想法,把握顾客的需求,使企业能更好地满足顾客的需求。

客户服务第一项分任务,就是要做好售后服务工作。首先,要明确售后服务人员的要求;其次,我们要学习售后服务的内容和工作流程这一技能;再次,学会售后服务的方式;最后,把握售后服务的质量。

客户服务第二项分任务,就是要做好客户投诉的处理工作,此项工作稍有不慎,就会激化顾客与企业的矛盾。首先,要明白客户投诉产生原因和处理原则;其次,我们要学会处理客户投诉;再次,掌握客户投诉处理技巧和方法;最后,掌握如何应对媒体的质疑危机、曝光危机的技能。

客户服务第三项分任务,就是要衡量客户满意度,使企业能切实掌握顾客的心理和感受。首先,作为企业工作人员要理解什么是客户满意;其次,我们要掌握从哪些方面来衡量客户满意;再次,最关键的是掌握客户满意调查的技能,包括方法、步骤、方式以及数据的处理;最后,要掌握客户满意调查报告的撰写及传递的技能。

客户服务第四项分任务,就是要掌握如何改善客户关系,这才是客户满意调查的目的所在。首先,要成立改进客户关系措施的组织;其次,我们要掌握解释顾客评价的技能;再次,分任务中最难的过程,即掌握从产品中心型企业向客户导向型企业的转型、开展客户管理的技能;最后,要掌握 PDCA 循环的技能。

在开展客户服务时,要学会数据挖掘,最大可能地发挥顾客的价值,即客户服务最后一项分任务——基于数据挖掘技术的客户关系管理。

本任务的能力目标:完成本任务后,读者应该能熟练开展售后服务和顾客满意调查。

【课后自测】

一、选择题

1. 售后服务的方式有　　　　　　　　　　　　　　　　　　　　　　　　　（　　）

　　A. 咨询服务　　　　　B. 促销服务　　　　　C. 技术指导服务　　　D. 上门服务

2. 处理客户投诉的原则有　　　　　　　　　　　　　　　　　　　　　　　（　　）

　　A. 及时处理　　　　　B. 正确的服务理念　　C. 留档分析　　　　　D. 分清责任

3. 企业对本企业的顾客满意度进行测量时,可测量包括产品特性和服务特性的指标有

　　　　　　　　　　　　　　　　　　　　　　　　　　　　　　　　　　（　　）

　　A. 产品交付及时性　B. 售后服务质量　　　C. 安全性　　　　　　D. 外观质量

4. PDCA 循环的特点有　　　　　　　　　　　　　　　　　　　　　　　　（　　）

　　A. 全员参与　　　　　　　　　　　　B. 在 PDCA 循环中,A 是一个循环的关键

　　C. 大环带小环　　　　　　　　　　　D. 阶梯式上升

二、判断题

1. 售后服务的质量不似产品的质量那么好把握,产品质量有具体的指标、数值衡量,售后服务的质量则不能,它那么不好捉摸,很难保证售后服务质量。

2. 顾客的投诉与抱怨实际上是企业改进工作、提高客户满意度的机会。

3. 企业可能使客户满意,但客户不一定忠诚;但如果客户不满意,就不可能有忠诚。

4.从产品中心型企业向客户导向型企业转型,需要漫长的过程。向客户导向型企业转型并不是目的,而是漫长的征途。这将持续地促进企业改善业务实践。成功并不是一夜之间就能顺利实现的,企业的每一个人都必须参与其中。

三、简答题

1.对售后服务人员有哪些基本要求?

2.顾客投诉的处理过程有哪些环节?

3.调查顾客满意度的步骤有哪些?

4.从产品中心型企业向客户导向型企业的转型中,企业可以采用哪些策略,真正做到客户管理?

▷【案例分析】

第三台空调来了,原来就是第一台

俞先生家花5600元买了一台志高空调,可先后有3台空调进入了他的家门。不过,俞先生坚信第一次送货上门的空调和第三次送来的空调是同一台,本来只是追究空调质量问题的他,最后跟商家的诚信较上了劲。

第一台空调转了一圈又送过来了?

在2009年5月29日,俞先生就在杭城某卖场订购了一台志高空调,并付了5600元。营业员说,暂时缺货,半个多月后才能送货上门。

6月20日,志高空调终于送货上门。俞先生查看新空调时发现,空调三层扇叶中的最里面一层扇叶有问题,其中有两片扇叶不见踪影。

安装工说,扇叶可能是运输过程中掉到空调里面去了,只要把空调拆开重新安装一下即可。新空调一来就要"开膛剖肚",俞先生无法接受,要求换机。安装工在联系上级之后表示,换机没问题,但这台空调要先留着,等到新空调来了再拉回去。

7月4日,第二台空调送来了,工人拉走了第一台空调。俞先生要求试机之后再安装,结果发现空调的升降板在开机时会发出"嘭嘭"的异响声。安装工查看后说,可能是升降板刮到了扇叶的某个部件。

"工人说要把里面的部件磨掉一些,我不同意。因为响声那么大,磨掉的部件肯定不止一点点。"俞先生自称对机械懂行,他认为安装工的建议一旦实施,说不定会影响空调的使用寿命。在俞先生的坚持下,工程师上门检查后同意再次换机。

二次换机?俞先生的第一个反应就是,该不会把第一台空调修好再送过来吧?工程师拍着胸脯保证:"绝对不会!"

第二天,第三台空调上门了,工作人员拉走了第二台空调。

俞先生再仔细看空调的外包装,心都凉了,他最担心的事情真的发生了。"我一看外包装(见图17-1),就是第一台空调嘛!我连忙叫工人不要拆机了。"俞先生强调,当初第一台空调留在家里14天,他看外包装上的胶带太烦人,一把撕下,留下一块很大的痕迹。另外,外包装上还有一个自己父亲茶杯的印记,也是当时留下的。这两个特征他印象深刻,隔了一天却再现眼前。

售后人员和消保委工作人员玩"躲猫猫"

俞先生联系卖场讨说法，未果。

他再联系志高空调厂家在杭办事处的人讨说法，也没有结果。

"我想找志高空调厂家的人当面谈谈这个问题，他们人都不出现。"俞先生还强调，厂家承认确有此事，为此他出示了一段他跟广东志高空调有限公司杭州办事处童主任的电话录音。

在这段录音中，俞先生陈述完毕后，童主任的说法是："事情已经出来了，现在就好好协商解决问题。"但是，当俞先生问为什么会出现这种事情，如何解决的时

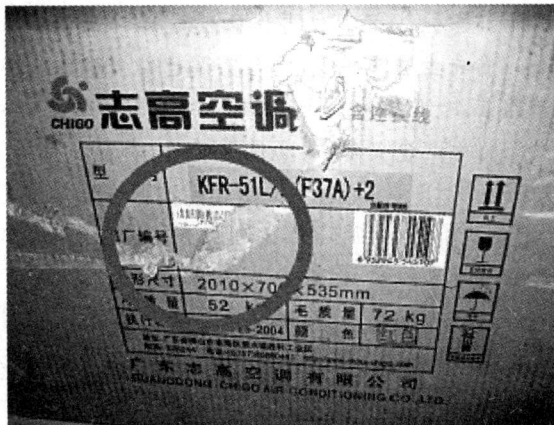

图17-1　空调外包装被撕过的痕迹很明显

候，童主任说："当班的工程师肯定要受处罚，我对仓库的事情也不了解。可以为你换一台，你可以自己去仓库随便挑一台。空调是卖场在卖的，出现了问题怎么找我们呢？"

7月17日下午，每日商报维权记者联系了童主任，并表示希望上门跟他就此事作一个沟通，但他坚决地说"不需要"，然后称他会和消费者联系。

通过志高空调的网站，记者查到了志高空调服务网络杭州客服中心的地址——杭州市江干区艮山东路彭埠镇建华一区××号二楼。市工商局江干分局消保委的工作人员得知此事后，非常重视，并决定与本报维权记者一起上门作当面沟通。

消保委工作人员到了彭埠镇后联系童主任，询问详细地址，他说在汽车东站旁的交运大厦8楼。车子调头，直奔交运大厦，再联系童主任。他说他在建华一区，有事可以找一位姓封的领导。

工作人员再次联系封领导，他说他不在单位，正在外面处理事情，已安排童主任去卖场处理这起纠纷。

下午4点左右，维权记者和消费者来到了卖场，卖场属于市工商局下城分局管辖，下城区消保委的工作人员也专程赶到现场调解。

等了许久，"童主任"都没有来，同来的媒体记者联系他时，他表示不会来了，最终没有现身。

对于俞先生的投诉，卖场工作人员的说法是："空调其实没有质量问题，因为扇叶本身就是可以拆卸的，第三台空调就是第一台空调的事情也是根本不可能的，现在说这个问题，只是各执一词罢了。"

"你们这种行为是一种什么行为？你们这是欺诈！"俞先生说，这是一个诚信问题。

卖场的说法则是："我们一直在让步，第二台空调送上门的时候，已经赠送了电扇。如果消费者确实对空调不满意，可以退货，事实上空调不存在质量问题，我们等于是无条件退货。"

"电扇是你们卖场本来就在做的满多少送什么的赠品，根本不是补偿我的。"俞先生强调，空调一事拖了两个月，现在天气太热，他也不想退空调了，只是希望在价格上卖场作一些让步。

"8折，这是我们最后的底线。"负责人的意思是，这款空调出售时价格已经很低了，再打

8折已是亏本,不可能再作让步。

俞先生的想法是,这台空调已经拆机重新组装过,那就当做样机卖。"我知道,一般样机价格在4—6折的样子,我要求6折。"

对于这个要求,卖场没有同意,调解没有结果。

7月19日下午,维权记者再次联系童主任,对于上周五的事情,童主任是这样解释的:"不是我不愿意沟通,是我处理不了这个事情,你们找封总吧。"

再联系封总,他解释:"这个事情我知道之后,已经和卖场沟通过此事了,卖场也告诉我他们的解决方案。个人觉得,厂方出面根本没有意义,因为产品和服务都是全权委托给卖场在做的。"封总的说法是,如果卖场需要协助,厂方才会出面协助。对于消费者所说的第三台空调就是第一台空调的问题,童主任和封总都表示不知道详情。"因为物流和销售都是卖场在负责,我们不清楚。"

因为纠纷未结,俞先生家的新空调至今(7月20日)未能安装。

(案例选自《每日商报》2009年7月20日)

阅读以上材料,讨论并回答以下问题:

1. 案例中的顾客对企业的服务满意吗?如果不满意,应如何消除?

2. 企业应如何处理顾客投诉?

3. 当产品和服务的质量问题被投诉于媒体或消费者协会,企业应如何正确应对?

4. 如何持续增强顾客满意?

5. 当制造企业将物流和服务外包时,应注意哪些事项?

第五部分　客户信息管理

分析 CRM 系统

➱ **项目任务**

- 核心能力

- 任务解析

- 任务导入

- 任务小结

- 核心技能

- 课堂讨论

- 课后自测

- 案例分析

- 实训操作

【能力目标】

通过完成本任务,你应该能够:

1. 理解客户关系管理系统的内容及分类;

2. 进行 CRM 系统需求分析;

3. 进行 CRM 系统的模块分析;

4. 区别 CRM 的三种技术类型及要求;

5. 规划 CRM 系统的实现过程;

6. 实施 CRM 系统;

7. 了解 CRM 软件产品。

【核心能力】

1. 进行 CRM 系统需求分析;

2. 进行 CRM 系统模块分析;

3. 实施 CRM 系统。

⤵【任务解析】▯⇒ 任务*18*：分析CRM系统

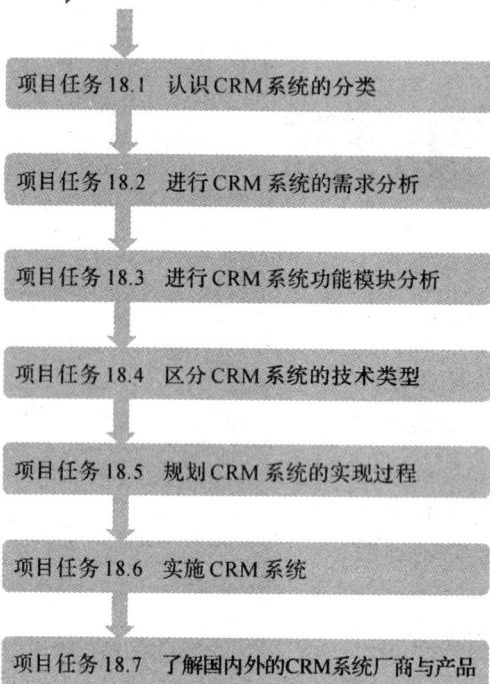

| 项目任务18.1 认识CRM系统的分类 |
| 项目任务18.2 进行CRM系统的需求分析 |
| 项目任务18.3 进行CRM系统功能模块分析 |
| 项目任务18.4 区分CRM系统的技术类型 |
| 项目任务18.5 规划CRM系统的实现过程 |
| 项目任务18.6 实施CRM系统 |
| 项目任务18.7 了解国内外的CRM系统厂商与产品 |

⤵【任务导入】

什么是客户关系管理系统(CRM系统)

究竟什么是CRM呢？归纳众多国外著名研究机构和跨国公司对CRM的理解，现实中CRM的概念可以从三个层面来表述：

1. CRM是一种现代经营管理理念。作为一种管理理念，CRM起源于西方的市场营销理论，产生和发展在美国。近年来，信息技术的长足发展为市场营销管理理念的普及和应用开辟了广阔的空间。以客户为中心、视客户为资源、通过客户关怀实现客户满意度等等是这些理念的核心所在。

2. CRM包含的是一整套解决方案。作为解决方案，CRM集合了当今最新的信息技术，它们包括Internet和电子商务、多媒体技术、数据仓库和数据挖掘、专家系统和人工智能、呼叫中心以及相应的硬件环境，同时还包括与CRM相关的专业咨询等。

3. CRM意味着一套应用软件系统。作为一个应用软件系统，CRM凝聚了市场营销等管理科学的核心理念。市场营销、销售管理、客户关怀、服务和支持等构成了CRM软件模块的基石。

综合所有CRM的定义，可以将其理解为理念、战略、技术三个层面，正确的战略、策略是CRM实施的指导，信息系统、IT技术是CRM成功实施的手段和方法。其实，企业实施CRM主要有6个重要领域：理念、战略、战术、技术、技能、业务过程。其中，理念是CRM成功的关键，它是CRM实施应用的基础和土壤。

18.1　认识 CRM 系统的分类

【任务提示】　本分项任务引领你认识 CRM 系统的分类。

【任务先行】　CRM 系统从不同的角度进行分类，可以分成不同的类别。以下分别列举了从目标客户、应用集成度、新模式与新趋势等方面来区分。

18.1.1　按目标客户分类

由于不同的企业或同一企业的不同部门或分支机构有着不同的商务需要和不同的技术基础设施，因此，根据客户的行业特征和企业的规模来划分目标客户群，是大多数 CRM 的基本分类方式。在企业中，越是高端应用，行业差异越大，客户对行业化的要求也越高，因而，有一些专门的行业解决方案，比如银行、通信、大型零售商等 CRM 应用解决方案。而对于中低端应用，一般采用基于不同应用模型的标准产品来满足不同客户群的需求。

一般将 CRM 分为三类：以跨国公司或者大型企业为目标客户的企业级 CRM；以 200 人以上，跨地区经营的企业为目标的中端 CRM；以 200 人以下企业为目标客户的中小企业 CRM。

在 CRM 应用方面，大型企业与小型企业相比有很大的区别。首先，大型企业在业务方面有明确的分工，各业务系统有自己跨地区的垂直机构，形成了企业纵横交错的庞大而复杂的组织体系，不同业务、不同部门、不同地区之间实现信息的交流与共享极其困难；其次，大型企业的业务规模远大于中小企业，致使信息量巨大；最后，大型企业在业务运作上很强调严格的流程管理，而中小企业组织机构简单，业务分工不一定非常明确，运作上也更具有弹性。因此，大型企业运用的 CRM 软件比中小企业的 CRM 软件要复杂、庞大得多。

以企业级客户为目标的公司包括 Siebel、Oracle 等；Onyx、Pivotal、用友 iCRM 等则与中型应用市场相联系，并试图夺取部分企业级市场。MyCRM、Goldmine、Multiactive 和 SalesLogix 等公司瞄准的是中小企业，它们提供的综合软件包虽然不具有大型软件包的深度功能，但功能丰富实用。

18.1.2　按应用集成度分类

CRM 涵盖整个客户生命周期，涉及众多的企业业务，如销售、支持服务、市场营销、订单管理等，既要完成单一业务的处理，又要实现不同业务间的协同，同时，作为整个企业应用中的一个组成部分，CRM 还要充分与企业的其他应用，如与财务、库存、ERP、SCM 等进行集成。但是，不同的企业或同一企业处于不同的发展阶段时，对 CRM 整合应用和企业集成应用有不同的要求。

从应用集成度方面可以将 CRM 分为：CRM 专项应用、CRM 整合应用、CRM 企业集成应用。

以销售人员主导的企业 CRM 应用的关键是销售力量自动化（SFA），而以店面交易为主的企业,其 CRM 应用的核心是客户分析与数据库营销。在 CRM 专项应用方面,有著名的 Call Center(呼叫中心)。随着客户对服务要求的提高和客户服务规模的扩大,呼叫中心在 20 世纪 80 年代得到迅速发展,与 SFA 和数据库营销一起成为 CRM 的早期应用。到目前为止,这些专项应用仍然具有广阔的市场,并处于不断地发展之中,代表厂商有 AVAYA (Call Center)、Goldmine(SFA)等。

CRM 的整合应用指实现多渠道、多部门、多业务的整合与协同及实现信息的同步与共享。CRM 业务的完整性和软件产品的组件化及可扩展性是衡量 CRM 整合应用能力的关键。这方面的代表厂商有 Siebel(企业级 CRM)、Pivotal(中端 CRM)、MyCRM(中小企业 CRM)。

CRM 集成应用一般用于信息化程度较高的企业,对这类企业 CRM 与财务、ERP、SCM,以及群件产品与 Exchange/MS Outlook 和 Lotus Notes 等的集成应用是很重要的。这方面的代表厂商有 Oracle、SAP 等。

18.1.3　新模式与新趋势

在 CRM 行业中出现了一种新的趋势,即通过 ASP(应用服务提供商)提供 CRM 应用服务。对于 ASP 客户,他们不必配备专门人员管理和维护 CRM 系统,而是通过互联网从第三方 ASP 获得所需的 CRM 应用服务。ASP 供应商租赁部分或全部的 CRM 软件、提供部分或全部的支持性服务、满足部分或全部的客户需要。Upshot 和 Firstwave 是这方面的良好范例。

但就当前中国市场而言,由于互联网本身在基础设施、安全技术、使用成本等方面的不完善,CRM 的 ASP 尚处于研究和发展阶段。目前,更符合中国企业实际应用的 CRM 销售与服务软件仍主要通过面对面的交流。但由于 ASP 模式潜在的很多优势,其将逐步成为中国 CRM 市场上的一种重要的服务方式。

商业模式的发展与新技术的出现,对于 CRM 具有重大的影响,例如,电子商务将改变现有的 CRM 市场格局和未来方向。电子商务使客户、生产者和销售者这些不同的主体之间建立了直接的联系,无需中间人,客户更接近于产品和服务的实际提供者。由于 Web 取代了传统的店面、电话等,成为企业与客户之间最重要的联系方式,从而形成了一个大型的数据仓库,增加了客户统计方面的分析能力,使客户细分和目标定位的能力得到了很大的提高,并能有效利用这些数据创造出新的营销能力。

▷【重要知识 18-1】

CRM 能做什么

正是 CRM 独创性的管理理念和管理手段,真正把"以客户为本"的观念结合到企业的日常业务之中,从而在多个方面改善企业的管理。

(1)CRM 可以加速企业对客户的响应速度

CRM 改变了企业的运作流程,企业应用与客户以多种方式直接进行交流,大大缩短了企业对客户的响应时间,企业也可以更敏锐地捕捉到客户的需求,从而为改进企业的业务提供了可靠的依据。

（2）CRM 可以帮助企业改善服务

CRM 向客户提供主动的客户关怀，根据销售和服务历史提供个性化的服务，在知识库的支持下向客户提供更专业化的服务，严密的客户纠纷跟踪，这些都成为企业改善服务的有力保证。

（3）CRM 可以提高企业的工作效率

由于 CRM 建立了客户与企业交流的统一平台，客户与企业一点接触就可以完成多项业务，因此办事效率大大提高。另一方面，Front Office 自动化程度的提高，使得很多重复性的工作（如批量发传真、邮件）都由计算机系统完成，工作的效率和质量都是人工无法比拟的。

（4）CRM 可以有效地降低成本

CRM 的运用使得团队销售的效率和准确率大大提高，服务质量的提高也使得服务时间和工作量大大降低，这些都无形中降低了企业的运作成本。

（5）CRM 可以规范企业的管理

CRM 提供了统一的业务平台，并且通过自动化的工作流程将企业的各种业务紧密结合起来，这样就将个人的工作纳入到企业规范的业务流程中，与此同时将发生的各种业务信息存储在统一的数据库中，从而避免了重复工作，以及人员流动造成的损失。

（6）CRM 可以帮助企业深入挖掘客户的需求

CRM 注意收集各种客户信息，并将这些信息存储在统一的数据库中，同时 CRM 还提供了数据挖掘工具，可以帮助企业对客户的各种信息进行深入的分析和挖掘，使得企业"比客户自己更了解客户"。

（7）CRM 可以为企业的决策提供科学的支持

CRM 是建立在"海量"的数据库之上的，CRM 的统计分析工具可以帮助企业了解信息和数据背后蕴含的规律和逻辑关系。掌握了这些，企业的管理者就可以做出科学、准确的决策，使得企业在竞争中占尽先机。

总之，CRM 系统将会给企业带来巨大的收益，它将是企业信息化的新的热点。据国际著名 IT 咨询公司 The Gantry Group(http://www.gantrygroup.com)最新的调查显示，对于那些还没有实施 CRM 解决方案的公司，有 81% 的企业计划在 12 个月之内引进集成 CRM 系统。这一点也从侧面证明了 CRM 系统的价值。

18.2　进行 CRM 系统的需求分析

【任务提示】　本分项任务引领你进行 CRM 系统的需求分析。

【任务先行】　不同的企业有不同的工作流程和组织结构，因此对 CRM 的要求也是不同的，因此在这里我们从部门级和企业级的角度进行 CRM 系统的需求分析。

在一个企业中，有三个主要部门与客户有密切的联系，这就是市场部、销售部和服务部。CRM 系统首先需要满足这三个部门级需求，提高市场决策能力、加强统一的销售管理、提高客户服务质量。其次,客户关系管理将企业的市场、销售和服务协同起来,建立市场、销售和服务之间的沟通渠道,从而使企业能够在电子商务时代充分把握市场机会,也就是满足企业部门协同级的需求。最后,客户关系管理和企业的业务系统紧密结合,通过收集企业的经营信息,并以客户为中心优化生产过程,满足企业级的管理需求。

(1)部门级需求

在企业中,对 CRM 有着强烈需求的部门是市场、销售和服务等三个部门。不同的部门对 CRM 的需求也不同。

市场部门主要关心以下问题:

- 活动管理 对企业的所有市场活动进行管理;
- 活动跟踪 跟踪市场活动的情况;
- 反馈管理 及时得到市场活动的反馈信息;
- 活动评价 对市场活动的效果进行度量;
- 客户分析 对客户的构成、客户的地理信息和客户行为进行分析;
- 客户状态 将客户分类,从而管理客户风险、客户利润等,同时确定针对不同类别客户的市场活动等。

销售部门主要关心以下方面的问题:

- 销售信息 及时地掌握销售人员的销售情况;
- 销售任务 将不同的销售任务,按销售经理制定的流程分配下去;
- 销售评价 对各个地区、各个时期以及各个销售人员的业绩进行度量。

服务部门关心的主要问题有:

- 准确信息 根据系统提供的准确信息为客户服务;
- 一致性 企业的服务中心以整体形象对待客户,使客户感觉是同一个人在为其服务;
- 问题跟踪 能够跟踪客户所有的问题并给出答案;
- 活动评价 对市场活动的效果进行度量。

要满足部门级的需求,CRM 系统至少应该包含数据仓库、OLAP、销售管理、活动管理、反馈管理和数据挖掘系统。

(2)协同级需求

市场、销售和服务是三个独立的部门,对 CRM 有着不同的需求。但是有一点是共同的:以客户为中心的运作机制。协同级将市场、销售和服务三个部门紧密地结合在一起,从而使 CRM 为企业发挥更大的作用。协同级主要解决企业在运作过程中遇到的以下问题:

- 及时传递信息 将市场分析的结果及时地传递给销售和服务部门,以便它们能够更好地理解客户的行为,达到留住老客户的目的。同时,销售和服务部门收集的反馈信息也可以及时传递给市场部门,以便市场部门对销售、服务和投诉等信息进行及时分析,从而制定出更有效的竞争策略。

- 渠道优化 市场部门将销售信息传递给谁、由谁进行销售等对企业的运营非常重要。渠道优化就是在众多的销售渠道中选取效果最佳、成本最低的销售渠道。

总之,通过市场、销售和服务部门的协同工作,可以实现在恰当的时机拥有恰当的客户的目标。

（3）企业级需求

在大、中型企业中，IT 系统比较复杂，如果这些 IT 系统之间相互孤立，就很难充分发挥各系统的功能。因此，不同系统之间的相互协调可以充分提高企业的运作效率，同时也能充分利用原有的系统，从而降低企业 IT 系统的成本。

CRM 作为企业重要的 IT 系统，也需要与企业的其他 IT 系统紧密结合。这种结合主要表现在：信息来源的需求、利用原有系统以及生产系统对 CRM 的需求。

■ 信息来源　市场分析需要有关客户的各种数据，销售和服务部门也需要在适当的时机掌握正确的数据。这些有关客户行为、客户基本资料的数据通常来源于其他 IT 系统，因此 CRM 系统经常需要从企业已有的 IT 系统中获得这些数据。

■ 利用原有系统　企业已有的 IT 系统中有很多模块可以直接集成到 CRM 系统中，通过对已有系统的利用，可以增强 IT 系统中数据的一致性，同时也降低了 CRM 系统的成本。

■ 生产系统对 CRM 的需求　CRM 的分析结果可以被企业内其他系统所利用。例如，在移动通信企业中，对于客户群体的分析是信用度管理的基础。

【案例 18-1】

作为国内最大的化工分销企业之一，HB 公司现有遍布全国的 20 多个办事处，员工 500 多人，拥有 4300 多种产品和规格，客户多达 10000 多个，年销售额达 15 亿元。目前 HB 公司以精确的市场定位和高素质的员工队伍为依托，不断为市场提供各种高新产品，同时以良好的服务水准被各行业所认同。HB 立志成为拥有全套服务、高效优质的公司。

为了保证 CRM 项目的顺利进行，HB 公司成立专门的 CRM 项目开发小组，电子商务部与市场部具体负责 CRM 项目各方面的开发运作，各业务部门经理都参与了项目规划。公司高层对本项目的实施非常重视，集团总裁多次亲自参与 CRM 项目开发的规划工作。HB 公司确定以下需求：

1. 客户、联系人信息的维护与管理：作为基本功能与基础数据，这些内容要与 ERP 系统实现同步。

2. 在功能方面，重点是跟踪并记录客户的开发过程，从开始联系到产生交易：电话联系、上门拜访、报价、试样、销售。

3. 销售漏斗：看重对"样品"的管理，因为"样品"在业务过程中代表着非常重大的意义——合作意向。销售漏斗是 CRM 中对"意向"进行分析与管理的工具，大部分 CRM 产品中都有，这个工具能帮助业务员了解业务进度，同时有利于管理人员进行绩效管理。

4. 在资源中寻找新的机会：CRM 的实施可以使销售环节的所有信息集中化，将非常有利于信息检索与"关系资源共享"，从而使"组合销售"更容易进行。

5. 对业务过程进行记录与管理将有利于工作的移交，也减少了因人员流失而造成的损失。

6. 流程传递：CRM 的实施对日志、报告等文字工作产生影响，使报告更加直观，使管理层更容易获取需要的信息。

对于这样一个多元化经营的企业来说，在 CRM 统一的战略思想下，CRM 系统平台把企业原来分散的力量和资源集结到一起，使企业与客户交流只需要面对唯一一个平台。这样就大大地降低了企业与客户交流的步骤，从而找到了一条与客户之间的快捷通道，降低了双方的成本，最终实现企业和客户价值的最大化。

18.3 进行 CRM 系统功能模块分析

【任务提示】 本分项任务引领你进行 CRM 系统功能模块分析。

【任务先行】 客户关系管理系统是以最新的信息技术为手段，运用先进的管理思想，通过业务流程与组织的深度变革，帮助企业最终实现以客户为中心的管理模式。因此对 CRM 进行系统模块分析，对更好地认识和运用 CRM 有很大的帮助。

18.3.1 客户关系管理的一般模型

不同的企业 CRM 系统的模块也不尽相同，他们会根据企业的具体流程来进行设置，如图 18-1 是 CRM 系统的一般模型，它反映了 CRM 最重要的一些特性。

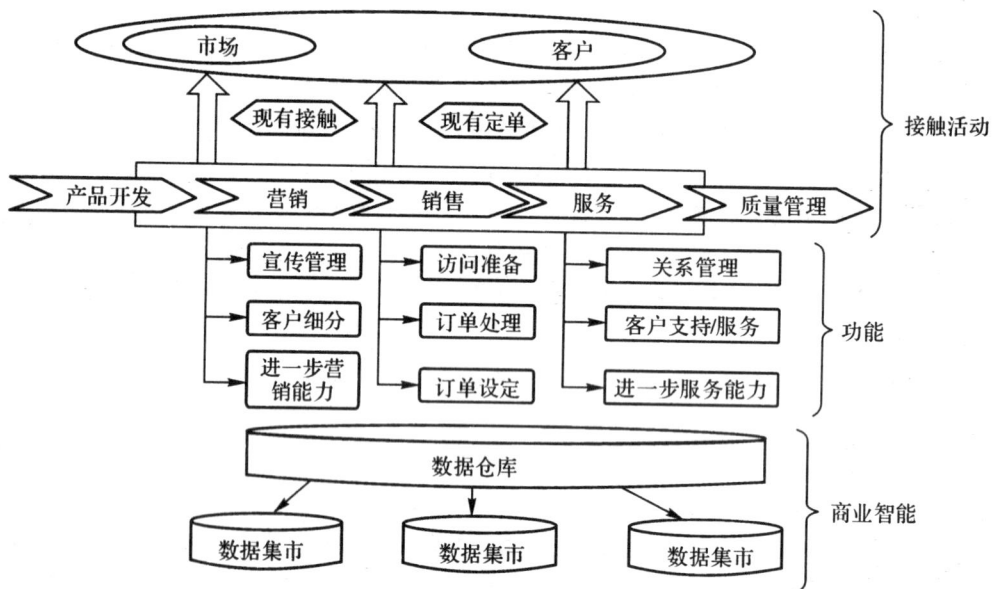

图 18-1　CRM 的一般模型

从图 18-1 中可以看出，这一模型阐明了目标客户、主要过程以及任务功能之间的相互关系。CRM 的主要进程由市场、销售和服务构成。首先，在市场营销过程中，通过对客户和市场的细分，确定目标客户群，制定营销战略和营销计划。而销售的任务是执行营销计划，包括发现潜在客户、信息沟通、推销产品和服务、收集信息等，目标是建立销售订单，实现销售额。在客户购买了企业提供的产品和服务后，还需对客户提供进一步的服务与支持，这主要是客户服务部门的工作。产品开发和质量管理过程分别处于 CRM 过程的两端，提供必要的支持。

在 CRM 系统中，各种渠道的集成是非常重要的。CRM 的管理思想要求企业真正以客户为导向，满足客户多样化和个性化的需求。而要充分了解客户不断变化的需求，必然要求企业与客户之间进行双向的沟通,因此拥有丰富多样的营销渠道是实现良好沟通的必要条件。

CRM 改变了企业前台业务运作方式,各部门间信息共享,密切合作。模型中的数据仓库可以全方位地提供客户和市场信息。而对于 CRM 模型来说,建立一个企业级数据仓库是 CRM 功能全面实现的基础保障。

根据 CRM 系统的一般模型,可以将 CRM 系统划分为接触活动、业务功能及商业智能三个组成部分。

(1)接触活动

CRM 系统应当能使企业以各种方式与客户接触,典型的方式有呼叫中心、直接沟通、传真、移动销售(mobile sales)、电子邮件、互联网以及其他营销渠道。目前的 CRM 系统都会支持一种或几种接触活动。企业必须协调这些沟通渠道,保证客户能够以自己最习惯的方式与企业进行实时接触,并且保证来自不同渠道的信息的完整性、准确性和一致性。今天,互联网已经成为企业与外界沟通的重要工具,特别是电子商务的迅速发展,促使 CRM 系统与互联网进一步紧密结合,发展成为基于互联网的应用模式。

(2)业务功能

企业中每个部门必须能够通过上述接触方式与客户进行沟通,而市场营销、销售和服务部门与客户的接触和交流最为频繁,因此,CRM 系统主要针对这些部门进行支持。

然而,并不是所有的 CRM 产品都能覆盖所有的功能范围。一般地,一个系统最多能够支持两至三种功能,如市场营销和销售。因此,在系统评价中,功能范围可以作为 CRM 系统性能评价的重要衡量标准。

CRM 系统的业务功能通常包括市场管理、销售管理、客户服务和支持三个组成部分。市场管理的主要任务是:通过对市场和客户信息的统计与分析,发现市场机会,确定目标客户群和营销组合,科学地制定出市场和产品策略;为市场人员提供制定预算、计划、执行和控制的工具,不断完善市场计划;同时,还可管理各类市场活动(如广告、会议、展览、促销等),对市场活动进行跟踪、分析和总结,以便改进工作。

销售管理部分则使销售人员通过各种销售工具,如电话销售、移动销售、远程销售、电子商务等,方便及时地获得有关生产、库存、定价和订单处理的信息。所有与销售有关的信息都存储在共享数据库中,销售人员可随时补充或及时获取,企业也不会由于某位销售人员的离去而使销售活动受阻。另外,借助信息技术,销售部门还能自动跟踪多个复杂的销售线路,提高工作效率。

客户服务和支持部分具有两大功能,即服务和支持。一方面,通过计算机电话集成技术(CTI)支持的呼叫中心,为客户提供每周 7×24 小时不间断服务,并将客户的各种信息存入共享的数据库以便及时满足客户需求。另一方面,技术人员对客户的使用情况进行跟踪,为客户提供个性化服务,并且对服务合同进行管理。

以上三种业务功能在应用中是互相结合、相互促进的。业务功能的实现是 CRM 系统技术和应用的核心所在。

(3)商业智能

CRM 系统中商业智能的实现是以数据仓库为基础的。其重要作用体现在以下几点:帮助企业准确地找到目标客户群;帮助企业在最合适的时机以最合适的产品满足客户需求,降低成本,提高效率;帮助企业根据客户生命周期价值对现有客户进行划分;帮助企业结合最新信息和结果制定出新策略。

一个高质量的数据仓库包含的数据应当能全面、准确、详尽和及时地反映客户、市场及销售信息。数据可以按照市场、销售和服务部门的不同用途分成三类:客户数据、销售数据、服务数据。客户数据包括客户的基本信息、联系人信息、相关业务信息、客户分类信息等,它不但包括现有客户信息,还包括潜在客户、合作伙伴、代理商的信息等。销售数据主要包括销售过程中相关业务的跟踪情况,如与客户的所有联系活动、客户价格咨询和相应报价、每笔业务的销售订单以及竞争对手的有关信息,等等。服务数据则包括客户投诉信息、服务合同信息、售后服务情况以及解决方案的知识库等。这些数据可以根据主题存放在数据仓库中,也可以存放在部门级数据仓库(即数据集市)中,实现信息共享,以提高企业前台业务的运作效率和工作质量。

CRM 的商业智能是一种通过对业务数据进行数据挖掘产生报表,并对报表进行分析和决策支持的工具。商业智能的技术支持不只包括数据仓库,还包括了数据挖掘、联机分析处理(OLAP)等数据处理技术。

18.3.2　客户关系管理系统的功能模块

ERP 已经从简单的模型发展到行业的模型(零售和分销、汽车、公共事业等)。目前,有一些研究和实践,针对行业设计流程,更好地组织资源,更好地把 ERP 的能力与行业的需求匹配进行探讨。

在 CRM 领域,当前所具有的模型还是比较一般化的。虽然已经有人在讨论这种事情,但更多地关注于与后台的连接和数据描述。传统的 CRM 的功能系列是销售、电话销售、销售自动化、现场服务和支持、营销。对咨询和技术公司来讲,CRM 还是一个较新的服务,经过对客户互动管理和客户需求管理进行研究,CRM 在各行业的不同点日益为人们所重视。在电信行业和日用品行业,客户获得、服务履行、客户数据的可得性都有很多的不同。另外,在考虑技术因素时,行业知识和经验是 CRM 系统实施的关键成功因素。随着时间的推移,CRM 的行业模型会逐渐进化,就像 ERP 那样。

除了与后台的集成外,有很多与行业密切相关的问题要考虑。

(1)行业与行业的业务流程有很大不同。

(2)业务流程决定了系统功能。虽然,市场、销售和服务都是需要的,但在不同的行业对这些功能的侧重是不同的,如 SFA 比 CSS 重要,或 CSS 比营销自动化重要。

常见的功能模块

CRM 的具体产品有很多,软件各具特色。面对种种的 DEMO 演示,对于企业用户来说,很容易觉得眼花缭乱。这时,如果心里有张"谱",自然会轻松很多。通过对国内外 CRM 产品的调查和分析,CRM 的软件功能模块大致如下:

(1)销售管理模块

CRM 系统中,销售管理主要是对商业机遇、销售渠道等进行管理。该模块将企业所有的销售环节结合起来,形成统一的整体。销售管理模块有助于缩短企业销售周期,提高销售的成功率;同时还为销售人员提供包括企业动态、客户信息、产品信息、价格信息、竞争对手信息等大量的最新企业信息。

销售自动化是销售管理模块的重要组成部分。销售自动化是以自动化方法替代原有的销售过程,这个自动化方法即信息技术。销售自动化的主要功能包括:组织和浏览销售信息,如客户、业务描述、联系人、时间、销售阶段、业务额、可能结束时间等;产生各销售业务的阶段报告,并给出业务所处阶段、还需要的时间、成功的可能性、历史销售状况评价等信息;对销售业务给出战术、策略上的支持;对地域(省市、邮编、地区、行业、相关客户、联系人等)进行维护;把销售人员归入某一地域并授权;地域的重新设置;根据利润、领域、优先级、时间、状态等标准,用户可定制关于将要进行的活动、业务、客户、联系人、约会等方面的报告;提供类似 BBS 的功能,用户可把销售秘诀贴在系统上,还可以进行某一方面销售技能的查询;销售费用管理;销售佣金管理。

(2)营销管理模块

营销管理是指对客户和市场信息进行全面的分析,从而对市场进行细分,产生高质量的市场策划活动,指导销售队伍更有效地工作。营销管理系统为销售、服务、呼叫中心等提供关键性的信息。

营销自动化是营销管理模块的重要组成部分。营销自动化是通过营销计划的编制、执行和结果分析、清单的产生和管理、预算和预测、资料管理、建立产品定价和竞争等信息的知识库、提供营销的百科全书、进行客户跟踪、分销管理,以达到营销活动的设计目的。

营销自动化的主要功能包括:产品和价格配置器;在进行营销活动(如广告、邮件、研讨会、网站、展览会等)时,能获得预先定制的信息支持;把营销活动与业务、客户、联系人建立关联;显示任务完成进度;提供类似公告板的功能,可张贴、查找、更新营销资料,从而实现营销文件、分析报告等的共享;跟踪特定事件;安排新事件,如研讨会、会议等,并加入合同、客户和销售代表等信息;信函书写、批量邮件,并与合同、客户、联系人、业务等建立关联;邮件合并;生成标签和信封。

(3)服务管理模块

服务管理模块为客户服务人员提供易于使用的工具和有用的信息,以提高客户服务人员提供服务的效率,增强服务能力。服务管理模块包括客户服务与支持、关系管理等多个方面。

客户服务与支持 CSS(Customer Service and Support)是客户关系管理中的重要部分。它是通过呼叫中心和互联网来实现的,有助于产生客户的纵向及横向销售业务。CRM 中的客户服务与支持系统可以帮助企业以更快的速度和更高的效率来满足顾客的独特需求,负责保持和发展客户关系。它可以向服务人员提供完备的工具和信息,并支持多种客户交流方式;可以帮助客户服务人员更快捷更准确地解决用户的服务咨询,同时能根据用户的背景资料和可能的需求向用户提供合适的产品和服务建议。客户服务与客户支持是企业业务操作流程中与客户联系最频繁的部门,对保持客户满意度至关重要。

客户服务与支持主要功能包括:服务项目的快速录入;服务项目的安排、调度和重新分配;事件的升级;搜索和跟踪与某一业务相关的事件;生成事件报告、服务协议和合同;订单管理和跟踪;维修调度、纠纷解决等。

关系管理主要是指合作伙伴关系管理。关系管理的主要功能包括:对公司数据库信息设置存取权限,合作伙伴通过标准的 Web 浏览器以密码登录的方式对客户信息、公司数据库、与渠道活动相关的文档进行存取和更新;合作伙伴可以方便地存取与销售渠道有关的销售机会信息;合作伙伴通过浏览器使用销售管理工具和销售机会管理工具,如销售方法、销售流程等,并使用预定义的和自定义的报告。

服务管理模块的主要目标是确保客户的要求及时满意地得到解决。

(4)呼叫中心管理模块

呼叫中心(Call Center)子系统将销售管理与服务管理模块的功能集成起来,使一般的业务人员能够向客户提供实时的销售和服务支持。呼叫中心是基于 CIT 技术的一种新的综合信息服务系统,由早期的仅以电话和接话人员组成的电话服务热线发展而来。现代呼叫中心是一种充分利用通信网和计算机网的多项功能集成,与企业各业务渠道连为一体的完整的综合信息服务系统,能有效地为用户提供多种服务。呼叫中心不仅在外部为用户提供服务,也在内部协调整个企业的管理和服务。

呼叫中心主要功能包括:呼入呼出电话处理;互联网回呼;呼叫中心运行管理;软电话;电话转移;路由选择;报表统计分析;管理分析工具;通过传真、电话、电子邮件、打印机等自动进行资料发送;呼入呼出调度管理。

呼叫中心结合了自动呼叫分配(ACD)、计算机电话集成(CTI)、交互式语音应答(IVR)等多项技术,从而为客户提供更快捷、更有效的客户服务。

有关呼叫中心的详细内容已经在前面进行了介绍。

(5)商业智能模块

随着营销、销售、服务三方面的逐步进行,会产生大量的有价值的客户信息。利用这些信息可以进行各种分析,以便产生涉及客户关系方面的商业智能方案,辅助管理者及时做出正确的决策。商业智能主要包括:销售智能、营销智能、客户智能等内容。商业智能模块在 CRM 系统中越来越重要。随着营销管理、销售管理、服务管理的逐步完善,可以说今后 CRM 系统的竞争将主要是商业智能模块的竞争。

阅读与思考 18-1

汽车行业 CRM

汽车行业 CRM 应用集成了在汽车制造、销售和服务体验上的每一个关键元素。随着汽车购买周期的缩短,汽车行业 CRM 系统帮助制造商通过简化客户订单和信息服务体验来留住客户。根据行业专家的建议,基本的汽车行业 CRM 应包含以下功能:与 JIT(按需生产)供应商集成、运费追踪、服务和销售提醒。

通过在产品生命周期的每一个环节中集成汽车行业 CRM 应用自定义,制造商可以精简从销售到售后服务的流程。巩固与经销商之间的伙伴关系,培养更多的忠诚客户,促进重复购买率。

金融服务 CRM

经纪人、投资理财师和销售代表对于金融服务 CRM 应用的要求是能够合并实时交易管理与潜在客户侦测。基本的金融服务 CRM 系统所应包含的模块包括:股票报价实时更新、交易历史记录与查询、投资组合分析、金融服务等。CRM 系统应能按照客户账户来最大化客户的投资收入,分析长期趋势。例如监控资产分配,向理财师建议投资组合的平衡。

医疗保健行业 CRM

小型诊所和大型医疗保健单位都可以使用这种 CRM 管理工具。这类 CRM 应用可以在服务提供商以及保险代理之间进行更方便的数据共享,简化复杂的账单操作流程,加速与成本相关的决策。医疗保健行业 CRM 的基本模块应包含:制度合规、个案管理工具、动态服务价格系统。

18.4 区分 CRM 系统的技术类型

【任务提示】 本分项任务引领你区分 CRM 系统的技术类型。

【任务先行】 CRM 的技术类型主要有以下三种:运营型、分析型和协作型。一般来说,技术体系结构主要集中在运营型、分析型和协作型。因此对 CRM 系统进行技术类型区分,对更好地认识和运用 CRM 有很大的帮助。

运营型 CRM 是面向客户的 CRM 应用,主要包括销售自动化、企业营销自动化和前端办公室套件等;分析型 CRM 主要包括数据挖掘或数据仓库,例如基于各种客户数据库并使用相应算法来选择数据,然后以某种形式将其表现出来;协作型 CRM 可以跨越客户接触点(包括与客户交流沟通的方式,如电子邮件、电话、传真和网站页面等),同时也包括伙伴关系管理(Partner Relationship Management,PRM)的应用。

与此相应,CRM 的实现也主要包括以下三个层次:

(1)运营型 CRM 是对销售、营销和客户服务三种业务流程及其管理进行信息化,其作用在于提高前台的日常运作效率和准确性,主要包括销售自动化、营销自动化和服务自动化;

(2)协作型 CRM 是与客户进行沟通所需手段(如电话、传真、网络、E-mail 等)的集成和自动化,其作用在于帮助企业更好地与客户进行沟通和协作,主要包括语音技术、网上商店、邮件、会展和面对面沟通等;

(3)分析型 CRM 是对上述两种应用所产生的信息进行加工与处理,生成客户智能,为企业的战略决策提供支持,主要包括数据仓库、客户数据库、客户细分系统、报表和分析系统,提供对客户数据和客户行为模式进行分析的能力。

18.4.1 运营型 CRM

运营型 CRM 具有类似于 ERP 的部分功能,例如 ERP 典型的功能主要包括客户服务、定购管理、发票/账单管理或销售及营销自动化管理等,它们也是 CRM 的主要用途。运营型 CRM 可能包括企业资源规划(Enterprise Resource Planning,ERP)应用的财务与人力资源职能,如 Peoplesoft 与 SAP。不过,要使运营型 CRM 的整合优势在实践中体现出来并非易事。事实上,2000 年,META 的调查研究显示,CRM 项目的失败率在 55%~75% 左右,而项目失败或产生问题的主要原因在于无法充分整合原有系统。

　　概括而言,运营型 CRM 的主要构成包括销售自动化管理、在线销售管理、在线营销管理、网上营销管理、在线服务管理和网上服务管理等。

　　1.销售自动化管理

　　销售自动化(Sales Force Automation,SFA)系统的应用已经有很长的历史,CRM 就是在它与其他应用系统的基础上发展而来的,其主要应用对象是销售人员和销售管理人员。发展到今天,销售自动化软件主要有两种应用方式:一种是完全基于 Web 应用的 SFA 模式,另一种是客户端服务器(Customer/Server,C/S)模式。不过,从系统功能上来讲,不论是基于 Web 的 SFA,还是 C/S 结构,所具有的功能都是相同的,只是实现和应用手段不同而已。一般而言,SFA 的功能要求主要有以下几方面。

　　(1)客户和联系人的信息管理。

　　客户和联系人管理是 CRM 和 SFA 的最基本功能,也是 CRM 的基础。通过客户和联系人管理,市场部、销售部门、培训部和客户服务部等可以录入、修改和更新客户和联系人的信息。

　　(2)销售机会(或项目)管理。

　　对销售机会管理,典型的 SFA 往往包括起止日、合同额、项目成员组成、客户经理、地址、联系人和相关文档等,它有助于销售人员了解销售活动、进度、与客户接触时需要注意的问题、主要联系人及客户的信誉等。

　　(3)活动管理。

　　如何科学地安排日常活动,对成功地向客户推销产品或服务是十分重要的。利用这类软件以后,销售人员可以通过多个"活动管理"来制作并管理自己的日程表、活动计划和待处理工作。

　　(4)其他管理。例如,使用 SFA 软件,销售人员可以通过电子邮件或硬拷贝等形式为每个客户制作不同的报价。

　　2.在线销售管理

　　在线销售管理是通过网络进行销售管理的应用软件,可供现场销售代表、分销商、代理商和销售主管人员等使用。它的具体功能要求有以下几个方面。

　　(1)个性化设置。专业销售人员可以采用多种方式设置个性界面。

　　(2)客户信息。在销售过程的每一个阶段,为销售人员均提供完整的资料。

　　(3)销售方法管理。每个企业的销售方法会有所不同。企业可以使用任务模板对任务进行定义。

　　(4)区域管理。用户可对不同的销售区域按与客户有关的特性进行定义,如客户地理位置、所属行业、所在市场分区、业务大小等。

　　(5)预测产品需求。用户可以从订单或产品的角度来进行预测,修改预测结果。

　　(6)客户层级管理器。企业可以创建和管理复杂的客户关系。

　　(7)客户接触点管理。用户可以查看客户与公司产生的所有接触点,查看相关资料。

　　(8)销售佣金管理。销售人员能够计算出他们日后所能获得的报酬。

　　(9)销量预测管理。可以将各个部门使用不同货币做出的销量预测进行总汇,从而使销售主管了解公司在全球范围内的预计销售额。

　　(10)赠品陪送功能。销售人员可将赠品直接发送给潜在客户,绕过申请环节,降低销售成本。

（11）与营销百科全书系统的整合。销售人员和营销人员可以组织整理企业资料,供销售队伍参考使用。

（12）与商业智能系统整合。销售人员可以获得商业智能系统所提供的所有报表。销售智能系统可向销售队伍提供实时的、整个企业的销量报告。

（13）与生产资源规划（MRP）的集成。在确认产品需求后,销售人员可以将产品的数量、类型和发货日期传送到生产资源规划（MRP）中。

3．网上营销管理

利用网络实现与客户的互动,成为与客户进行接触的有效手段。利用网络开展一对一营销的重要性越来越凸显出来。利用网上营销管理功能,企业可以在网上展开全面的营销活动,主要表现在以下方面。

（1）个性化设置和一对一营销。网上营销管理可以根据客户的喜好,确定向客户展示的内容,并对网页实施个性化设置。

（2）升级销售与连带销售。通过将客户的购物情况加以整合,企业可以给客户提供连带销售的产品。

（3）基于客户细分的定价与促销。利用网上营销管理,用户可以对不同的客户群采用不同的定价。同时,还可以针对不同的客户进行定制化和个性化设置的销售促进活动。

4．网站内容管理

利用网上营销管理,企业可以注册网站,并进行网站内容的管理,并且可以刷新客户需求并满足客户需求。

5．在线服务管理

在线服务管理软件使得客户服务人员不再仅仅为客户提供服务,其目光主要聚焦在客户关系方面,具体表现在以下方面。

（1）现场服务人员派遣。调度人员可以综观全局,进行现场服务人员的安排、检测、派遣和排序工作。

（2）移动现场服务。通过移动现场服务,公司可对现场服务的全过程进行管理。

（3）利用移动设备便捷地查询客户资料。现场服务人员可以通过简单而小巧的设备随时随地查阅客户资料。

（4）返厂维修和备件管理。返厂维修使企业可以全方位地了解客户需求、已购买产品的状况及客户对维修服务的要求。备件管理则向企业提供有关存货产品的质量和数量的最新资料。

（5）知识库管理。通过与知识库的整合,现场服务代表为客户提供上门服务之前,可以根据客户知识进行诊断。

（6）任务管理和现场服务报告。管理人员可以制作新任务,更新现有任务,并将任务分配出去。

6．网上服务管理

通过网上服务管理,企业可以整合各种服务渠道,并将网上的各种服务、投诉、咨询等转入服务管理系统进行处理,主要表现为以下方面。

（1）自助式环境。通过自助式和自我管理式的功能,企业可以挽留更多的客户,并吸引客户再次光顾。

（2）服务请求管理。它允许用户可以输入服务请求，并将这些请求加到服务队列中去。

（3）知识管理。通过与知识管理系统的整合，可为客户的问题或文件搜索出已有的解决方案。

（4）电子邮件管理。通过与电子邮件系统的整合，企业可以按照客户对服务的需求来为客户提供自助式的电子邮件服务。

（5）查询订单和服务请求状态。客户可以查询各种事项的进展情况。

18.4.2　协作型 CRM

协作型解决方案将实现全方位地为客户提供互动服务和收集客户信息，实现多种客户互动渠道的整合，如把呼叫中心、面对面交流、因特网、电子邮件与传真等集成起来，使各种渠道协调一致，以保证企业和客户都能得到完整、准确和一致的信息。协作型 CRM 着重于通过技术手段实现高质量的客户接触和高效率的客户信息收集，将多种与客户交流的渠道紧密集成在一起，同时利用运营 CRM 协调企业各业务部门和信息支撑系统，保障客户交流渠道的有效性和一致性。

1. 呼叫中心

我们经常听到呼叫中心或接触中心的说法。接触中心可以使企业通过多个渠道实现对客户互动的管理，可以实现渠道的整合、信息的共享和相互协作。而呼叫中心则通过提供各种计算机电话整合系统（Computer Tele Phony Integration，CTI）等设备来支持自动呼叫分配功能（Automatic Call Distributor，ACD）/程控交换功能（Private Branch Exchange，PBE），实现计算机电话集成技术与 CRM 业务应用软件之间的整合；通过电话技术来进行客户之间的互动，对来自多个渠道的工作任务和坐席代表的任务进行全面的管理。目前，呼叫中心已经在许多领域都得到了广泛的应用。例如，电话银行，使用户可以通过电话进行汇率查询、账户结余查询、转账和代扣公用事业费等。可以说，现代的呼叫中心是 CRM 行业的一个重要分支，是由若干成员组成的工作组，其中既包括一些服务代理或人工坐席（agent），也包括一些自动语音设备。他们通过网络进行通信，共享网络资源，为客户提供互动服务。这部分内容在售中部分已经讲解，这里不再详细阐述。

2. 电子邮件管理

CRM 中的电子邮件管理专门用来处理电子邮件的收发，对以电子邮件形式进行的营销和销售推广过程进行管理，并按照预先订好的规则对电子邮件的路由选择和队列进行管理，主要表现在以下方面。

（1）邮件自动响应。它可对接收到的电子邮件给予自动响应。

（2）对非结构化邮件的处理。它可以通过用户自定义的规则或自动分类功能，判断自由格式的电子邮件的发信人意图。

（3）路由选择。邮件的处理，对路由有很高的要求。

（4）邮件营销活动及其评价。除了处理邮件接收外，还可以对邮件发送进行管理，实现营销活动的闭环管理。

（5）各种报表。通过这些报表，可以了解坐席代表的生产效率、利用率，并能够对邮件营销活动的效果进行评估。

18.4.3 分析型 CRM

分析型 CRM 的目的,是"把数据转为信息,把信息化为知识"。

1.客户智能

有了客户智能软件,用户可查看客户资料,分析客户情况,检测客户的业绩状况,可对获得和挽留客户、客户动态、客户的盈利状况、客户满意程度、客户忠实程度和客户惠顾周期等进行整理。这样,可设计出行之有效的获得和挽留客户的战略方法,并以此来增强客户的忠诚度和对产品的满意度,获知更多产品需求信息,将公司的资源有效的分配给重要的客户,以便留住客户和提高盈利能力。

客户智能是创新和使用客户知识,帮助企业提高优化客户关系的决策能力和整体的运营能力的概念、方法、过程及软件的集合。具体来讲,客户智能的体系框架分为五个层面,如图 18-2 所示。

(1)基本理论,包括企业分析和对待客户的理论与方法,以及从客户和企业角度进行价值分析;

(2)信息系统层面,包括称为客户智能系统(Customer Intelligence System,CIS)的物理基础;

(3)数据分析层面,由一系列的算法、分析工具和各种模型组成;

(4)知识发现层面,与数据分析层面相一致,也是由算法、分析工具和各种模型组成;

(5)战略层面,即利用信息及形成的假设、预测来提高企业的决策水平。

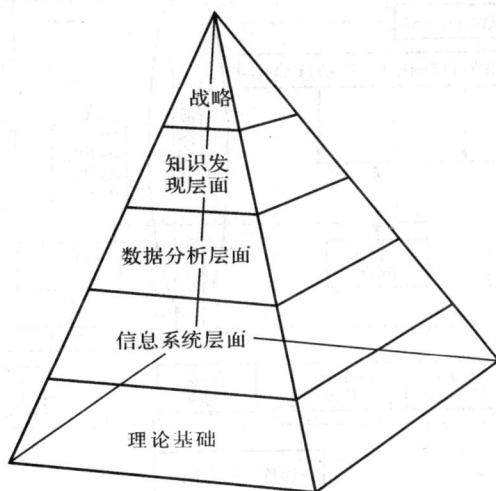

图 18-2 客户智能的体系结构图

2.销售智能

销售智能提供关于销售管理方面的报表,是专为销售人员和销售管理人员而设计的,有助于高级管理人员、销售经理和分析人员了解公司的实时销售数据,对目前的销售业绩进行评价,实现销售目标和销售任务,主要表现为以下方面。

(1)销售目标和销售业务经理:用户可以设定销售目标,并帮助用户分析可能存在于销售业绩中的问题;营销经理可以用多个标准对销售人员绩效进行衡量。

(2)对销售业绩和销售收入进行分析:系统提供多种报表,通过这些报表,用户可以查看销售收入和公司的销售激励方案的有效性。

（3）公司销售有效性分析：用户可以从薪酬方案、销售团队、销售代表或者某职位等角度查看薪酬所产生的回报。

（4）产品分析：可以帮助用户对产品进行分组，区分畅销和滞销产品。

（5）销售渠道分析：根据整体排序、销售收入和毛利等因素排列出效率高和效率低的销售渠道。

18.4.4　三种 CRM 的协同

虽然 CRM 分为三种不同类型，但这三个类型之间实际上是息息相关的。企业实施 CRM 系统时，所要做的事务多而且在不同企业之间具有异质性。我们不能简单地把一项事务归为协作层面或者分析层面，它们可能是"边缘事务"。

【案例 18-2】

图 18-3 所示的现场销售和现场服务，就是既属于协作型 CRM 的范畴，又属于运营型 CRM 的范畴。实际上，正是由于具有这种边缘性质的事务存在，所以上述三个类型的 CRM 系统才比较有效，才完美地整合在一起。

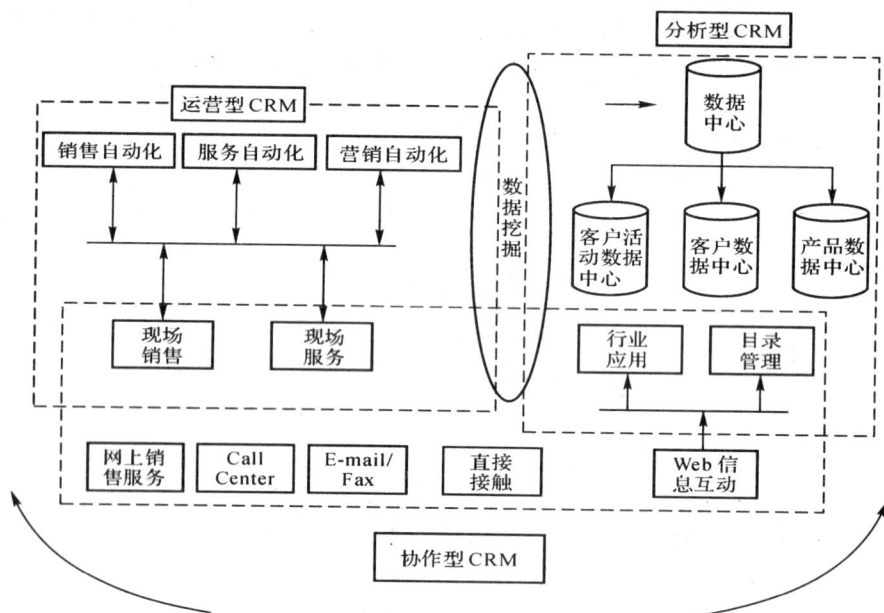

图 18-3　现场销售和现场服务

阅读与思考 18-3

CRM 的行业差异

在 CRM 领域，当前所具有的模型还是比较一般化。对咨询和技术公司来讲，CRM 还是一项较新的服务。经过对客户互动管理和客户需求管理进行研究，CRM 在各行业的不同点日益为人们所重视。在电信行业和日用品行业,客户获得、服务履行、客户数据的可得性都有很多的不同。另外,在考虑技术因素时,行业知识和经验是 CRM 系统实施的关键成功因素。

不同行业的 CRM 并没有完全的界限,但不可否认的是,行业不同,他们的流程确实对选择合适的系统功能有很大的影响。有很多与行业密切相关的问题要考虑,例如,行业与行业的业务流程有很大不同,所以,这些领域需要系统来适合自己特定的流程。业务流程又决定了系统功能。虽然,市场、销售和服务都是需要的,但在不同的行业对这些功能的侧重是不同的,如 SFA 比 CSS(Customer Service & Support,客户服务和支持)重要,或 CSS 比营销自动化重要。

不同的行业,生产条件、生产工艺和制造过程及市场都有明显的不同,决定企业是否能够有效取得定位优势的因素也有区别。例如,石化行业的原材料资源、电子行业的规模生产制造能力、日用品的销售网络和分销体系、大型机电设备和汽车行业的设计能力和销售能力及售后服务、时装行业的设计能力等,都可能成为企业成功的关键因素,从而使 CRM 表现出行业差异。

18.5　规划 CRM 系统的实现过程

【任务提示】　本分项任务引领你规划 CRM 系统的实现过程。

【任务先行】　CRM 的实现过程是复杂的,要根据企业的具体情况来制定,因此规划 CRM 系统的实现过程对今后 CRM 系统的良好运行起到重要的作用。在这里我们首先选择 CRM 系统的几种实现的方式,接着有序地从技术上来实现 CRM 的技术规划。

18.5.1　选择 CRM 系统实现的方式

综合来看,CRM 系统的实现方式主要有以下几种:战略结盟、内部半自动化、利用网络、利用大企业和 CRM 系统软件供应商等。

1. 战略结盟

导入 CRM,所需的花费往往十分惊人。对中小企业而言,并不是那么容易就能够负担得起的,但仍有许多其他方式可以实施 CRM。例如,许多咨询公司建议,如果事前规划清楚的话,不同行业的小企业可以通过结盟的方式共享资源,这不失为一种好方法。

2. 内部半自动化

中小企业可以通过半自动半人工的程序设计来实施 CRM。例如,通过 Microsoft 的 Excel 与 Access 软件,配合经验进行分析与检测。

3. 利用网络

提供客户关系管理所需的数据处理与分析,以及在线软件资源共享等服务,这种低成本高效益的方式受到许多中小企业的支持。

4. 利用大企业

中小企业可以与大企业合作,从局部建立客户数据库开始实施 CRM。

5. 通过 CRM 系统软件提供商

这种方式有其自身的优点和缺点。其中,优点主要有引进速度快、引进成本低、稳定度高、扩充性高,缺点则是选择性低、整合性低、风险较高。

阅读与思考 18-4

CRM 系统是自行开发还是外包?

A 保险公司在国内金融保险行业中占有重要地位,并已进入世界保险企业前 200 强。该公司北京分公司的业务从成立伊始,就以非常健康的态势发展,保险业务量急剧增长,市场规模不断扩展。随着市场竞争的加剧与公司规模的增长,尤其是竞争对手都在大力引入先进的管理理念与管理工具,以适应内外部环境的不断变化,A 保险公司也在考虑自己是否该再做点什么。

要做就要从最关键的地方入手,客户是保险公司最为重要的资源。经过调研,该公司发现"业务人员流动造成客户流失"一直是挥之不去的顽疾。只要一有人事变动,在业务交接过程中总是存在客户资料交接不完善的情况,而且这种情况非常严重,很多重要的集团客户都因为业务员的离去而流失了。因此,实现客户资源的企业化成为 A 保险公司的首要目标。同时,经过多年的信息化建设,该公司的北京分公司从队伍建设和业务规模方面都已经具有相当基础,业务处理、财务和人事等部门都采用了信息化工作手段。于是,管理层希望利用 IT 技术来完善客户资料和客户沟通历史,把公司的顾客资源管理起来,以便对客户构成和客户投保历史进行系统分析,并对业务人员的工作提供有效支持,提高业务人员的工作效率,最终达到增强企业竞争力和扩大销售的目的。

于是,A 保险公司北京分公司的领导人把目光投向了 CRM。但问题也随之而来,公司有自己的研发队伍,已经帮助公司开发了信息管理系统,所以在自行开发还是购买 CRM 软件包方面陷入了困境。根据以往系统开发的经验,涉及的主要问题有时间、资金、人员、维护和风险控制等。这种做法看似节约费用,但实质上只是节约了一次性费用。在此过程中,持续出现的后期问题,往往造成很多额外的成本支出,而且很容易成为信息技术"黑洞",处于闲置状态。比较而言,如果购买 CRM 软件包,则一次性投入巨大,不仅包括软件费用,还包括咨询费用,而且项目实施中还涉及个性化与标准化的协调、系统的拓展和灵活性等问题,这无疑也是对企业和服务提供商的一大考验。

18.5.2 技术实现 CRM 战略规划

企业在制定了明确而清晰的 CRM 战略规划之后,就得考虑如何将战略通过相关技术加以实现。在这一过程中,企业需要考虑的问题很多。一般而言,企业要进行以下工作步骤:

第一,获得企业所有人员的认同

CRM 涉及企业内多个不同的领域,因此获得销售、营销、客户支持、财务、制造、货运等各个部门的支持十分重要。通过相关部门成员的参与,企业在正式实施 CRM 之前就能获得必要的资源支持,并推动相关部门的合作,帮助他们接受 CRM。即时将每一阶段的信息传递给有关部门,强调 CRM 带来的好处,可最大限度地减少各方面的阻力,增加项目成功的机会。

第二,建立 CRM 项目实施团队

(1)在各部门中挑选 CRM 项目实施团队的成员。

这个团队是项目实施的核心,负责做出重要决策和建议,并将 CRM 实施过程的细节和好处介绍给企业所有人员。CRM 项目实施团队应包括来自销售与营销、信息服务/技术部门、财务部门的相关人员和企业高层管理人员,以及最终系统用户的代表。团队各成员代表企业内不同部门提出对 CRM 的具体业务需求,CRM 的实施将充分考虑到这些需求。

(2)寻求外部 CRM 专家(专业咨询公司的 CRM 顾问)的加入。

经验丰富的顾问能在 CRM 开始实施前及实施过程中提供有价值的建议,协助企业分析实际商业需求及建立项目工作组,并与项目实施团队一起审视、修改和确定 CRM 实施计划中的各种细节,从而帮助企业降低项目实施风险和成本,提高项目实施的效率和质量。

第三,商业需求分析

项目实施团队成员应就一系列的问题向销售、营销和客户服务高级经理进行了解并进行认真研究,并使他们在"什么是理想的 CRM 系统"这一问题上达成共识。同时,在每一部门内部确认 CRM 的主要目标,然后向他们进一步说明 CRM 将如何影响整个企业及相关部门。在计划目标的确定过程中,可吸收外部 CRM 顾问的参与。外部顾问站在第三方立场参与调查并协助进行需求分析,从而帮助企业确定最佳的 CRM 实施目标,并能提供 CRM 解决方案所需要的技术支持。

基于调查结果的商业需求分析将最终保证企业能更好地制定和实施 CRM 蓝图。

第四,制定具体 CRM 实施计划

有了较完善的 CRM 蓝图后,还必须制定具体的实施计划,该计划应包括将 CRM 构想变成现实所需的具体程序,并充分考虑以下要素:

①从哪里开始寻求 CRM 解决方案?

②用什么判断 CRM 解决方案是否适合企业需求?

③在可能适合的几个 CRM 解决方案中,怎样进一步缩小选择范围?

④在最终选定 CRM 解决方案之前,还应该考虑什么?

第五,CRM 软件选择

软件的选择应考虑到企业当前的技术基础和实际需求,要设法达到企业 CRM 项目实施团队已经确定的目标,然后再去研究目前或将来能使企业受益的其他因素。

CRM 软件至少要能提供以下主要功能:联系与账户管理、销售管理、远程营销/远程销售管理、客户服务管理、营销管理、商业智能、电子商务。

第六,技术

没有任何两家企业的需求完全相同,不存在适合所有公司的 CRM 解决方案,要注意技术的灵活性。选择的所有技术都必须是开放的并可以进行定制,同时能与企业现有的 IT 基础设施进行整合。

第七,挑选供应商

最好将复杂的 CRM 计划委托给一个拥有丰富 CRM 和行业经验的咨询服务商,以帮助选择一个可信赖,拥有强大技术支持能力,便于沟通,并且对你的需要和要求有所反应的供应商。

第八,CRM 系统的实施、安装与持续管理

对于 CRM 系统基础设施,企业一定要提供业绩衡量标准。该系统必须有效地获取适当的数据,并为接触的每个个体提供途径。为了保证系统能够带来所希望的收益,在将其推广到所有用户之前一定要加以测试。

如果它的表现无法让您满意,那么花点时间对其进行修改,直到满意为止。最后,CRM 系统还应为监管指导委员会和项目工作组提供反馈信息。这样做,能够使人更好地理解什么有效,什么无效,以及存在哪些可以提高技术投资成效的机遇。

18.6　实施 CRM 系统

一般而言,要有效地实施信息系统,解决管理理念问题和信息技术支持是系统成功实施的重要条件。一个良好的客户关系管理系统,可以从以下几个方面为企业提供帮助:

(1)对每个客户的数据进行整合,提供对每个客户的总的看法;

(2)瞄准利润贡献较高的客户,提高其对本公司的忠诚度;

(3)向客户提供个性化的产品和服务;

(4)提高每个销售员为企业带来的收入,同时减少销售费用和营销费用;

(5)更快、更好地发现销售机会,更快、更好地响应客户的查询;

(6)向高层管理人员提供关于销售和营销活动状况的详细报告;

(7)对市场变化做出及时的反应等。

在信息系统的实施方面,国内软件商和咨询公司已经积累了大量的实践经验。但相对而言,CRM 的实施在国内则刚刚起步,成功的案例与失败的教训都比较少。从 IT 系统的构建来讲,CRM 的实施是符合信息系统实施的一般规律的。

18.6.1　CRM 系统实施的步骤

对于不同的 CRM 系统厂商来说,它们所要求的系统实施步骤都与其软件本身的特点相匹配,一般不存在统一的实施方案,但是成功实施 CRM 一般包括六个阶段。如图 18-4 所示。

1. 总体规划

这主要是进行详细的需求分析,确定 CRM 项目的实施范围.确定对 CRM 系统的要求。

(1)在业务需求分析阶段,要同销售、营销和客户服务经理举行一系列的会议,形成系统的基本框架。

(2)确定对系统的需求,了解各部门对系统所持的期望,以一种正式的方式在企业内部搜集信息。

下面是一个进行 CRM 业务需求调查的提纲。

①你所在的部门的主要职责是什么?

②你主要利用哪些方面的信息?

③你是怎样与客户进行互动的?

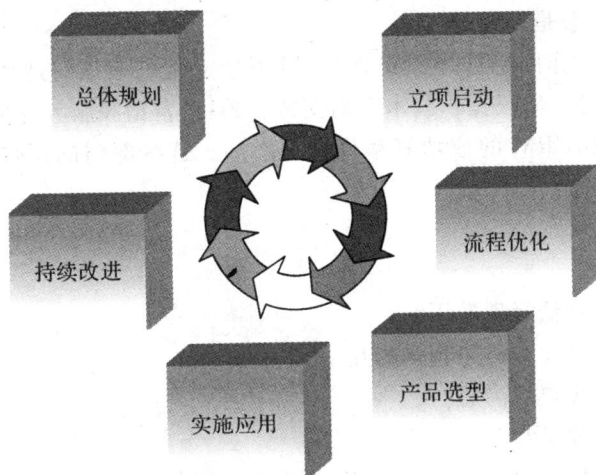

图 18-4　CRM 实施六阶段

④为了帮助你更好地了解客户，你当前能获得哪些信息？

⑤在增强与客户的沟通方面，请提供一些建议。

⑥在你看来，我们怎样可以减少行政性或官僚性的时间浪费，从面把更多的时间交给客户？

⑦你主要以何种方式进行与客户的互动，如电话营销、信件、E-mail 等？

⑧你怎样对潜在客户进行跟踪，怎样进行数据的共享？你打算怎样逐步改善这些过程？

【重要知识 18-2】

调查信息如何获取

在进行这份调查时，牢记这一点很重要：尽量多地从系统的最终用户、销售人员、客户服务人员、营销人员、订单执行人员、客户管理人员获取信息。引导那些每天与客户打交道、从事日常工作的系统用户讲出为了建立良好的客户关系所需的工具。他们最清楚为了改善客户关系，应该做出哪些改变。

2. 立项启动

一旦 CRM 项目获得了公司范围内上上下下的支持，就可以从各部门选择适当的人员组成 CRM 项目小组。项目小组是 CRM 系统实施的原动力，他们要就 CRM 的实施做出各种决策，给出建议，就 CRM 的细节和带来的好处与整个公司的员工进行沟通。一般来讲，项目小组应该包括高层领导（如企业副总经理）、销售和营销部门的人员、IT 部门的人员、财务人员及所有的最终用户代言人等。其中，高层领导的作用是支持、领导和推动 CRM 的实现。

一般而言，高层领导可以从以下几个方面对 CRM 的解决方案进行评价：

此系统能否提供决策所需的信息？

此系统能否最大限度改善现有的流程？

此系统能否很好地降低成本？

同样的解决方案在其他企业是否获得了成功？

此系统的投资收益是否合理？

IT 部门的主要工作则是选择和安装 CRM 系统。他们应该对选择的系统有充足的信息，并在系统实施的每个阶段提供技术上的支持。销售、营销和服务等部门的系统用户对系统感到满意和顺手时，CRM 的成功概率将大大增加。这些部门的用户往往利用以下标准来评估 CRM 解决方案：

是否容易学会？

是否容易使用？

能否节约时间和降低管理费用？

能否简化客户和潜在客户与企业的互动？

能否促进公司和客户的沟通？

能否提升销售的效果？

财务部门则可以从以下几个方面对 CRM 方案进行分析：对生产效率改进的评价，对运营费用降低的评估，以后系统扩展所需的费用，系统的投资收益分析等。

⊟▷【重要知识 18-3】

项目小组成员组成情况

项目小组还应该包含一个很重要的成员，即外部顾问人员。一个合格的 CRM 咨询顾问，往往具有丰富的项目实施经验，能够在 CRM 实施之前和实施中提供企业所需的帮助。他们可以分析并确定企业真正的业务需求，改进对系统功能的设置。对顾问人员的选择、确定，何时和怎样引入顾问人员，是项目成功与否的重要决定因素。在软件实施时，关键在于选择项目队伍，而不是选择哪个公司。项目成员中，最重要的是项目经理，项目经理在客户和项目队伍之间起着桥梁的作用。在项目实施时，还要注意考察软件公司和咨询公司是否有拥有这种经验的技术人员。在与其他系统集成的时候，这一点更加重要。除此之外，保持实施队伍的稳定性也很重要。因此，在签订实施协议时，实施单位要做出承诺，保证实施顾问按时到位并投入足够的精力。

当然，软件供应商还应该提供专门的项目管理人员负责与企业沟通，企业的系统管理员则作为内部的系统专家。项目小组的成立和对项目小组成员的培训，也发生在这一阶段。最后，还要进行投资收益的分析，以便有效地衡量最新系统所带来的回报。

3. CRM 产品选型与系统供应商的选择步骤与标准

(1)产品选型

产品选型有一个基本的原则：根据管理需要来选择功能，而不是软件功能制约管理。在产品选型的过程中，以下问题是企业应该考虑的。

①现在市场上的 ERP 也好，CRM 也好，往往都包括很多子系统，甚至包括几十个模块。对特定的企业而言，并不是所有功能都是必不可少的。所以，购买完全版未必是明智的做法。实际上，企业可以打破系统之间的界限，根据自己的需求，进行模块化选购。应该说，随着子系统或子模块的逐步发展，"搭积木式"或"模块化应用"将成为一种趋势。

②在产品选型时，系统集成的代价(花费的精力、购买外部顾问的费用)，有时甚至大大超过各应用系统建立的代价。在不同的领域都会有不同的子系统能发挥较好的功效。

③市场上的软件产品是分布在各个层次上的,有些是面对大型企业和跨地域企业,有些是只在中小企业市场发展客户。所以,首先要明确自己需要的产品是哪一层次的,然后在这个层次上选择所需的产品。

④对企业目前及今后几年的客户数量进行预测。如果任何时候客户的数量都很少(例如少于1000),那么合适的SFA软件就可以提供绝大部分的CRM功能。如果客户数量有100000甚至更多,那么可能就要考虑更多功能的CRM软件。也就是说,软件的功能要与企业的需要相匹配。

⑤如果客户关系价值对本企业而言非常大,如果营销、销售与服务等领域能力的提高有助于保持和改善客户关系,而且客户数量比较多或非常多,那么实施CRM系统(而不仅仅是SFA)是很有必要的。

(2)CRM供应商的选择

CRM供应商的选择和CRM软件的选择同等重要。现在,CRM是一个热门的话题,很多软件商都在利用这个理念,但是,各软件商的产品和服务的质量却良莠不齐。在进行供应商选择时,供应商已有的经历是重要的评价因素。

总体上讲,那些有多年经验、有许多成功案例、在未来相当长时期内能够生存下来的公司,是值得信赖的。另外,这种公司还应该能够很好地进行沟通,对于企业的要求和需求能够很快地作出回应,并提供良好的售前、售中与售后服务。一般而言,良好的供应商应该能够满足以下要求:

①识别企业的业务流程需求;
②培训项目小组;
③设计、配置系统;
④提供实施和技术支持;
⑤培训系统用户、经理人员和维护人员;
⑥提供持续的技术支持服务。

CRM供应商的选择决定了CRM项目的咨询、实施、安装和培训的有效性。如果他们不能为系统的持续改进和运行提供有力可靠的支持,那么最好的软件和最新的技术只是一种财力的浪费。

4.CRM系统的实施

在这个阶段,实现CRM系统的配置和初始化,满足大部分的业务要求,所需的软硬件也要在这个阶段进行安装,并且完成对企业员工的使用培训。

(1)完成系统的配置并进行测试

对系统所能实现的功能进行全方位的检验,看其是否充分地满足企业在功能上的需要。

(2)完成系统数据的初始化

CRM系统的分析功能,依赖于系统初始数据量的大小。大量的事实表明,那些管理制度完善、历史资料齐全的企业,在这一阶段结束后,系统就显示出了强大的"商业智能",可以为企业的决策提供强有力的支持。

(3)使用培训

(4)局部实施

CRM系统的实施,应该先在小范围(用户小组)进行运行和测试。由于CRM系统的实施,对业务流程与资源分配等方面造成了很大冲击,所以在最终实现和项目启动之前,应该多方面收集用户反馈的信息:一方面,对系统中存在的问题和需要改进的地方进行修正;另一方面,使用户看到使用该系统可以带来的好处。这样,系统实施的阻力就会减少,可以在更大的范围内得到支持,特别是得到企业高层的支持。

（5）最终实施和项目的展开

这是系统实施的最后阶段,这一阶段对项目组人员提出了时间要求。因此,就有必要给每个成员发放一份实施进度表,并在表中说明项目实施的每一阶段应该完成的工作,以及在此阶段之前应该完成的工作。

在整个项目的实施过程当中,应当按照项目管理的要求组建项目团队,团队的组成人员应该是既有管理素质又熟悉业务的复合型人才。而项目的实施不仅要关注能够量化的最终结果,也应该关心全过程中的定性指标的改进,例如企业可以邀请社会上的专家来进行评估,并制订下一步的持续改进计划。

18.6.2　CRM 系统实施失败的原因及对策

大多数调查和统计显示:80％左右的 CRM 实施后并未达到企业当初的预期。尽管如此,企业仍有可能在 CRM 方面做出更大的投入。相关的调查结果显示,在未来两年之内,愿意为 CRM 技术投入 50 万美元以上的美国企业,将多于愿意投资其他大型基础设施项目的企业。

1. 缺乏客户战略

企业可能在缺乏客户战略的情况下就开始实施 CRM 系统,从而导致企业并没有把客户利益放在首位,却错误地认为 CRM 系统的实施是为了解决企业的内部问题。

2. 没有对企业进行调整

企业在实施 CRM 系统之前,必须提倡客户导向价值观,开展新的业务流程,进行员工培训并重新定义工作职责,同时解决其他一系列与客户策略相关的问题,以便使组织能够适应所实施的 CRM 系统并实现真正的整合。

▷【案例 18-3】

在客户索要报价时,销售人员往往不仅需要 CRM 系统中的信息,而且更需要来自于后端系统的准确的产品价格、库存及相关财务信息。如果后端支持不够,而客户接受报价并下了订单,那么事情就会变得更加糟糕。可以说,在信息没有集成、企业内部组织没有实现整合的情况下,接受订单通常意味着一系列跨部门的手工操作,进而导致数据重复输入和错误,最终导致订单履行的延误和客户满意的降低。

3. 数据质量问题

CRM 实施能否成功的关键核心在于数据,而数据质量的高低则是决定 CRM 系统能否得到应有的投资报偿的重要因素。

4. 厂商的选择和关系处理

5. 缺乏测量标准

6. 忽视培训的重要性

要成功地实施 CRM 系统,企业可以利用客户生命周期模型来理解客户购买过程的主要方面,而一旦理解了客户的整个购买体验,就可以了解某些 CRM 系统崩溃的真相。在实践中,不少企业在客户生命周期的一开始就失败了,其销售队伍并没有对潜在客户的询问做出快速而有效的反应。在客户生命周期的第二阶段,企业的销售人员应该积极地与客户进行互动,了解他们的需求并推广企业的产品和服务。在这一阶段的末期,容易发生另一次系统失败:这时,潜在客户往往会对报价作出回应,而销售人员不仅需要 CRM 系统中的信息而且也需要系统后台所提供的准确价格、存货水平和会计信息等。如果没有有效地加以整合,订单的处理可能要经历一系列的跨部门的手动过程,从而有可能导致重复数据录入、浪费精力和出现各种错误等。其中,客户阶段在产品或服务送达、付款完成的时候就开始了。企业需要进行客户支持和持续的关系管理,所有部门都树立统一的客户观念,对优秀客户提供支持,并利用各种机会开展升级销售或交叉销售等。可以说,为客户提供卓有成效的服务,往往意味着无限的销售机会。

18.7　了解国内外的 CRM 系统厂商与产品

　　CRM 用户在进行 CRM 的投资前,也应该投入一些资源从各个渠道和角度进行认真的 CRM 市场研究,以免选错软件,减少投资风险。在当前,市场群雄逐鹿、鱼龙混杂,这个工作就更为必要。

18.7.1　国内外 CRM 系统厂商一览

　　为了帮助读者更好地了解 CRM 系统供应商,下表 18-1 列出国内外 CRM 厂商的名称。

表 18-1　国内外 CRM 系统厂商

公司名称	公司名称	公司名称	公司名称
中　圣	美国艾克	上海奥林岛	普扬信息
开　思	北京艾格赛林	东星国风	海天公司
国能科诺	上海佳世威	东大阿尔派	金科集团
浩丰时代科技	奥林岛	Louts	Saleslogis
用　友	和创科技	SAP	SYNLEAD
金　蝶	志杰科技	J.D.E	FMRSystems
联成互动	星际网络	LAWSON	ELIX
信德勤	TurboCRM	Clarify	Broadbase
百特人	Seibel	eLoyalty	Brains
易达伟业	Peoplesoft（Vantive）	Onyx	Momentum
东　柏	Oracle	Sybase	abcMultiactive
彩　练	Baan	Avaya	
逸　群	IBM	SAS	

⊟→【重要知识 18-4】

CRM 系统厂商的分类

在中国 CRM 软件市场上,主要包括以下四类厂商:

第一类是优先进入中国市场的国外厂商,如 SAP 和 Oracle 公司等。它们已经在中国市场上经营了几年,其产品已逐步汉化,对中国 CRM 软件市场和客户企业有着比较深刻的了解,并因而在中国市场上占据着举足轻重的地位。

第二类是中国本土成长起来的、依靠财务电算化软件起家的厂商,如用友公司、金蝶公司和安易公司等,这类企业经过几年的发展,资金和技术实力已大大增强,产品不断得到完善,产品功能和稳定性不断加强,已成为中国 CRM 软件市场的重要力量。

第三类是由 MRP II 起家的管理软件公司,如开思公司等,这类企业在物料需求计划等管理功能方面有着丰富的经验,并逐步开发出适合中国市场的 CRM 软件。

第四类是最近几年涌现出来的商务管理软件公司,这类企业从"进销存软件"开发入手,逐步开发出集财务和业务功能于一体的新型商务管理软件,并正努力向 CRM 软件的中高端市场发展。

中国市场主流的 CRM 软件厂商有 TurboCRM、彩练、Oracle、金蝶、联成互动、Seibel、创智、用友等。

18.7.2 CRM 软件介绍

1. 用友 CRM 软件

用友公司以"中国最大的企业应用软件与服务提供商"为己任,CRM 系统是其 U8 套件的一个组成部分。用友 CRM 产品功能包含:基础管理、客户管理、市场管理、销售管理、服务管理、客户自助和系统管理等七大模块。用友 CRM 软件从业务层面、管理层面和决策层面向企业的相关业务提供支持,并通过电子商务手段把企业的前端直接延伸到客户,客户由从前被动参与企业的营销活动转化为主动参与企业的营销活动。用友 CRM 软件的产品结构和体系结构图分别如下图 18-5、图 18-6 所示。

用友 CRM 软件采用 Java 开发,支持跨平台应用。从逻辑结构上看,该系统可分为客户端、Web 服务器、应用服务器和数据库服务器 4 个层面。其中,应用服务器可以视用户开发数量从 1 到 N 台进行扩充。同时,还可以提供全面的集团管理模式,实现跨地区控制和管理,包括集团级商业机会的管理、集团级产品和服务信息的管理及集团级的营销活动配合等。从设计上来讲,用友 CRM 软件是其 U8 套件的一个组成部分,与 ERP 和网上商务是集成在一起的。

公司网址:http://www.ufsoft.com.cn/

2. TurboCRM

(1)产品技术架构(图 18-7)

由于 TurboCRM 系统的 4 层结构特点,TurboCRM 具备多种灵活的应用模式,如 Intranet 应用模式、Extranet 应用模式、企业自有 Web 应用模式和主机托管应用模式。

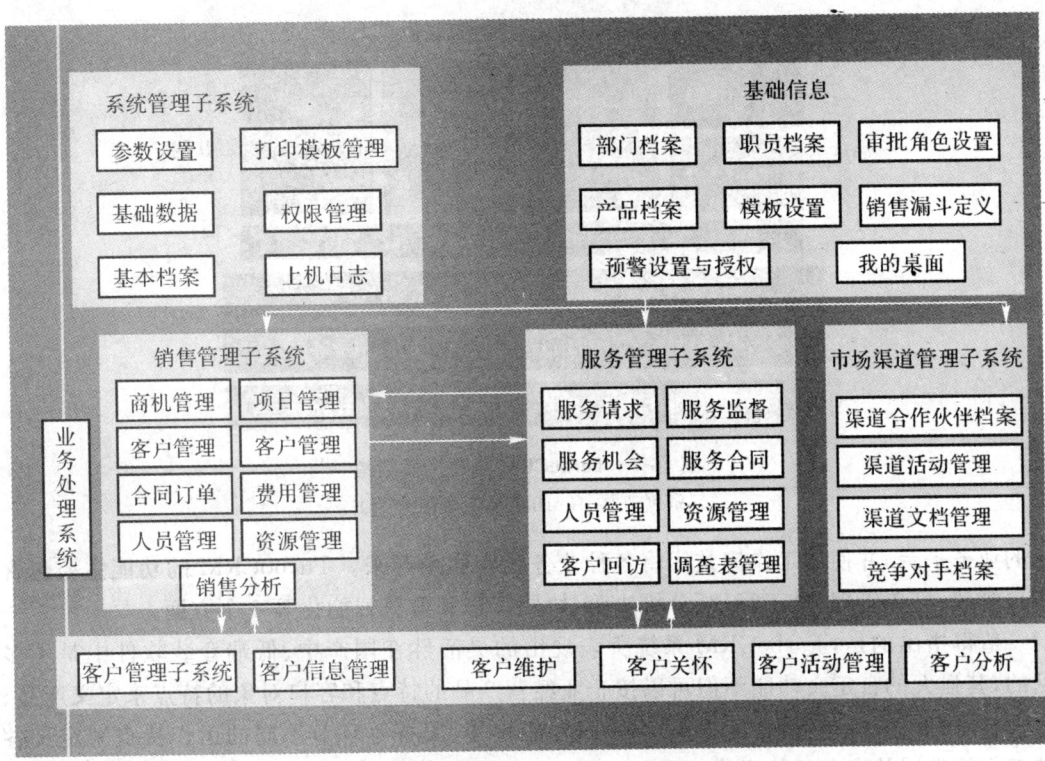

图 18-5　用友 CRM 软件的产品结构

（资料来源：用友公司主页上的 CRM 产品介绍）

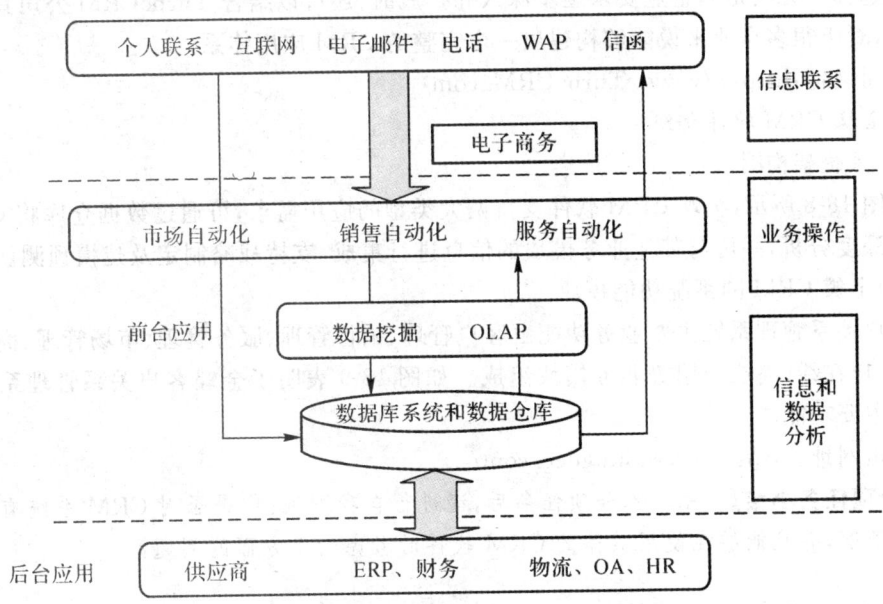

图 18-6　用友 CRM 软件的体系结构

（资料来源：用友公司主页上的 CRM 产品介绍）

（2）产品功能组件

TurboCRM 是基于 CRM 理念而设计的，它将面向客户的所有业务进行整合，提供了统

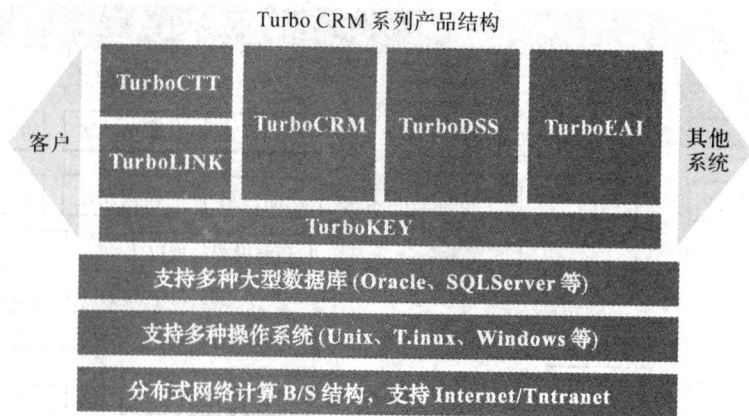

图 18-7　TurboCRM 系列产品结构

(资料来源：TurboCRM 产品介绍)

一的业务平台，并使用工作流技术将各种业务紧密联系起来。TurboCRM 的功能主要包含客户管理、订单管理、员工管理、分析决策、协同工作和业务智能化等 6 个方面。

值得指出的是，TurboCRM 系统所表现出的灵活性在国产中、低端套装软件中是不多见的，其强大的自定义功能不但可以按企业经营产品的特点和客户对象的特点来定义产品、客户、合作伙伴、订单等，还能根据企业在市场、销售、服务等环节不同的运作特点来定义各种工作的进展状态和具体运作。

对于在 CRM 系统实施初期的要求不是很高、投入不大的企业来说，TurboCRM 系统是理想的选择。尤其是当企业要求逐步深入和扩展时，还可以结合 TurboCRM 公司其他系列的产品，对于很多企业来说能够构建出一个完整的 CRM 应用体系。

公司网址：http://www.TurboCRM.com/

3. 金蝶 CRM 软件介绍

(1)系统架构图

如图 18-8 所示，金蝶 CRM 软件支持两大类型的应用需求，可通过数据仓库将 CRM 数据进行深度分析，并可与其他业务模块的信息进行集成，支持战略制定及建模预测。

(2)金蝶 CRM 的系统功能模块

客户关系管理系统主要业务功能由客户管理、销售管理、服务管理、市场管理、商业智能分析、客户在线、离线应用等业务模块组成。如图 18-9 表明了金蝶客户关系管理系统应用的几大主要功能。

公司网址：http://www.kingdee.com/

【分项任务小结】　完成本分项任务后，请进行自我测试：你是否对 CRM 系统有了一个整体的了解，并且能够在使用具体的 CRM 软件时考虑到多方面的问题？

【任务小结】

客户信息管理很重要的一部分内容，就是 CRM 系统的分析。对于企业来说，更有效率地管理有关客户信息是企业的必要要求，CRM 系统提供了直接且有效的方案。

在这个任务中，我们分七步走。第一，我们要求学生理解 CRM 及其分类；第二，进行

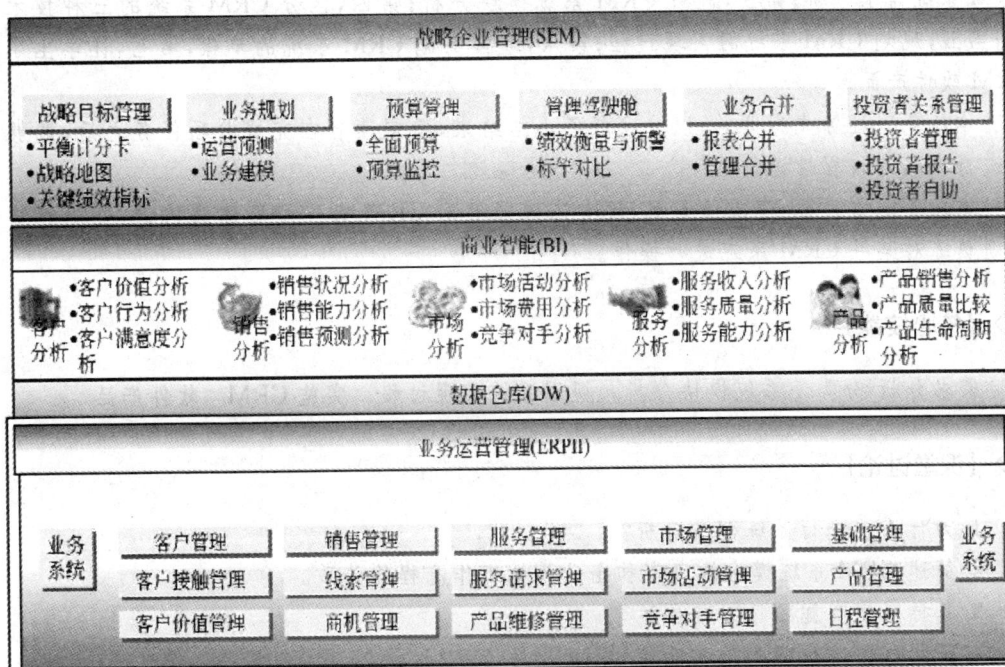

图 18-8 金蝶 CRM 软件系统架构图

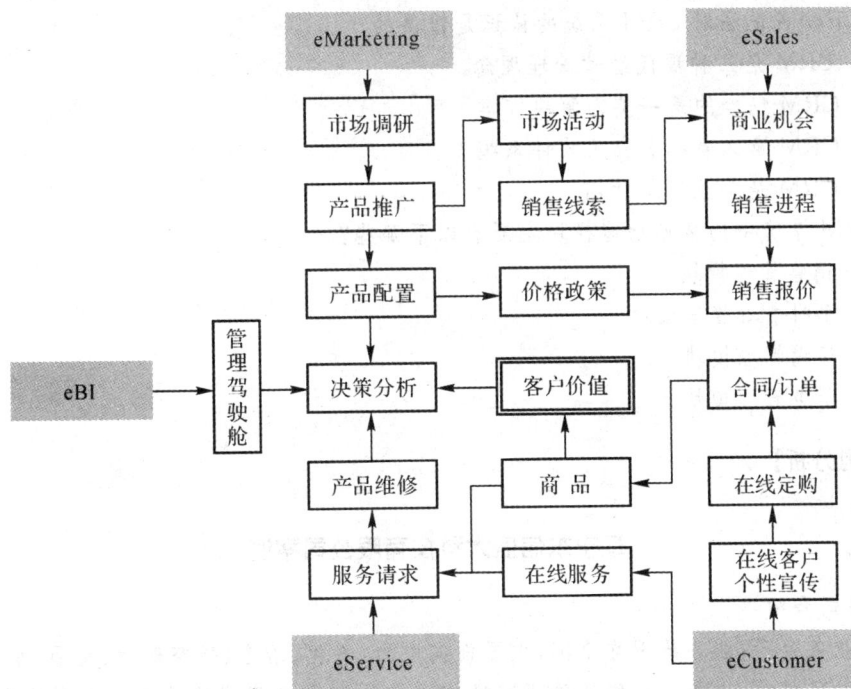

图 18-9 金蝶 CRM 软件的系统功能模块

（资料来源：计世资讯.金蝶客户关系管理解决方案）

CRM 系统需求分析;第三,进行 CRM 系统模块分析;第四,区分 CRM 系统的三种技术类型;第五,规划 CRM 系统的实现过程;第六,掌握实施 CRM 系统的步骤,第七,让学生了解 CRM 软件产品。

本任务以任务先行开始,以分项任务小结结束,希望读者在完成分项任务之后,能够及时进行自我的过程性评价。

本任务能力目标:完成任务后,读者应该能够对 CRM 有一个整体的认识,并能够结合实训熟练对某一 CRM 系统进行操作。

【核心技能】

需求分析 分类　系统模块分析　规划系统实现过程　实施 CRM　软件产品

【课堂讨论】

1.为什么要进行系统需求分析?

2.简述 CRM 系统模块的确定和企业具体工作流程的关系。

3.怎样确定实施项目组成员?

4.国际和国内有哪些代表性的 CRM 软件产品?

【课后自测】

1.以下哪种说法对 CRM 系统的认识是错误的?

　　A. CRM 是一种现代经营管理理念

　　B. CRM 包含的是一整套解决方案

　　C. CRM 意味着一套应用软件系统

　　D. CRM 是企业资源计划

2.CRM 系统中的常见功能模块主要有以下哪些?

　　A. 销售管理模块

　　B. 呼叫中心管理模块

　　C. 营销管理模块

　　D. 服务管理模块

【案例分析】

辽宁东信盛大科技有限公司案例

一、公司介绍

经营业务范围:业务范围在全国,主要面向电力、石化、冶金、航空航天、交通、军工等;重点行业的科研单位、大专院校的实验研究机构。给他们提供测试试验装备和为他们提供成套的技术服务。

业务规模:主要由鞍山和上海两个公司负责南方市场和北方市场;销售和技术团队 CRM 系统初步计划先上 10 人;以后应用成功逐步扩大系统规模。

随着公司规模的不断壮大,辽宁东信管理的瓶颈也浮出水面。辽宁东信一直使用手工报表方式来管理公司内的各项数据,从市场宣传到采购、销售、库存完全使用手工计算、填写报表的方式,不但浪费了大量的人力资源,而且从签订合同到最终发货的周期过长,容易出现单据缺失,并且完全无法管理。因此辽宁东信通过长时间的调研分析,最终同著名的在线托管软件开发公司"八百客(北京)软件技术有限公司"携手来解决公司新的问题。通过半年的精诚协作,八百客的800APP在线管理系统在辽宁东信的应用达到了公司的预期,强化了辽宁东信各部门的协作,紧密了各部门之间的关系,并且使管理人员能够随时掌握公司内的各项信息,从而做到权责明确,自动化办公。

二、公司需求

公司的组织结构:

总经理(兼任CRM项目的销售部总经理)。

行政经理:技术经理,销售经理,工程经理,技术支持工程师,销售工程师。

销售经理:前台销售员,销售工程师,技术支持工程师,售后服务工程师,网络销售工程师。·

销售部分为东西南北4个分部,分别由一名销售经理来管理,每个销售团队由几名工程师组成。

公司的销售业务流程图及其各节点的审批与否、审批人。

前台销售(获得最初的客户信息,并进行简单跟踪和联系)进行初步筛选 →销售工程师根据信息进一步联系筛选,并对重点客户进行拜访沟通 →组织技术工程师加入对重点客户进行产品和技术的深入交流→最终由销售工程师签订合同(如果合同这个环节不能拿下来,销售经理可以参与促进尽快签订,以至于总经理出面促进最终签订)。

对于一个销售过程,审批人为销售经理,具体组织可以是由销售工程师组织前台销售和技术工程师来完成。

销售管理的角色与权限(主要部门职责及人员构成)

即各部门使用系统人员的上下级情况,以及他们需各自对不同模块的访问权限。

总经理(具有超级的用户权力,以便他及时了解销售情况)

销售经理1(具有管理本部门的所有人员的权力) 销售经理2(具有管理本部门的所有人员的权力)

销售工程师(只能浏览属于自己客户的权力和销售经理给他提供的客户的资料)

通过CRM系统,总经理可以随时发现问题指示销售经理,或直接与具体销售工程师取得联系,通过系统及时特别授权(这部门的内容最好是实时的)

三、辽宁东信通信技术有限公司IT项目目标

提高销售团队的整体战斗力,极大地改善销售人员做的环境,提高工作效率,提供更高的效率响应客户的需要和提供更加快速的服务(售前和售中、售后服务);

加强技术团队和销售团队的协作,使经理对他们的工作一目了然;及时掌握第一线的情况。及时沟通和交换意见,不意外丢合同。

利用CRM可以给包括销售工程师在内的所有团队成员提供一个方便集成的工作环境,可以改善劳动强度,提高访问客户的效率和缩短响应客户的时间,减少不需要的浪费,及时统计工作情况,便于公司作出决定。

报价单:同一客户可能需要多次报价,系统最好能自动显示报价的次数,使销售人员一目了然不至于前后报价不一致,影响公司形象。

报价单最好能够有简单的合计功能,格式也可以自己根据需要定义成标准的有公司特色的公文形式。

查询功能要简单实用方便快速。

员工之间也可以通过 CRM 系统进行交流。

CRM 系统中所有的记录最好提供后台备份功能,并可以提供导出存档功能,以便日后进行查阅和经验总结。

员工请示和交流以及汇报的文字都要记录下来。

客户名单,可通过权限,进行单独打印(打印格式要根据公司统一制定的规范模板打印)

报价单,客户名单,公司公文,客户反馈意见,营销计划,销售费用计划,以及所有统一制定的规格文档,一次设定好后不能轻易改变,以免影响公司形象。这些对内对外的公文要统一设置,规格一致,不能轻易改动,要做到统一修改、统一变化。

四、八百客(北京)软件技术有限公司辽宁东信管理系统的解决方案

项目功能:

(一)市场管理(集成 CRM 管理)

营销计划,销售目标,业务机会,潜在客户,客户,联系人,公司产品

(二)采购管理

供应商,采购询价单,采购计划单,采购订单,出差和费用申请

(三)销售管理

报价单,合同评审单,合同,出差和费用申请

(四)库存管理

库存,入库单,出库单,客户签收单和运输单,运输公司,采购、销售退货,盘点单等

(五)财务管理

费用申请,报销管理,应收款,应付款,付款单,收款单,开票记录,采购发票登记,运输应付款,运输付款单

五、辽宁东信管理系统实施的效益分析

辽宁东信管理系统已经在辽宁东信所属机构全面应用,其应用的效果在以下方面取得显著成效:

信息透明:可以及时、准确和完整地获得客户、沟通记录、销售、采购、库存、发货等信息;也可把产品库存和价格信息及时准确地传递给各级销售人员及管理人员。

系统集成,数据及时自动:辽宁东信管理系统将 CRM、OA、供应链、进销存系统定制在同一平台上,省去了数据集成的烦恼,而且数据只需一次录入就可以在各子系统间传输,避免了重复录入的问题。

实时管理控制:通过系统把公司的管理政策和业务流程自动地传递到各部门,实施对各部门的实时管理控制(如产品控制、价格控制、信用控制和客户管理),为公司实现市场扩张提供了技术保证。

- 业务流程整合和优化:各部门之间业务流程的协调一致和自动化。
- 分析和决策:充分利用分销点等数据对市场和客户进行分析,需求链绩效分析。

● 对市场的响应更及时：通过信息双向传递，辽宁东信在政策制定和执行上更贴近市场。

【实训操作】

实训一 选择某一 CRM 产品进行各模块操作，并能熟练运用。

实训二 学生分组选择——对运用 CRM 的企业进行调研，并撰写该企业的 CRM 系统需求分析及运行情况报告。

区分联系其他

▷ **项目任务**

19.1 认识 CRM 与其他系统及
    技术

- 核心能力
- 任务解析
- 任务导入
- 任务小结

【能力目标】

通过完成本任务,你应该能够:

1. 区分 CRM 系统及其他系统的关系;

2. 运用 CRM 系统中采用的技术。

【核心能力】

1. 区分其他系统;

2. 认识 CRM 中运用的技术。

⟴【任务解析】▥▭▯⟹ 任务 *19*：区分联系其他

项目任务 19.1 认识 CRM 与其他系统及技术

⟴【任务导入】

在我们日常工作中，企业会根据自身的需要来选择软件，可能我们会碰到其他的企业软件和 CRM 进行整合或相互联系，下面我们就看一下它们与 CRM 的联系。

19.1 认识 CRM 与其他系统及技术

【任务提示】 本分项任务引领你认识 CRM 与其他系统及技术。

19.1.1 CRM 与 PRM

PRM 是合作伙伴关系管理（Partner Relationship Management）的缩写。CRM 的作用在于，帮助企业使得所有接触点的价值最大化。而合作伙伴就是一个接触点。CRM 与 PAM 的区别所在，有些类似于直接销售和间接销售，它们都是销售，目的都是尽可能地卖掉尽可能多的东西但采用的方法不同。

(1)CRM 与 PRM 的功能有很多相似的地方，如：客户管理，客户和分销商信息

(2)联系人信息

(3)销售机会管理（新的合作伙伴和新客户）

(4)活动管理

在面对渠道合作伙伴和面对最终客户时，企业所需的管理功能不尽相同。

在非 PRM 系统中，没有招募合作伙伴、激励基金管理的功能。PRM 和 CRM 所提供的功能也有所差异。PRM 所特有的管理功能有：

(1)合作伙伴活动（Program）管理

(2)合作伙伴能进入 PRM 系统：联合的营销、销售、物流和服务提供

(3)合作伙伴资格的跟踪

(4)合作伙伴额度的跟踪

(5)合作伙伴激励活动

对不同的企业来说，合作伙伴软件应用的深度和广度都会有所差异。以销售机会管理为例，由于对合作伙伴没有 100% 的控制权，很难要求合作伙伴使用销售漏斗。另外，文化的不同、销售技能的差异也会影响通常的销售机会管理软件在合作伙伴环境中的使用。如果企业强迫合作伙伴使用 PRM 软件，从而给他们带来了额外的工作量。合作伙伴可能会提供竞争性的产品，或更倾向于销售竞争对手的产品。

19.1.2 BPR 与 CRM

BPR 是业务流程重组（Business Process reengineering）的简写，它的着眼点是流程，关

注企业的业务和支持这些业务的流程。BPR 并不仅仅关注那些为客户创造价值的流程,它的思路是重新设计流程来支持和贯彻企业的商业战略。不论这个战略是以客户为中心还是其他。经过多年的实践,BPR 的从业者认识到,把重点放在与客户相关的流程上会有更多的投资收益。总体来讲,BPR 的主要关注点是流程,其次是成本和客户。

BPR 的作用在于,帮助企业识别那些可以改善客户互动质量的业务领域,创造一个变革的框架,对流程进行改造,使得日常的手工工作自动化,使员工能把精力放在为公司创造更多价值的工作上,从而也就为客户创造了价值。这可以帮助企业向客户提供定制的个性化的服务。

CRM 的首要关注点是客户和客户的期望。通过更好地获得、管理、维护有利可图的客户,企业可实现流程和成本的优化。总体来讲,主要的关注点是客户,其次是成本和流程。

总之,在实施过程中,应正确认识 CRM 与 BPR 相互影响、相互制约的关系。一方面,以 BPR 为流程改造的工具,设计并构造新营销模型。在进行 BPR 工作时,利用 CRM 系统来简化流程,设计的流程要考虑到软件系统实现的可能性。另一方面,在 CRM 系统实施时,要灵活选择各种路径或通过客户化的方法来满足 BPR 设计方案的要求。

19.1.3 CRM 与 ERP

通过 ERP 建设和管理改造,很多企业实现了制造、库存、财务、销售、采购等环节的流程优化和自动化。但有些方面的管理活动是 ERP 涉及但功能薄弱的地方,如销售队伍、销售机会的管理,如何组织和评价市场活动,如何处理客户服务请求,等等。

也就是说,在以产品和质量为中心的时代,销售、营销和服务领域的流程优化和信息化没得到重视。在这些领域,应用了各种各样的部门级的系统,如联系人管理、销售自动化、数据挖掘工具、热线电话等。这种部门级的系统,使得企业很难对客户有全面的认识,也难以在统一信息的基础上面对客户。

CRM 系统经常被定位成统一的客户联系点。ERP 和 MRP 的理念建立在满足企业内部的客户上,对最终的产品交付和外部的客户满意度有重要影响。这样 CRM 要真正满足企业内外两种客户的要求,从一个商务解决方案设计者的观点来看,理想的 CRM 或 eCRM 需要 ERP 和 MRP 的功能。随着开发这样的模块的成本不断下降,CRM 将很快成为一个复杂的、混合的系统,提供更多的功能。

CRM 自身的局限性之一是,不能驱动后台业务,如供应链管理。一个生产标准产品而不是按订单生产的企业,如果想通过网络向一些大客户提供产品交付进程,如产成品库存、在制品,一直到原材料。这些信息只能依靠由 ERP 向 CRM 输出。

例如,在货物发出一个月后。客户用支票付款了,ERP 系统提供原来的交易记录与该支票匹配。一年后,该客户打来电话,讲到一年前的交易。如果呼叫中心不能识别这个客户而且记不起去年的订单的话,呼叫中心的价值将大大降低。即使通过电话能识别该客户,如果没有 ERP 系统提供基本的客户信息和业务历史,还是产生不了多少价值。因为,呼叫中心系统能有自己的数据库,能识别客户,但是它不能记住客户与企业在一年前有过交易这种事实。

因此,ERP 同 CRM 必然地继续相互渗透,CRM 是使 ERP 系统中的关键信息能发挥作用的最好例子,通过给客户更多的信息来做决策,能从客户身上获得更多的利润,使 CRM

更为有效。

将 CRM 和 ERP 集成起来将使得各自变得更加强大，CRM 和 ERP 的集成将覆盖前后台的所有功能。当然，在进行 CRM 系统应用的时候，合理界定 CRM 系统的功能范围、角色定位，审慎地界定 CRM 系统同其他系统的集成关系，对企业至关重要。

19.1.4　CRM 与 DRP

在进行 CRM 系统选型的时候，很多企业会对当前的 CRM 软件中的销售管理功能产生误解，提出通过 CRM 系统搜集市场信息、销售信息（日销售量）、库存信息的要求。这是大部分 CRM 系统所难以胜任的，但却是 DRP 系统的核心功能。这提出了一个问题，那就是CRM 与 DRP 的关系。

CRM 与 DRP 容易让人误解的地方在于销售管理。虽然二者的供应商都声称它们具有销售管理的功能，但含义却不尽相同。

DRP（Distribution Resource Planning，分销资源计划）系统的作用在于，实现对企业分销渠道的管理。销售分公司、经销商、代理商或连锁店等，管理对象主要是订单、库存、财务往来等方面。它解决的主要问题是：

（1）充分地利用信息技术特别是 Internet，提高营销方面的业务处理效率，降低员工工作强度，提高信息传递速度、效率和准确化。

（2）及时掌握分销链上的库存信息，减少库存积压和浪费，减少安全库存，减少运输费用。在避免缺货的同时，避免货物在需求链上压得过深、过多。

（3）及时传递订单和销售量信息，掌握客户需求，对要货计划和资源分配计划进行管理，实现订单和客户需求对生产的驱动，而不是生产带动销售。

（4）严格控制销售费用，减少渠道营销费用，加强对应收账款的控制。

与 DRP 不同，对大部分 CRM 软件来讲，销售管理功能主要是给销售员用的，而不是给销售订单处理人员和财务人员使用。应用 CRM 销售管理软件的目的是提高销售人员的工作效率和知识共享程度，提高客户满意度。它所提供的销售管理功能有：

（1）销售员、销售队伍、销售佣金的管理。

（2）客户信息、联系人信息、销售机会。

（3）记录同客户联系的过程、与此相关的文档的管理。

（4）个人和团队日历安排。

有鉴于当前的 CRM 和 DRP 软件的功能定位，对于那些想进行销售管理信息化工作的企业来讲，如果想在使用销售自动化系统的同时，实现对库存、销量和财务的管理，只有两条路可走：一条路是采用大型的管理软件（如 Oracle 电子商务套件）的部分模块；另一条路是采用不同品牌的 CRM 和 DRP 软件，然后进行大量的系统集成工作。

19.1.5　CRM 与电子商务

CRM 的核心思想在于，了解客户所想，满足客户所想，从而提高企业经营绩效。它要求企业的生产和服务的方式正经历着从"大规模生产"到"大规模定制"的转变。即企业运作流程的每个环节都要设身处地地为客户着想，做一个一对一的企业。因此进行企业范围的电子商务建设显得尤为重要。

　　企业范围的电子商务平台,应该是跨越企业产品线、业务块(如生产、销售和服务)、管理层次(总部和各分支机构,业务运作和商业智能)、各种媒介(如专用网、internet、电话、传真、电子邮件、直接接触)的立体化的营理系统,是企业的数字神经系统,应该职责明确、流程清晰、高效运作、反应灵敏、控制得力。对于很多的企业来讲,这样的电子商务平台包括产品设计和生产系统、分销系统、呼叫中心/服务自动化/销售自动化/市场自动化、物流平台、网站。CRM 应用与网站没有很好的集成、良好的互动,CRM 的应用就没有最大限度地利用 internet 这个有力的工具与客户进行交流、建立关系,应用 CRM 的效果会大打折扣。因此,CRM 是这样的电子商务平台的重要组成部分。也就是说,CRM 系统是电子商务平台的子集。

　　总体来说,CRM 与电子商务的关系在于,电子商务是充分地利用信息技术,特别是 internet 提高企业所有业务运作和管理活动的效率和效益,而 CRM 则是专注于同客户密切相关的业务领域,主要是呼叫中心、服务自动化、销售自动化、市场自动化、企业网站等,通过在这些领域内提高内部运作效率和方便客户来提高企业竞争力。

参考文献

[1] 王永贵.客户关系管理.北京:清华大学出版社,2008.

[2] 李光明,李伟其.客户管理实务.北京:清华大学出版社,2009.

[3] 孟凡强,王玉荣.CRM 行动手册.北京:机械工业出版社,2002.

[4] 李国冰.客户服务实务.重庆:重庆大学出版社,2005.

[5] 任璐璐.客户服务案例与技巧.北京:清华大学出版社,2004.

[6] 宿春礼.客户管理表格.北京:经济管理出版社,2003.

[7] 李先国,曹献存.客户服务管理.北京:清华大学出版社,2006.

图书在版编目（CIP）数据

客户关系管理实务 / 许尤佳主编. —杭州：浙江
大学出版社，2015.5(2022.1 重印)
ISBN 978-7-308-14419-3

Ⅰ.①客… Ⅱ.①许… Ⅲ.①企业管理－供销管理－
教材 Ⅳ.①F274

中国版本图书馆 CIP 数据核字（2015）第 037867 号

客户关系管理实务

许尤佳 主编
裴剑平 赵夏明 副主编

责任编辑	周卫群
封面设计	续设计
出版发行	浙江大学出版社
	（杭州市天目山路 148 号 邮政编码 310007）
	（网址：http://www.zjupress.com）
排　版	杭州青翊图文设计有限公司
印　刷	杭州良诸印刷有限公司
开　本	787mm×1092mm 1/16
印　张	16
字　数	389 千
版 印 次	2015 年 5 月第 1 版 2022 年 1 月第 5 次印刷
书　号	ISBN 978-7-308-14419-3
定　价	29.00 元